Pequeñas grandes historias de la Segunda Guerra Mundial

Historia

Biografía

Jesús Hernández (Barcelona, 1966), licenciado en Historia Contemporánea y en Ciencias de la Información, es asesor editorial y colaborador habitual en publicaciones especializadas como *La Aventura de la Historia*, *Clío* o *Muy Historia*. Gracias al estilo ágil y ameno de su escritura, se ha convertido en una referencia de la divulgación histórica en España. Sus obras se editan en una veintena de países y han sido traducidas a una docena de idiomas, incluyendo el chino, el lituano o el islandés. Entre los diecinueve títulos que ha publicado destacan *Las cien mejores anécdotas de la Segunda Guerra Mundial*, *Enigmas y misterios de la Segunda Guerra Mundial*, *Todo lo que debe saber sobre la Primera Guerra Mundial*, *Operación Valkiria*, *Todo lo que debe saber sobre la Segunda Guerra Mundial*, *El Reich de los mil años*; *Bestias nazis* o *Los magos de Hitler*.

Jesús Hernández

Pequeñas grandes historias de la Segunda Guerra Mundial

250 episodios sorprendentes del mayor conflicto bélico del siglo XX

Obra editada en colaboración con Editorial Planeta – España

Bajo el sello editorial PAIDÓS M.R.
Avenida Presidente Masarik núm. 111,
Piso 2, Polanco V Sección, Miguel Hidalgo
C.P. 11560, Ciudad de México
www.planetadelibros.com.mx
www.paidos.com.mx

Diseño de portada: Departamento de Arte y Diseño, Área Editorial Grupo Planeta
Fotografía de la portada: © Leemage/Contacto
Fotografía del autor (solapa): © Jorge Montero

Primera edición impresa en España: mayo de 2015
ISBN: 978-84-9998-491-9

Primera edición impresa en México en Booket: abril de 2022
Primera reimpresión en México en Booket: septiembre de 2022
ISBN: 978-607-569-223-4

Impreso en los talleres Impresora Tauro, S.A. de C.V.
Av. Año de Juárez 343, Colonia Granjas San Antonio, Iztapalapa
C.P. 09070, Ciudad de México.
Impreso en México –*Printed in Mexico*

A mi hijo Marcel

Índice

INTRODUCCIÓN. Más allá de la anécdota 11

I. LOS PRIMEROS 13
II. EN LA RETAGUARDIA 35
III. EL ESFUERZO DE GUERRA 51
IV. EN EL AIRE 81
V. EN EL MAR 107
VI. LA TRAGEDIA DE LA GUERRA 128
VII. EN LA LÍNEA DE FUEGO 150
VIII. LOS OTROS PROTAGONISTAS 173
IX. HISTORIAS DE INGENIO 193
X. HECHOS INSÓLITOS 211
XI. LOS ÚLTIMOS 239

APÉNDICE. CUESTIONARIOS

La Segunda Guerra Mundial en 50 preguntas 251
Respuestas 258

BIBLIOGRAFÍA 261

INTRODUCCIÓN
MÁS ALLÁ DE LA ANÉCDOTA

En 2004 publiqué mi primer libro, *Las cien mejores anécdotas de la Segunda Guerra Mundial.* En ese momento, escribir un libro de anécdotas del conflicto más grande de la historia de la humanidad era una apuesta arriesgada, ya que relatar episodios desenfadados o cómicos acaecidos en medio de una catástrofe que provocó decenas de millones de víctimas podía interpretarse como una banalización de esa tragedia. Afortunadamente, los lectores entendieron que no era ésa mi intención, y el libro fue un éxito.

Con aquel anecdotario, fueron muchos los que disfrutaron descubriendo las historias sorprendentes, asombrosas y en algunos casos hilarantes que se dieron durante el conflicto. Cuando ha pasado ya más de una década desde su publicación, considero que el simple relato de la anécdota, el hecho sorprendente, posee un alcance modesto y limitado pero, aun así, continúa resultando muy útil para presentar los hechos históricos desde un nuevo y refrescante punto de vista, que permite acercarlos a un público amplio.

En la presente obra, he apostado por utilizar ese mismo formato, pero dando un paso más allá. Aunque aquí se relatan también algunas anécdotas, buena parte de estas 250 pequeñas grandes historias son datos, estadísticas, testimonios, relatos y descripciones que, por sí solos, podrían considerarse también anecdóticos, pero que juntos conforman un panorama tan original como elocuente de cómo se desarrolló el conflicto.

Este es un libro dirigido tanto al gran público como al lector especializado, por lo que he tratado de encontrar el equilibrio necesario para que la obra pueda satisfacer las expectativas de ambos. Los que apenas tienen un conocimiento superficial del conflicto disfrutarán con estas historias, que les animarán a conocer más sobre la contienda y, además, estoy seguro de que muchos de estos episodios van a sorprender a los lectores que la conocen con mayor profundidad.

Igualmente, la estructura del libro permite una lectura fragmentada, en la que es posible hojear, releer o saltar de un capítulo a otro. Para incidir en ese carácter ameno, e incluso lúdico, la obra concluye con un juego de preguntas, en el que serán puestos a prueba los conocimientos del lector sobre los detalles más triviales del conflicto de 1939-1945, con el que, a su vez, los lectores podrán poner a prueba los conocimientos de amigos y familiares.

Con todo ello, espero que este libro sea, más que una simple recopilación de anécdotas, un estímulo para profundizar en el conocimiento de la Segunda Guerra Mundial y, en todo caso, que permita pasar un rato agradable y entretenido. Con eso ya me doy por satisfecho.

Barcelona, marzo de 2015

I
Los primeros

La guerra es dulce para los que no la conocen.

Erasmo de Rotterdam (1466-1536),
humanista holandés

Ser el primero en hacer algo, sea una hazaña o un acto prosaico o incluso involuntario, es la manera más directa y perdurable de pasar a formar parte de la pequeña o la gran historia. Por muchos que luego sean capaces de hacerlo mejor o más rápido, ninguno podrá arrebatarle la gloria, o al menos el renombre, al que lo hizo por primera vez.

En la Segunda Guerra Mundial, son muchos los que pasaron a la pequeña historia del conflicto por haber sido los primeros, una distinción que siempre acompañará a sus nombres. Sin embargo, algunos de ellos, a buen seguro, no quisieron ni desearon nunca haber sido los primeros.

Mientras que unos destacaron por ser los primeros en haber disparado, atacado o alcanzado un objetivo, otros tuvieron la desgracia de ser los primeros en ser hechos prisioneros, en morir en combate o en convertirse en víctimas de un conflicto en el que no habían elegido participar.

Primer ataque aéreo alemán

El primer bombardeo alemán de la contienda, y por extensión de la Segunda Guerra Mundial, fue llevado a cabo a las 4:26 h del 1 de septiembre de 1939 por tres aviones Junkers Ju 87 Stuka. Los pilotos eran el teniente Bruno Dilley, el también teniente Horst Schiller y el sargento Gerhard Grenzel.

El objetivo de la misión era impedir que los polacos destruyesen dos puentes —uno de ellos ferroviario— que atravesaban el río Vístula en Dirschau (la actual Tczew), en la frontera germano-polaca. Con esta medida, los polacos pretendían retrasar un posible avance alemán; era especialmente importante impedir que los alemanes pudieran utilizar el puente ferroviario, ya que disponían de un convoy blindado para transportar tropas y artillería, preparado para sumarse a la invasión. Para volar los puentes en caso necesario, ingenieros del ejército polaco habían colocado cargas explosivas en sus estructuras. Las cargas estaban conectadas mediante unos cables con detonadores eléctricos remotos situados en la estación ferroviaria de Dirschau.

Los tres pilotos alemanes se habían encargado anteriormente de explorar la zona, vestidos de civil. De este modo pudieron localizar el trazado de los cables de detonación, que discurría por la orilla del río.

A las 4:26 h de la madrugada del 1 de septiembre, los tres aviadores, junto a sus respectivos copilotos, encargados de la radio y la ametralladora, despegaron del aeródromo de Elbing. Cada Stuka llevaba una bomba de 248 kilos bajo el fuselaje y cuatro de 50 kilos bajo las alas. Tras un vuelo de apenas ocho minutos, llegaron a su objetivo. A las 4:34 h, los Stuka comenzaron a arrojar su carga de explosivos sobre el lugar por donde pasaban los cables, dejándolo todo arrasado. Sin embargo, el ataque no cumplió con el objetivo buscado; dos horas después, los ingenieros polacos conseguirían empalmar los cables de detonación y procederían a volar los puentes.

El único que sobreviviría a la guerra sería el teniente Dilley. En 1956 se uniría a la fuerza aérea de la República Federal de Alemania y sería comandante de una escuela de vuelo. Falleció en Landsberg am Lech en 1968, a los 55 años.

En cuanto al destino del teniente Schiller y del sargento Grenzel, el primero fallecería el 2 de junio de 1943, cuando su avión fue abatido por la artillería antiaérea soviética, cerca de la ciudad de Krymsk, en la región de Kubán. Por su parte, Grenzel moriría el 10 de enero de 1944 durante una misión en aguas de Malta.

Schiller, que había obtenido la Cruz de Caballero de la Cruz de Hierro en 1940, sería noticia cuando ya habían transcurrido siete décadas de su muerte. En octubre de 2014, una asociación de investigadores encontró fragmentos de un Stuka: el motor y la caja principal de transmisión. Junto a ellos estaban los restos mortales de un piloto.

Posteriormente, al comparar el número identificador del aeroplano con datos de archivos, llegaron a la conclusión de que esos restos pertenecían a Horst Schiller.

Primer disparo de la guerra

El primer disparo de la Segunda Guerra Mundial fue efectuado por el acorazado alemán *Schleswig Holstein*, que se encontraba en el puerto de Danzig, en una visita oficial a Polonia.

A las 4:30 h de la madrugada del 1 de septiembre de 1939, el acorazado avanzó lentamente hasta tomar posición frente al Westerplatte, en donde se emplazaba una guarnición del ejército polaco. Exactamente a las 4:47 h, el *Schleswig Holstein* abrió fuego.

Primer bombardeo de Alemania

El 2 de septiembre de 1939, un avión del 21.º Escuadrón de la fuerza aérea polaca tuvo el honor de llevar a cabo el primer bombardeo sobre territorio alemán de la guerra. El objetivo fue una fábrica de la ciudad de Ohlau, en la región de Silesia (en la actualidad, Oława, en Polonia).

El aparato que llevó a cabo esa misión fue un bombardero ligero PZL.23B Karaś (Carpa). Ese éxito del Karaś sería anecdótico, ya que estos aparatos eran lentos, poco maniobrables y desprovistos de blindaje, lo que les convertiría en presa fácil para los cazas alemanes.

Primer disparo aliado

El primer disparo efectuado por los Aliados tuvo lugar en Australia, a las 21:15 h del 3 de septiembre de 1939. Desde el fuerte de Point Nepean, que vigila la entrada al puerto de Melbourne, se ordenó a un mercante que estaba a punto de entrar en él que se detuviese para ser inspeccionado, pero el buque ignoró el requerimiento. Desde el fuerte se disparó entonces un cañonazo de advertencia que pasó por encima del mercante. El aviso hizo que el capitán obedeciese de inmediato.

Se da la increíble coincidencia de que este mismo cañón efectuó también el primer disparo aliado de la Primera Guerra Mundial. El 5 de agosto de 1914, horas después de ser declarada la guerra, esta pieza de artillería realizó también otro disparo de advertencia contra un vapor alemán, el *Pfalz*, que estaba intentando salir del puerto. El *Pfalz* regresó a puerto y su tripulación fue detenida, mientras que el barco pasó a servir en la marina australiana como transporte de tropas.

Primera víctima militar británica

El primer militar británico en perder la vida durante la guerra fue el piloto John Noel Isaac, perteneciente al 600.° Escuadrón de la fuerza aérea británica, la Royal Air Force, RAF.

A las 12:50 h del 3 de septiembre de 1939, tan sólo una hora y cincuenta minutos después de la declaración de guerra de Londres a Berlín, Isaac se estrelló a bordo de un avión Bristol Blenheim en las proximidades del aeródromo de Hendon, al norte de la capital británica.

Primera víctima civil británica

El primer civil en fallecer a consecuencia de la Segunda Guerra Mundial en Gran Bretaña fue un policía llamado George Southworth, la noche del 3 de septiembre de 1939, cuando aún no se habían cumplido las primeras veinticuatro horas desde que su país había entrado oficialmente en la contienda.

Las autoridades habían ordenado el oscurecimiento total de las ciudades en caso de alarma aérea. Sin embargo, en una casa de Harley Street, en Londres, la luz continuaba encendida después de sonar la sirena. El agente Southworth, que estaba encargado de que se cumpliesen a rajatabla las órdenes de oscurecimiento, llamó al timbre para instar a su propietario a que apagase la luz inmediatamente, pero nadie contestó a su llamada.

Como la ventana estaba abierta, el policía, dispuesto a que se cumpliera a rajatabla la orden de oscurecimiento, no tuvo otra ocurrencia que encaramarse por la fachada para entrar por ella y apagar él mismo la luz. Para ello se sirvió de la cañería de desagüe que discurría por la fachada, por la que comenzó a trepar.

Cuando estaba a punto de llegar arriba, algún mal gesto le hizo perder el apoyo en la cañería, lo que le hizo precipitarse contra el suelo, muriendo de forma instantánea al impactar su cabeza contra un bloque de piedra.

Por desgracia para él, su encomiable decisión de cumplir con su deber aun a riesgo de su propia vida no hubiera servido de nada, pues finalmente resultó ser una falsa alarma, causada por un avión francés que había perdido el rumbo.

Primer ataque de la RAF

El primer *raid* llevado a cabo por la RAF tuvo lugar al día siguiente de la declaración de guerra de Gran Bretaña a Alemania. El 4 de septiembre de 1939, una formación de bombarderos Wellington y Bristol Blenheim despegó con el objetivo de atacar las instalaciones portuarias de Wilhelmshaven.

La misión estuvo cerca de resultar un desastre completo. Diez bombarderos regresaron a la base de partida después de ser incapaces de localizar el objetivo. Siete más fueron derribados por el fuego antiaéreo alemán. Tres aviones estuvieron a punto de atacar a barcos británicos en el mar del Norte, al confundirlos con alemanes, y después decidieron regresar también a la base. Sólo ocho fueron capaces de encontrar el objetivo, atacando a los acorazados *Scheer* y *Hipper* y al mítico crucero *Emden*, que había bombardeado un fuerte británico de Madrás, en la India, durante la Primera Guerra Mundial. Sobre este último buque se estrelló un bombardero Blenheim; casualmente, el nombre del piloto era H. L. Emden.

En total, diecisiete aviadores británicos resultaron muertos en este decepcionante estreno de la RAF en la contienda.

Primer prisionero de guerra británico

El primer británico en caer en manos de los alemanes fue el sargento George Booth, del 107.º Escuadrón de la RAF.

Fue capturado el 4 de septiembre de 1939, cuando su bombardero Bristol Blenheim fue derribado en los alrededores del puerto de Willhemshaven mientras llevaba a cabo una misión de observación sobre la costa alemana. En el derribo murió el piloto.

En la misma acción también fue hecho prisionero el ametrallador del bombardero, el irlándes Larry J. Slattery, pero Booth, al ser el de mayor edad, se le concedió preferencia, por lo que tuvo el honor de ser el prisionero de guerra número 1.

Booth sobrevivió a su cautiverio y, tras la guerra, se sentiría orgulloso de poseer esa distinción. Por su parte, durante el tiempo que estuvo cautivo, Slattery haría labores de traductor entre los alemanes y los prisioneros. Al acabar el conflicto regresó a Irlanda, pero volvió a Alemania para trabajar como traductor durante los juicios de Nuremberg.

Primer U-Boot capturado

En primer submarino alemán o U-Boot[1] capturado por los Aliados fue el U-39. El 14 de septiembre de 1939, los destructores británicos *Firedrake*, *Faulkner* y *Foxhound* forzaron con el lanzamiento de cargas de profundidad que el U-39 saliese a la superficie, después de que el submarino hubiera disparado dos torpedos al portaaviones *Ark Royal*.

El U-39 había resultado tan dañado por las cargas de profundidad, que se hundió poco después de que la tripulación fuera rescatada.

Primer ataque aéreo alemán a suelo británico

El 16 de octubre de 1939, una formación de nueve bombarderos alemanes Junkers Ju 88 despegó de un aeródromo de la isla de Sylt, la mayor de las islas Frisias, en el mar del Norte, para atacar los buques británicos fondeados en el puerto escocés de Rosyth, un objetivo que se situaba en el límite de su radio de acción. Este puerto sería el primer punto de la geografía británica en ser atacado por aviones alemanes.

La incursión tomó totalmente por sorpresa a los británicos, al no funcionar sus sistemas de alerta. Como no sonó ninguna sirena, los defensores del puerto, pertrechados de cañones antiaéreos, sólo reaccionaron cuando vieron los aviones alemanes sobre sus cabezas. En la operación resultaron alcanzados el destructor *Southampto*n y los cruceros *Mohawk* y *Edinburgh*. Un total de 16 tripulantes murieron y 44 fueron heridos, aunque esa información no fue entonces hecha pública.

En el dique seco se encontraba el crucero *Hood*, en donde estaba siendo reparado por trabajadores civiles, pero este barco no sería atacado por los aviones germanos, ya que Hitler había dado órdenes estrictas de que ningún civil resultase muerto en el ataque, para no provocar una reacción británica.

Para hacer frente a los bombarderos germanos, una escuadrilla de cazas Spitfire acudió desde la base de Turnhouse, cerca de Edimbur-

[1] U-Boot es la abreviatura de *Unterseeboot*, nave submarina. El plural es U-Boote.

go. Los Spitfire lograron abatir dos Ju 88, que se convertirían en los primeros aviones derribados por la RAF. Dos tripulantes fueron rescatados por un barco de pesca y cuatro aviadores germanos murieron, siendo enterrados con honores militares, como era habitual en esos primeros compases de la guerra.

Primera victoria de la RAF

El sargento F. Lethard, ametrallador en un bombardero Fairey Battle, proporcionó a la RAF su primer derribo en la guerra, abatiendo el 20 de septiembre de 1939 un caza alemán Messerschmitt Bf 109 cuando efectuaba un vuelo sobre Aquisgrán.

Primer balance de bajas de la RAF

La primera lista de bajas de la RAF fue emitida el 31 de enero de 1940. A pesar de que todavía no se había producido un choque directo entre las fuerzas británicas y alemanas, esa lista presentaba ya 758 muertos y 210 aparatos perdidos.

Al final de la guerra, la lista de bajas mortales incluiría un total de 69.605 miembros de la RAF.

Primera víctima civil británica en un bombardeo

El primer civil británico que murió víctima de un bombardeo alemán fue James Isbister, que residía cerca de la base naval de Scapa Flow, en las islas Orcadas, al norte de Escocia.

A las ocho de la tarde del 16 de marzo de 1940, quince aviones germanos Junkers Ju 88 atacaron la base de Scapa Flow. El objetivo del ataque eran los buques HMS *Rodney*, HMS *Iron Duke* y HMS *Norfolk*. El último de ellos recibió el impacto directo de una bomba, provocando la muerte de cuatro marineros y causando heridas graves a otros siete hombres. Aunque el *Norfolk* sufrió graves daños, finalmente podría ser reparado.

Pero las bombas alemanas no sólo caerían sobre la base naval, sino también sobre una aldea cercana, Stennes. Cuando sus habitantes advirtieron que los aviones alemanes estaban sobrevolando el pueblo, acudieron rápidamente a los refugios. James Isbister, de 27 años, su mujer y su hijo estaban en casa; antes de bajar al sótano, acogieron a dos vecinos que en ese momento pasaban por la calle. Pero antes de bajar, Isbister escuchó cómo una bomba caía sobre la casa de enfrente; sin importarle el peligro, decidió salir y cruzar la calle para tratar de ayudar a sus vecinos. En el momento en el que salió a la calle, cayó otra bomba, que acabó con su vida.

Isbister fue el primer habitante de Stennes en morir, en un *raid* que causó la muerte de cuatro vecinos más. En total, sesenta bombas cayeron sobre la aldea, de las que ocho no llegaron a estallar. La muerte de Isbister sería también la primera a consecuencia directa de una acción enemiga durante la Segunda Guerra Mundial.

Primer ataque de la RAF sobre Alemania

En la noche del 19 al 20 de marzo de 1940, una escuadrilla de la RAF atacó la base de hidroaviones de Hornum, al sur de la citada isla de Sylt, situada a una decena de kilómetros de la costa. Esta operación fue el primer ataque de la RAF a un objetivo alemán. Además, esa acción constituiría el más ambicioso ataque aéreo de ambos bandos hasta ese momento de la contienda.

Se escogió una noche de luna llena para facilitar la orientación. De los 30 bombarderos Withley y 20 Hampden, todos menos cuatro llegaron hasta el objetivo. De los restantes, tres tuvieron que dar la vuelta por culpa de sendas averías y uno no consiguió encontrar la isla.

El primer avión sobrevoló Sylt a las ocho de la tarde. A partir de entonces, y durante seis horas, los aparatos descargaron sus bombas sobre la base de Hornum, arrojando sobre todo bombas incendiarias, para que el fuego arrasase las instalaciones.

En la operación tan sólo un bombardero, un Withley, fue abatido por el fuego antiaéreo. Dos regresaron severamente dañados y los demás volvieron intactos. Aun así, la misión no pudo ser considerada un éxito, ya que los vuelos de reconocimiento posteriores concluyeron que la base no había sufrido daños importantes, tan sólo dos hangares se habían incendiado, así como algunos depósitos de combustible y un embarcadero. Además, en ese momento únicamente había dos aviones en la base: un caza y un hidroavión. Estos magros resultados llevaron a que la RAF se replantease sus técnicas de bombardeo.

Primer gran buque de guerra hundido desde el aire

El primer buque de guerra de gran tamaño hundido a consecuencia de un ataque aéreo fue el crucero ligero alemán *Königsberg*.

El 9 de abril de 1940, dieciséis aviones británicos Blackburn B-24 Skua partieron de la base aeronaval de Hatston, en las islas Orcadas, para atacar al crucero, que se encontraba fondeado en el puerto noruego de Bergen. El *Königsberg*, incapaz de defenderse del ataque de los Skuas, resultó hundido a consecuencia de dos impactos directos de bombas de 45 kilos que resultarían fatales. Como el crucero germano tardó tres horas en hundirse, dio tiempo a que toda la tripulación abandonase el barco.

Primer ataque aéreo desde un portaaviones

El primer ataque aéreo lanzado desde un portaaviones tuvo lugar el 11 de abril de 1940. Ese día, 18 aviones Swordfish pertenecientes a los escuadrones 816.° y 818.° de la RAF despegaron desde el HMS *Furious* para cumplir una misión de bombardeo contra barcos alemanes fondeados en el fiordo de Trondheim, en Noruega. Todos los aviones que participaron en la operación pudieron regresar al *Furious*.

Primer ataque aéreo inglés con víctima inglesa

En el primer ataque aéreo sobre una ciudad alemana, 36 bombarderos británicos pertenecientes a los escuadrones 77.°, 18.°, 49.°, 51.° y 58.° de la RAF arrojaron sus bombas sobre un nudo ferroviario en Mönchengladbach, la noche del 11 al 12 de mayo de 1940.

Curiosamente, la única víctima mortal que causó el ataque fue una ciudadana inglesa que residía en esta ciudad germana.

Primeros bombardeos aliados sobre Berlín

El primer bombardeo aliado de Berlín se produjo el 7 de junio de 1940, en una operación en la que tan sólo participó un aparato, el cuatrimotor francés *Jules Verne*. Esa misión fue la respuesta al primer ataque aéreo que sufrió París, cuando el 3 de junio de 1940 las afueras de la capital francesa fueron bombardeadas por la fuerza aérea germana, la Luftwaffe, provocando 254 muertos y ocasionando grandes daños en aeródromos e instalaciones defensivas.

Los franceses, que estaban sufriendo grandes reveses militares, no estaban en condiciones de efectuar una actuación de este calibre sobre suelo alemán, pero aun así se decidió dar una respuesta con el objetivo de restituir a la nación gala el orgullo herido. Para ello se recurrió a un Farman F.222, un aparato de reconocimiento que podía cumplir también funciones de bombardeo, procedente de la flota de Air France que efectuaba el servicio postal a través del Atlántico Sur.

Con ansias de revancha, cuatro días después del ataque a París, el *Jules Verne* despegó de un aeródromo de Burdeos rumbo a Berlín. El aparato iba pilotado por el capitán Henri Daillière, quien decidió alcanzar la capital germana dando un rodeo a través de Dinamarca y el mar Báltico. Sus tripulantes demostraron ser unos excelentes navegantes aéreos; aunque era de noche, lograron situarse sobre Berlín, teniendo en cuenta que la ciudad se encontraba totalmente oscurecida para evitar un ataque desde el aire.

Las defensas aéreas de la capital no se tomaron muy en serio la incursión, ya que al comprobar que se trataba de un único aparato pensaron que se limitaría a lanzar octavillas, así que ni tan siquiera dispararon los cañones antiaéreos. Aprovechando esa falta de oposición, Daillière decidió permanecer sobre el cielo berlinés el mayor tiempo posible, dando varias vueltas sobre la ciudad, una treta psicológica para dar la sensación de que eran más aparatos los que la estaban sobrevolando.

Finalmente, el *Jules Verne* dejó caer su modesto cargamento de bombas sobre unas fábricas situadas al nordeste de la ciudad. Los daños causados fueron de escasa consideración, pero el objetivo de castigar, aunque fuera de modo simbólico, a la capital alemana ya se había conseguido. Una vez cumplida la misión pusieron rumbo a casa atravesando el país enemigo, amparados en la oscuridad de la noche, y llegaron a París a las cinco de la madrugada.

La prensa francesa magnificó el episodio asegurando que la misión había sido llevada a cabo por una formación de bombarderos y destacando que los alemanes no habían logrado derribar ningún avión, lo que no se puede negar que no fuera cierto. Pero la satisfacción producida por la audaz incursión duraría bien poco. En el frente, las tropas francesas seguirían mostrándose impotentes para hacer frente a las divisiones Panzer y París tardaría apenas una semana en caer.

La primera vez que los británicos bombardearon Berlín fue en la noche del 25 al 26 de agosto de 1940, dos días después de que la Luftwaffe bombardease Londres por error. De los 81 bombarderos británicos que participaron en la misión, 27 no lograron encontrar el objetivo y 5 fueron derribados.

Por su parte, la primera vez que los soviéticos bombardearon la capital del Reich fue un año después, la noche del 7 al 8 de agosto de 1941, con una formación de bombarderos procedentes de las islas de Osel y Dago, en el Báltico. Esta incursión supuso una gran sorpresa para Hitler, que consideraba a la obsoleta aviación soviética incapaz de llevar a cabo una misión de este tipo.

En total, Berlín sufriría un total de 363 *raids* aéreos a lo largo de la guerra.

Primer lanzamiento de paracaidistas británico

La primera vez que los británicos realizaron un lanzamiento de paracaidistas fue la noche del 10 de febrero de 1941. La operación, que recibiría el grandilocuente nombre de Colossus ('coloso'), tenía como objetivo la destrucción de un importante acueducto cercano a Calitri, en Apulia, al sur de Italia, que abastecía de agua a las ciudades de Tarento, Brindisi y Bari, además de a la importante base naval de Tarento. Los británicos estaban convencidos de que los efectos del ataque supondrían un golpe a la moral de la población y afectarían al esfuerzo de guerra en las campañas del norte de África y Albania.

El objetivo, situado a 80 kilómetros hacia el interior, estaba demasiado lejos para efectuar un desembarco, y tampoco era posible lograrlo mediante un bombardeo aéreo. Por tanto, se decidió recurrir al 11.° Batallón del Servicio Aéreo Especial (*Special Air Service Battalion*), intregrado por 350 hombres y que sólo tenía siete meses de antigüedad. Esta unidad era conocida como la «nueva fuerza de Churchill», ya que él había sido su gran impulsor, tras contemplar los éxitos de las fuerzas paracaidistas alemanas en la campaña occidental.

En la Operación Colossus participarían seis bombarderos Whitley modificados, desde los que saltaría la denominada Tropa X, compuesta de 38 hombres, de los que siete eran oficiales, bajo el mando del mayor T. A. G.. Pritchard. El plan consistía en descender sobre el valle en el que se hallaba el objetivo, destruir el acueducto y caminar 80 kilómetros hasta la desembocadura del río Sele. Allí les recogería el submarino HSM *Triumph* la noche del 15 de febrero. Como maniobra de distracción, coincidiendo con el lanzamiento de los paracaidistas, otros dos aparatos llevarían a cabo un bombardeo sobre la estación de ferrocarril de Foggia.

Tras seis semanas de entrenamiento intensivo, para el que incluso se utilizó una reproducción del acueducto a escala real, el 7 de febrero los paracaidistas embarcaron en los Whitley en una base británica y pusieron rumbo a Malta, volando sobre la Francia ocupada. En Malta, los integrantes de la Tropa X recibieron las últimas indicaciones. A las 18:30 h de ese 10 de febrero, los aviones partieron de la isla mediterránea rumbo a su objetivo con las mejores perspectivas. El lanzamiento de la Tropa X se iniciaría sobre el valle de Calitri a las 21:42 h.

La misión se torcería desde el primer momento. Uno de los seis aviones se equivocó y lanzó a los paracaidistas sobre otro valle, por lo que no pudieron reunirse con el resto. Además, un sargento murió ahogado al descender sobre un lago. Los paracaidistas que lograron llegar hasta el acueducto se vieron con más dificultades de las previstas para volarlo, ya que, según la información que habían recibido, la base de los pilares era de ladrillo, cuando en realidad estaban reforzados con hormigón. Aun así, lograron destruirlo cuando pasaban treinta minutos de la media noche, para lo que tuvieron que emplear 363 kilos de explosivo.

La Tropa X había conseguido su objetivo, pero ahora comenzaba la parte más difícil y arriesgada de la misión, ya que debían llegar hasta la costa. Para facilitar la travesía por territorio enemigo, se dividieron en tres grupos, pero no les sirvió de nada. El primer grupo fue capturado por una patrulla de *carabinieri,* alertada por un aldeano. El segundo se rindió tras un intercambio de disparos con unos soldados. El último grupo fue también capturado por los *carabinieri,* tras ser descubiertos por otros lugareños. Todos los británicos fueron trasladados a Nápoles, excepto un intérprete italiano, camarero en el hotel Savoy de Londres, que fue entregado a un grupo de fascistas; el traductor fue torturado y asesinado, acusado de traición.

De todos modos, aunque los británicos hubieran conseguido llegar a la costa, allí no les hubiera recogido nadie la noche del 15 de febrero. Uno de los bombarderos que debía atacar la estación de Foggia la tarde del 10 de febrero como maniobra de distracción tuvo una avería y emitió por radio su intención de efectuar un amerizaje de emergencia en la desembocadura del río Sele, precisamente el lugar en el que los paracaidistas debían ser recogidos cinco días después. Temiendo que el mensaje hubiera sido interceptado por los italianos y que reforzasen la vigilancia en la zona, el *Triumph* decidió no acudir al lugar de la cita.

El balance de la misión, a pesar de haber conseguido volar el acueducto, fue decepcionante. El acueducto pudo ser reparado antes de que se agotasen las reservas de agua, por lo que no tuvo ningún efecto sobre la moral de la población ni mucho menos sobre las operaciones en el norte de África o Albania.

Tras este fracasado estreno de su fuerza paracaidista, los británicos no volverían a lanzar una acción similar hasta un año después, el 27 de febrero de 1942. La misión, denominada Operación Biting, tendría como objetivo apoderarse de un sofisticado radar alemán emplazado en Bruneval, en la costa francesa del canal de la Mancha; en este caso, aunque morirían dos paracaidistas, la arriesgada incursión alcanzó plenamente el objetivo buscado.

Primer británico ejecutado por traición

El primer británico condenado a muerte y ejecutado por traición fue George T. Armstrong. Este marinero de la Royal Navy fue acusado de pasar información a los alemanes a través del cónsul germano en Nueva York. Fue capturado por el FBI y entregado a los británicos, que lo ahorcaron el 9 de julio de 1941.

Primer barco norteamericano atacado por un U-Boot

El primer buque de guerra estadounidense que fue atacado por un submarino alemán fue el destructor USS *Kearney*. El 17 de octubre de 1941, cuando Estados Unidos era todavía un país neutral, este buque se encontraba destinado en Islandia, cuando acudió en socorro de un convoy británico que estaba siendo atacado por submarinos germanos. El *Kearney* lanzó cargas de profundidad, pero fue torpedeado por uno de los U-Boote, el U-568.

El barco norteamericano resultó seriamente dañado, aunque pudo ser reparado y siguió en servicio hasta 1946. A consecuencia del ataque del U-568, 11 tripulantes resultaron muertos y 22 heridos.

Por su parte, la acción del *Kearney* fue tomada como una provocación por Hitler, que la utilizaría para declarar la guerra a Estados Unidos tras el ataque a Pearl Harbor.

Primer mercante norteamericano hundido por los japoneses

El primer mercante estadounidense hundido por los japoneses fue el vapor artillado *Cynthia Olson*, que hacía la ruta entre Tacoma y Honolulu.

El *Cynthia Olson* fue hundido a las ocho de la mañana del 7 de diciembre de 1941 por el submarino japonés I-26, simultáneamente al ataque nipón a Pearl Harbor. Los 33 tripulantes y tres militares que viajaban en el barco murieron en el ataque.

Primer prisionero japonés

El soldado nipón que tuvo el dudoso honor de ser considerado como el primer prisionero de la Segunda Guerra Mundial en el teatro de operaciones del Pacífico fue Ensign Kasuo Sakamaki. Para él, la guerra duró sólo unas horas, al haber sido apresado la misma mañana del ataque a Pearl Harbor, el 7 de diciembre de 1941.

Sakamaki, junto a otro compañero, Kiyoshi Inagaki, formaba la tripulación del HA-19, uno de los cinco submarinos de bolsillo que tenían como objetivo atacar a la flota estadounidense en esa base de Hawai. El plan era introducirse durante la noche en las aguas del puerto y esperar la llegada del ataque aéreo. Cuando éste comenzase, cada uno tenía asignado un buque de guerra para lanzar sus torpedos. Ninguno de ellos cumpliría su misión y ni tan siquiera serían capaces de regresar al submarino nodriza, el I-24. Tan sólo se lanzaron tres torpedos, sin que llegase a acertar ninguno en el blanco.

El gran problema residía en que esos artefactos, debido a su pequeño tamaño, eran ingobernables en el mar. El submarino de Sakamaki no lograba avanzar porque la proa subía a la superficie cada vez que ponían en marcha el motor, por lo que tuvieron que acumular lastre en la parte anterior. Los problemas continuarían más tarde, cuando intentaron atacar a una patrullera norteamericana. El mecanismo de lanzamiento del torpedo no funcionó y además sufrieron heridas leves al pretender arreglarlo en un espacio tan pequeño.

Exhaustos por el esfuerzo realizado, no se dieron cuenta de que se dirigían a unos arrecifes de coral, en donde embarrancaron. Lograron salir de nuevo a mar abierto y buscaron la entrada del puerto, pero la falta de oxígeno y los gases del motor les impedía mantener la concentración necesaria. Decidieron regresar al submarino nodriza pero, completamente desorientados, acabaron encallando de nuevo en la costa, esta vez de manera definitiva.

Para impedir que cayera en manos del enemigo, colocaron varias cargas de dinamita en el interior del HA-19. Aunque no les quedaban fuerzas, se lanzaron al agua para escapar nadando, en una decisión desesperada. Al poco tiempo, el compañero de Sakamaki se ahogó, mientras que él perdió el conocimiento. Milagrosamente, al cabo de unos minutos el cuerpo de Sakamaki llegaba a la orilla conservando aún un hálito de vida. Tosiendo y escupiendo el agua que se había tragado, el japonés recuperó la respiración.

No pasó mucho tiempo hasta que un sargento estadounidense, David Abuki, perteneciente al 298 Regimiento de Infantería, le encontró. Apuntándole con su arma, le condujo hasta la base de Bellows Field. Era el primer prisionero japonés y a Abuki le correspondía el honor de haber sido su captor.

Después de ser interrogado, Sakamaki sería enviado a un campo de prisioneros, en donde permanecería confinado hasta el final de la guerra. Al principio aseguraba que prefería estar muerto a pasar por esa vergüenza, pero poco a poco fue asimilando su nueva situación, ayudado por el buen trato que recibió durante su cautiverio.

Mientras tanto, en su país su nombre era ya sinónimo de indignidad; para los japoneses era una deshonra ser hecho prisionero y era preferible la muerte antes de caer en manos del enemigo. Este desprecio se tradujo en una pintura conmemorativa que pretendía homenajear la misión de los submarinos de bolsillo en Pearl Harbor; el cuadro reproducía los rostros de todos los tripulantes excepto el del vituperado Sakamaki.

Por otra parte, el intento de destruir el submarino por parte de sus tripulantes para evitar que el enemigo se pudiera hacer con él no había tenido éxito. Las mechas que habían encendido para que explotaran los cartuchos de dinamita se habían apagado, seguramente por la humedad existente en el interior de la nave. Los expertos norteamericanos no tuvieron excesivos problemas para volver a ponerlo a flote, pero en este caso mejorando su navegabilidad.

Como no podía ser de otra forma, las autoridades militares estadounidenses advirtieron las posibilidades comerciales del submarino japonés y decidieron utilizarlo para aumentar las ventas de los bonos de guerra. Así pues, emprendieron una gira publicitaria por todos los puertos de la costa oeste, mostrando el trofeo a la curiosidad del público.

Años más tarde, Sakamaki gustaba de recordar el episodio de su captura y no dejaba de traslucir un discreto orgullo por haber pasado a la historia, aunque fuera por esas circunstancias. Según decía, «Pearl Harbor había sido el inicio de la guerra y, para mí, también el final», a lo que solía añadir con una sonrisa que «en mi caso, la Segunda Guerra Mundial fue bastante corta...».

Al contrario de otros muchos soldados japoneses participantes en ese ataque, que pasaron por dificultades personales y económicas en tiempo de paz, Sakamaki sí que alcanzó el éxito profesional, llegando a desempeñar el puesto de jefe de exportaciones de la empresa automovilística Toyota. Falleció en noviembre de 1999, a los 81 años.

Primer soldado afroamericano muerto por los japoneses

Robert H. Brooks (1915-1941), de Kentucky, fue el primer soldado norteamericano de raza negra muerto por los japoneses en combate de tierra durante la Segunda Guerra Mundial.

Brooks estaba encuadrado en la sección de mantenimiento del 192.º Batallón de Tanques, en la base de blindados de Clark Field, en las Filipinas. Al mediodía del 8 de diciembre de 1941, cuando Brooks se encontraba con otros dos mecánicos, la base fue atacada por sorpresa por la aviación japonesa. El soldado se encaramó rápidamente a uno de los blindados para disparar con la ametralladora, pero fue alcanzado por una bomba, muriendo en el acto. Brooks se convertía así oficialmente en el primer soldado norteamericano del cuerpo de blindados en morir en la Segunda Guerra Mundial, además de ser el primer afroamericano en caer.

Cuando la noticia llegó al cuartel en donde Brooks había recibido instrucción, en Fort Knox, Kentucky, el general al mando, Jacob Devers, ordenó a uno de sus subordinados que se pusiera en contacto con sus padres y tomó la decisión de honrar su memoria poniendo su nombre a la calle principal del cuartel. Sin embargo, las dudas surgieron cuando el subordinado regresó al cuartel y advirtió al general Devers de que los padres de Brooks eran negros; eso supuso una sorpresa, ya que el soldado fallecido tenía la piel clara y pasaba a menudo por ser blanco. Hay que recordar que entonces los soldados negros estaban segregados en unidades específicas o realizaban tareas de limpieza o mantenimiento, como en el caso de Brooks.

El subordinado pensó que el origen racial iba a modificar la decisión inicial de Devers pero no fue así. El general mantuvo su compromiso: «No importa si Robert era negro o no, lo que importa es que dio su vida por su país».

Finalmente, la calle principal del cuartel recibiría el nombre de Robert H. Brooks en una ceremonia a la que asistieron sus apenados pero orgullosos padres.

Último en marchar, primero en volver

Cuando la guarnición norteamericana en la isla de Wake, situada en mitad del Pacífico, quedó cercada por los japoneses tras el ataque a Pearl Harbor, el coronel norteamericano Walter Baylor fue el último soldado en abandonarla, en una patrullera de la US Navy, el 21 de diciembre de 1941. La isla caería en manos de los japoneses dos días después.

Curiosamente, Baylor tendría el honor de ser el primero en regresar a dicha isla tras la derrota nipona, en septiembre de 1945.

Primer norteamericano en llegar a Gran Bretaña

El primer soldado norteamericano que desembarcó en suelo británico, una vez que Estados Unidos entró en la guerra, fue el soldado de primera clase Melburn Hencke, el 26 de enero de 1942.

Primer norteamericano en pisar el continente europeo

El soldado que pisó por primera vez el continente europeo fue el cabo Frank M. Koons, que participó en el catastrófico *raid* sobre Dieppe el 19 de agosto de 1942.

Primer norteamericano en morir en Europa

El primer soldado norteamericano en morir en el teatro de guerra europeo fue el teniente de los *Rangers* Edward Vincent Loustalot, de Louisiana, que falleció durante el citado ataque a Dieppe.

Loustalot, de 23 años, encabezó el asalto a un nido de ametralladoras situado en un acantilado, después de que cayese el oficial británico que lo lideraba. El norteamericano fue herido tres veces hasta que finalmente murió bajo el fuego germano. Fue enterrado por los alemanes junto a los soldados canadienses en Dieppe, pero en 1945 fue trasladado al cementerio estadounidense de las Ardenas, en Bélgica.

Primera misión en la que se emplearon mil bombarderos

La primera vez en la que se empleó un millar de bombarderos en un ataque aéreo fue el 30 de mayo de 1942, cuando la RAF llevó a cabo una incursión sobre Colonia.

Un total de 1.047 aviones despegaron rumbo a la histórica ciudad germana, de los que 868 atacaron el objetivo principal. Se lanzaron 1.455 toneladas de bombas, correspondiendo dos tercios a artefactos incendiarios. Colonia quedó devastada, muriendo 469 personas. La RAF perdió en el ataque 41 aviones.

La segunda ocasión en la que se reuniría como mínimo esta simbólica cifra de bombarderos sería en el ataque a Essen del 1 de junio de 1942.

Primera mujer piloto en derribar un avión

La piloto soviética Olga Yamschchikova fue la primera mujer en derribar un aparato enemigo. El 24 de septiembre de 1942 consiguió abatir un Junkers Ju 88 sobre Stalingrado. Yamschchikova era miembro del 586.º Regimiento de Cazas. Las mujeres de esta unidad llevaron a cabo 4.419 misiones, derribando un total de 38 aviones alemanes.

Casi un millón de mujeres sirvieron en las fuerzas armadas soviéticas durante la Segunda Guerra Mundial, aunque sólo una pequeña parte de ellas fue destinada a misiones de combate.

Primer bombardeo norteamericano sobre Alemania

El 27 de febrero de 1943, los norteamericanos lanzaron su primer bombardeo sobre Alemania, cuando 64 aviones correspondientes a la 8.ª Fuerza Aérea llevaron a cabo una misión sobre el puerto de Wilhelmshaven.

En su estreno, los estadounidenses perdieron tres aparatos y derribaron 22 aviones alemanes. Los daños causados a almacenes y factorías fueron importantes, por lo que el ataque fue considerado un éxito.

Primer norteamericano en llegar al continente el Día D

El soldado que tuvo el honor de haber llegado el primero a Francia en las horas previas al desembarco en Normandía fue el paracaidista Frank L. Lilliyman, de la 101.ª División Aerotransportada.

Primer británico muerto el Día D

El primer soldado británico que resultó muerto en el Desembarco de Normandía, el 6 de junio de 1944, fue el teniente Den Brotheridge, de la

6.ª División Aerotransportada, cuando lideraba un pelotón de veinte hombres en el ataque al puente sobre el Canal de Caen, en Benouville, que después de esta acción sería conocido como el puente Pegasus. Esta operación se inició a las 00:16 h de ese histórico 6 de junio, cuando planeadores británicos aterrizaron por sorpresa en las inmediaciones del puente.

Brotheridge, de 28 años, recibió un impacto de bala de ametralladora en la parte posterior del cuello, disparada por los soldados alemanes que custodiaban el puente, lo que le ocasionó la muerte.

Primer norteamericano muerto el Día D

El teniente estadounidense Robert Manson Mathias, de la 82.ª División Aerotransportada, se estaba preparando para saltar en paracaídas de un C-47 Dakota sobre el pueblo de Sainte-Mère-Église cuando resultó herido en el pecho por el fuego antiaéreo. Aun así, fue el primero que saltó del aparato, gritando a sus hombres: «¡Seguidme!».

El cuerpo del teniente Mathias, de 28 años, fue encontrado después en el suelo sin vida, enrollado en el paracaídas, por lo que seguramente falleció durante el descenso a consecuencia de la herida en el pecho.

Primera vez que se utilizó napalm

La primera vez que se utilizó napalm fue el 17 de julio de 1944, cuando catorce aviones norteamericanos Lockheed P-38 Lightning atacaron un depósito de combustible en Coutances, cerca de Saint-Lô, en Normandía. En la acción murieron trescientos civiles.

El napalm es gasolina de cien octanos coagulada, formando así una especie de gel. Para lograrlo se recurre al palmitato de sodio, sustancia de la que procede el nombre, compuesto de *na* (símbolo del sodio) y *palm* (abreviatura de palmitato). Así se consigue este producto altamente incendiario, y que posteriormente quedaría ligado a la guerra del Vietnam, en donde sería ampliamente utilizado por los norteamericanos.

La siguiente ocasión en que se empleó esta sustancia altamente inflamable fue en el Pacífico, cuando los norteamericanos invadieron la isla de Tinian, en las Marianas, demostrándose muy útil para acabar con la resistencia nipona en búnkeres y refugios. El napalm fue también utilizado para bombardear Tokio la noche del 9 al 10 de marzo de 1945.

Primera V-1 derribada por un piloto

El 4 de agosto de 1944, el piloto Dixie Dean, a los mandos de un Meteor del 616.º Escuadrón de la RAF, consiguió derribar una bomba volante V-1. Para ello, se colocó en paralelo a ella y situó un ala debajo de la del artefacto alemán, golpeándola ligeramente para desestabilizarla.

Unos minutos después, otro piloto, J. K. Roger, consiguió derribar otra V-1, pero en este caso por el método más expeditivo de recurrir a sus ametralladoras.

Primer soldado aliado ajusticiado tras el Día D

Clarence Whitfield, un soldado norteamericano de raza negra, fue el primer soldado aliado condenado a muerte tras el desembarco de Normandía.

Whitfield fue acusado de la violación de una joven polaca, Anieta Skrzyniarz, que trabajaba en una granja de Vierville sur Mer, próxima a Omaha Beach. El 14 de agosto de 1944, Whitfield fue ahorcado en los jardines del castillo de Canisy, a cinco kilómetros de Saint-Lô.

Primer soldado aliado en pisar suelo alemán

La tarde del 11 de septiembre de 1944, un Jeep con cinco hombres del ejército norteamericano estaba realizando una patrulla de reconocimiento al nordeste de Luxemburgo. Se dirigió al pequeño río Our, que marcaba la frontera con Alemania.

Una vez allí, el sargento de Estado Mayor Warner W. Holzinger (1916-1988), de Wisconsin, acompañado de un soldado y un intérprete francés, descendió con alguna dificultad hasta la orilla del río, que en ese punto tenía apenas veinte metros, y lo vadeó, convirtiéndose en el primer soldado aliado en poner pie en suelo germano.

Primer norteamericano en cruzar el Rin

El primer soldado norteamericano en poner el pie en la orilla oriental del Rin, atravesando el puente de Remagen, fue el sargento Alexander Albert Drabik, un carnicero de Holland, Ohio. Drabik había nacido en 1910 en el seno de una familia de inmigrantes polacos y tenía doce hermanos.

Al mando de un pelotón, y soportando un intenso fuego de ametralladora, Drabik logró pasar a la otra orilla a las cuatro de la tarde del 7 de marzo de 1945, consiguiéndolo gracias a una carrera zigzagueante, en la que estuvo a punto de caer en varias ocasiones, y en la que perdió el casco. Otros ocho soldados le siguieron pisándole los talones, pero la gloria sería para él.

Posteriormente, Drabik explicó con modestia: «No me detuve en ningún momento porque sabía que si seguía corriendo, no me alcanzarían. Mis hombres iban corriendo detrás de mí y tampoco fueron alcanzados por las balas alemanas. Cuando llegamos a la otra orilla, nos refugiamos en el cráter de una bomba y esperamos a los demás. Así fue como ocurrió». Por su valerosa acción, Drabik fue recompensado con la Cruz de Servicios Distinguidos, la segunda condecoración más alta del ejército norteamericano.

Drabik falleció en 1993 en un accidente de tráfico en Missouri, cuando precisamente se dirigía a una reunión con los supervivientes de su unidad.

Primer rescate en helicóptero

La primera persona en la historia en ser rescatada por un helicóptero fue el capitán James Green, de las fuerzas aéreas norteamericanas.

En abril de 1945, Green estaba en una misión de búsqueda desde el aire de un avión de transporte que se había estrellado en las colinas Naga, en Birmania. Pero su propio aparato se quedó sin combustible y, a su vez, acabó estrellándose en la jungla. Una semana después, un equipo de rescate terrestre que había salido en su búsqueda lo encontró, pero Green estaba tan malherido que llevarlo de regreso por tierra resultaba enormemente arriesgado. Tampoco era posible rescatarlo por vía aérea, ya que la jungla era allí muy tupida y no había ningún lugar en donde pudiera aterrizar un avión.

Pero en el aeródromo de Shinbwiyang se disponía de un pequeño helicóptero Sikorsky YR-4 y se decidió utilizarlo para el rescate del capitán. Tan sólo hacía falta un claro en la jungla para que pudiera aterrizar, por lo que el equipo de rescate se dedicó durante varios días a despejar de vegetación la zona en la que el helicóptero debía posarse. Cuando todo estuvo preparado, el helicóptero, pilotado por el teniente Raymond Murdock, pudo aterrizar y evacuar a Green al hospital de la base de Shinbwiyang.

Primer soldado soviético en plantar la bandera roja en el Reichstag

El primer soldado soviético en subir a la azotea del Reichstag y plantar la bandera roja en el emblemático edificio de la capital alemana, fue Mijail Petrovich Minin (1922-2008).

Minin, acompañado de tres hombres y corriendo un gran riesgo porque la resistencia alemana no había sido todavía sofocada, consiguió subir al tejado a las 22:40 h del 30 de abril de 1945. Minin fue ayudado por sus compañeros a subir a la estatua de un caballo y pudo plantar allí la bandera, atada a una cañería. Por desgracia para ellos, en ese momento no había ningún fotógrafo para captar la histórica escena con su cámara.

El fotógrafo de guerra Yevgueni Jaldei (1917-1997), de la agencia de prensa TASS, recrearía la escena el 2 de mayo, cuando el Reichstag estaba ya asegurado. Jaldei pidió a varios soldados que posasen colocando la bandera en la parte más alta del edificio, y ésa fue la escena que quedó inmortalizada. Posteriormente, en el laboratorio, Jaldei añadió a la imagen densas columnas de humo para dar la sensación de que los combates seguían en las calles berlinesas en el momento en que fue tomada la foto.

Aunque Stalin había prometido el título de Héroe de la Unión Soviética a los primeros que izasen la enseña sobre el Reichstag, Minin y sus hombres tuvieron que conformarse con la Orden de la Bandera Roja, ya que no se les reconoció oficialmente ese mérito. Quien sí recibiría el heroico título sería el sargento georgiano Meliton Kantaria (1920-1993), que era el que aparecía plantando la bandera soviética en las fotos trucadas tomadas el 2 de mayo por Jaldei, demostrándose que no siempre el primero es quien se lleva la gloria.

II
En la retaguardia

Con la guerra aumentan las propiedades de los hacendados, aumenta la miseria de los miserables, aumenta el discurso del general y crece el silencio de los hombres.

BERTOLT BRECHT (1898-1956),
dramaturgo alemán

La guerra de 1914-1918 fue el primer conflicto en el que la población civil sufrió en sus propias carnes los efectos de la guerra, aunque esas calamidades apenas serían un anticipo de los horrores que estaban por llegar.

Tras los trágicos precedentes de la guerra civil española o la guerra chino-japonesa, en la contienda de 1939-1945 ya se borraría por completo la diferencia entre la primera línea de fuego y la retaguardia. La aviación de largo alcance hacía posible lanzar ofensivas aéreas hasta el corazón del territorio enemigo, al tiempo que la población se veía sometida a privaciones de todo tipo. Se podía dar la paradoja de que un soldado estuviese disfrutando de un período de calma momentánea en un frente inactivo, mientras su familia estaba siendo sometida a intensos bombardeos aéreos.

El carácter seguro de la retaguardia se había esfumado. En esta guerra, todos eran combatientes y todos corrían el riesgo de morir en cualquier momento. Pero la retaguardia se convertiría también en el escenario de una gran variedad de episodios curiosos, alejados de los sucesos dramáticos que se vivían en el frente. Eran el contrapunto a una guerra total a la que la sociedad trataba de hacerle frente con el mejor ánimo posible.

Racismo en Islandia

El 10 de mayo de 1940, las tropas británicas desembarcaron en Islandia para impedir que los alemanes pudieran ocupar la isla, después de que estos se hubieran apoderado de Dinamarca el mes anterior. Esa acción preventiva fue denominada Operación Fork ('tenedor').

Islandia era desde 1814 territorio danés, aunque desde 1918 disfrutaba de un régimen de unión con Dinamarca que le convertía *de facto* en un estado independiente, lo que le permitió declararse neutral. Aunque antes de la invasión de Dinamarca los alemanes habían iniciado maniobras de acercamiento a Islandia, lo que incluía, por ejemplo, la llegada de barcos y submarinos, y hasta la organización de partidos de fútbol, Hitler no se planteaba su conquista.

Aun así, a pesar de que los islandeses habían alejado el peligro de una invasión germana, el recibimiento que brindaron a los soldados británicos fue tan frío como el clima que allí reina durante la mayor parte del año. En octubre de 1940 llegarían tropas canadienses y, a partir de junio de 1941, norteamericanas, que tampoco recibirían una cálida acogida de los islandeses.

Entre los motivos de ese gélido recibimiento figuraba el que los soldados extranjeros eran percibidos por la población masculina como un peligro latente para sus mujeres, novias, hijas o hermanas. La preocupación no era del todo infundada, ya que la fuerza militar aliada desplegada en la isla ascendía a 25.000 soldados, cuando la población islandesa apenas llegaba a 100.000.

A la prevención ante la llegada de tantos hombres jóvenes, deseosos de momentos de distracción, a la tranquila y endogámica isla, se uniría un inesperado componente racista. Así, cuando un marinero negro que había llegado en un buque norteamericano fue visto por las calles de Reikiavik, el hecho llegó a merecer ser portada de un diario local, que tituló: «¿Un islandés negro?».

En el artículo correspondiente se expresaba la alarma ante la posibilidad de que una chica islandesa pudiera intimar con el marinero, poniéndose así «en peligro nuestras tradiciones». Para no exacerbar los ánimos, las autoridades militares norteamericanas cedieron, ordenando que ningún soldado negro pudiera poner pie en suelo islandés durante el resto de la contienda.

Fuera las señales

En el verano de 1940, ante la amenaza de una inminente invasión germana procedente del otro lado del canal de la Mancha, el Gobierno británico decidió eliminar todas las señales indicadoras de las carreteras, los puntos kilométricos o los carteles que anunciaban la llegada a pueblos y ciudades. Esta medida llegó al extremo de censurar los carteles de tiendas y negocios que incluían el nombre de la localidad. El objetivo era impedir que las tropas alemanas pudieran orientarse.

La ausencia de señales en las carreteras provocó que los viajeros se perdiesen con frecuencia, pero eso se resolvía con paciencia y la amabilidad de los naturales de la región, que no dudaban en orientarles.

Si viajar por carretera se había vuelto complicado, lo mismo sucedía en el interior de las ciudades. El metro de Londres también hubo de adoptar la misma medida; así, los nombres de las estaciones fueron suprimidos, al igual que el nombre de las diferentes líneas o la indicación de las correspondencias entre las mismas.

Esta decisión provocaría el caos en el metro londinense, ya que muchos viajeros se perdían y no acertaban a bajarse en la estación correcta. Para resolver este problema, se colocaron unos carteles en los vagones en los que se pedía a los viajeros veteranos que anunciasen en voz alta la siguiente estación.

Esas medidas se mantuvieron incluso después de que desapareciese la amenaza de invasión, pero tuvieron que levantarse a consecuencia de la llegada de las tropas norteamericanas que debían participar en la invasión del continente prevista para el verano de 1944. Las autoridades militares estadounidenses se quejaron de que los conductores de los camiones que transportaban material y soldados se perdían continuamente, malgastando así una gran cantidad del preciado combustible, por lo que las señales indicadoras fueron instaladas de nuevo en las carreteras inglesas.

Swastika no cambia de nombre

En 1911, en Ontario, Canadá, dos hermanos encontraron una mina de oro cerca del lago del mismo nombre. Los descubridores llamaron a la mina Swastika, por el ancestral símbolo de buena suerte en las culturas hindú y budista, sin tener manera de saber entonces que unos años después Adolf Hitler lo escogería como símbolo de su infausto movimiento político.

Alrededor de la mina creció un pequeño pueblo que se llamó también Swastika. En 1940, en plena Segunda Guerra Mundial, las autoridades de Ontario decidieron cambiarle ese nombre con inequívocas connotaciones nazis por otro más apropiado, Winston, en honor del primer ministro británico, Winston Churchill. Pero los habitantes de Swastika no estuvieron de acuerdo y decidieron mantener el nombre.

Así, a partir de entonces, se podía leer en un cartel a la entrada del pueblo: «Swastika. Población 545. Al infierno con Hitler, nosotros la escogimos antes».

El coche favorito de cada uno

Algunos de los protagonistas de la Segunda Guerra Mundial, al igual que cualquier aficionado al motor, sentían una preferencia especial por una marca de vehículos determinada.

Así, la mítica marca británica Rolls Royce contaba entre sus admiradores con el general norteamericano Douglas MacArthur y el mariscal británico Bernard Montgomery.

Otra mítica marca, en este caso alemana, Mercedes, era la preferida de Adolf Hitler, su ministro de Propaganda, Joseph Goebbels, y el jefe de la Luftwaffe, Hermann Göring. En cambio, el arquitecto preferido de Hitler, Albert Speer, gustaba más de otra marca germana, BMW. El emperador de Japón, Hirohito, también sentía debilidad por los vehículos Mercedes. En cuanto al otro líder del Eje, Benito Mussolini, gustaba de utilizar en los desfiles oficiales un elegante Lancia Astura de color granate.

Churchill fue un cliente asiduo de Daimler. A pesar del origen alemán de la marca, los vehículos de la británica Daimler Company Limited eran fabricados en su planta de Coventry. Churchill utilizaría un pequeño pero elegante descapotable Daimler Dolphin, de color gris y chocolate, para hacer campaña electoral, dotándolo de dos altavoces en el capó.

El general Omar Bradley y el almirante Chester Nimitz, ambos norteamericanos, preferían un vehículo ligado al esfuerzo militar, el célebre Jeep, mientras que el general George Patton se decantaba por los Cadillac. En cuanto al presidente estadounidense, Franklin D. Roosevelt, condujo durante muchos años un Plymouth Phaeton, especialmente adaptado para ser conducido por él, afectado por la polio.

La marca favorita del general Dwight D. Eisenhower era Packard. El fabricante de estos vehículos de lujo contribuyó al esfuerzo de guerra de su país con más de cincuenta mil motores, la mayoría de ellos destinados a la aviación. Curiosamente, Stalin también compartía gustos con Eisenhower, ya que, además de varios vehículos ZIS de fabricación soviética, poseía un Packard Super 12 de 1937.

Confiscación de material

La Europa ocupada por los nazis sufrió un saqueo generalizado. Además de materias primas o maquinaria, los alemanes trasladaron a su país obras de arte o trabajadores forzados.

Esta confiscación de material alcanzó a todo tipo de objetos. Por ejemplo, fueron requisadas cerca de cuatro millones y medio de tijeras, destinadas a las tropas alemanas. También fueron confiscadas más de seis millones de almohadillas para entintar tampones, en este caso para facilitar el trabajo de la pesada maquinaria burocrática del Tercer Reich.

Campos de concentración en Costa Rica

El 8 de diciembre 1941, el Gobierno de Costa Rica declaró por segunda vez en su historia la guerra a Alemania, después de que lo hubiera hecho por primera vez en 1918, durante la Primera Guerra Mundial.

Como existía un acuerdo entre los países del continente americano por el que se romperían las relaciones diplomáticas con el agresor si alguno de los aliados en la región era atacado, Costa Rica declaró la guerra a Japón al día siguiente del ataque a Pearl Harbor, al mismo tiempo que a Alemania, una decisión que el Gobierno de Washington no llegaría a tomar.

El papel de Costa Rica en la guerra sería absolutamente marginal, pero en el verano de 1942 el país centroamericano sería el escenario de un episodio bélico. A las cuatro de la madrugada del 3 de julio de 1942, en el puerto atlántico de Limón, un barco bananero de la United Fruit Company de bandera panameña, el *San Pablo*, fue atacado por un submarino alemán, el U-161, mientras estaba siendo descargado. Los dos torpedos disparados por el U-Boot causaron la muerte de 24 estibadores costarricenses, además del hundimiento del carguero, de 3.305 toneladas. Desde el primer momento, no hubo duda de que el buque había sido objeto del ataque de un submarino germano[1].

Al día siguiente, 4 de julio, en la capital, San José, estalló una protesta multitudinaria por este ataque. El incidente sería entonces aprovechado por algunos grupos de exaltados para cometer saqueos y tropelías contra los ciudadanos germano-costarricenses. Aunque no hubo que lamentar víctimas mortales, ese estallido de violencia provocó 76 heridos y la destrucción de 123 viviendas. También se llegaron a recoger quince toneladas de cristales rotos.

La comunidad germano-costarricense se había distinguido desde comienzos del siglo XX por su influyente posición económica, así como por su fuerte presencia en la vida social y cultural del país centroamericano. A partir de ese episodio, y a lo largo de toda la guerra, los ciudadanos de origen alemán que poseían bancos y plantaciones cafeteras sufrieron expropiaciones, alentadas por el Gobierno norteamericano, que amenazó con suspender las importaciones de café y azúcar si no se tomaban esas medidas.

Pero el Gobierno de Costa Rica no se limitó a llevar a cabo las expropiaciones, sino que llegó establecer campos de concentración, donde fueron aislados muchos integrantes de la minoría germana. Otros sufrieron la expulsión del país y, a partir del 4 de enero de 1942, 379 germano-costarricenses comenzaron a ser enviados a Estados Unidos; de éstos, 235 fueron utilizados como moneda de cambio con Berlín en intercambios de prisioneros. En total, 4.058 ciudadanos latinoamericanos de origen alemán serían enviados a Estados Unidos para ser confinados en campos de internamiento.

---

[1] Aunque se atribuye el hundimiento del *San Pablo* al U-161 en su tercera patrulla, y así lo atestigua la información contenida en los archivos oficiales de la Kriegsmarine, no es posible referirse a este episodio sin dejar constancia de las dudas que históricamente se han venido vertiendo sobre la auténtica naturaleza de este incidente, al producirse una serie de hechos sorprendentes. Así, en el momento del ataque la tripulación del barco se hallaba toda en tierra, en un baile, además de que la United Fruit obligó a trabajar en unas horas inhabituales. También se asegura que la onda expansiva en el casco era de adentro afuera, al contrario que lo que sucede en un ataque con torpedos, lo que lleva a pensar a algunos que la explosión fue causada en realidad por un artefacto colocado en el interior del buque. Igualmente, no parece que el *San Pablo* fuera un objetivo lo suficientemente importante como para que un submarino alemán afrontase el riesgo de penetrar en un puerto enemigo para tratar de hundirlo. Todo ello ha dado pábulo a la teoría de que el ataque fue en realidad una maquinación destinada a proporcionar una justificación a las posteriores expropiaciones de bienes alemanes en Costa Rica, estableciéndose un paralelismo con el episodio del *Maine*, que constituyó el *casus belli* de la guerra de Cuba.

El Gobierno entonces presidido por Rafael Angel Calderón Guardia estableció un campo de concentración en las cercanías del Estadio Nacional, en San José. El campo tenía una extensión de unas dos manzanas. Allí, y sólo por el hecho de ser alemanas, fueron recluidas varias decenas de familias que residían en Costa Rica, así como algunos italianos y japoneses, aunque se desconoce la cifra exacta de internados.

Los testigos de la época señalan que esas personas permanecieron recluidas en condiciones infrahumanas. Al final de la guerra, todos ellos fueron liberados, pero a muchos no se les devolvieron sus propiedades confiscadas.

Jaguar cambia de nombre

La prestigiosa marca de automóviles británica Jaguar, sinónimo de lujo y prestaciones deportivas, no siempre se llamó así. Hasta poco después de la Segunda Guerra Mundial, la empresa tenía el nombre de SS Cars.

Jaguar nació en 1922, cuando dos aficionados al motociclismo, Williams Lyons y William Walmsley, fundaron la empresa Swallow Sidecar Company (SSC) para fabricar sidecars para motocicletas. Pero la joven compañía centró su atención en los automóviles, creando carrocerías de aire deportivo para coches de serie como el Austin Seven o el Morris Cowley.

En julio de 1931, la firma se dedicó a divulgar información de lo que sería su próximo modelo. Un aviso publicitario de la época decía «Atención, ya viene el SS»; las siglas SS se referían al nombre de la compañía Swallow Sidecar. En ese momento, esas letras no tenían las connotaciones negativas que adquirirían después, por ser las mismas que designaban a la organización criminal liderada por Heinrich Himmler, pero eso cambiaría posteriormente.

En 1935, William Walmsley dejó la compañía y William Lyon decidió refundar la empresa con el nombre de SS Cars Ltd., centrada ya únicamente en la fabricación de vehículos. En ese año, la marca SS se anotó su primer gran éxito al presentar el SS 90, un deportivo biplaza que inmediatamente se convirtió en el coche a batir en pruebas de carretera y que sería bautizado como «Jaguar» por su gran agilidad y velocidad. En 1937 debutó el emblema Jaguar, que se extendería a todos los modelos SS; la idea surgió de uno de los socios, que encontró necesario darle un toque más atrevido a la marca, aunque ésta continuó siendo oficialmente SS Cars.

Durante la Segunda Guerra Mundial, el esfuerzo bélico de la compañía se concentró en la fabricación de piezas para aviones, sidecars y remolques ligeros, quedando paralizada la producción de vehículos.

En 1948 se reanudó la actividad, pero los propietarios de la empresa se encontraron con el problema de que el nombre de SS Cars tenía unas evidentes connotaciones nazis que perjudicaban su imagen. El compartir las siglas con la organización que tantos crímenes había cometido durante la guerra no era la mejor estrategia para acercarse a los deseos del consumidor británico. Así que el nombre de la marca sería finalmente sustituido por el de Jaguar, el de su deportivo más famoso.

Orgulloso de llamarse Hitler

Un sargento del 101.º Batallón de la Policía Militar de Fort Dix, Nueva Jersey, llamado P. Hitler, estaba orgulloso de llamarse así y no estaba dispuesto a cambiarse el apellido, como había hecho la mayoría.

Cuando alguien se sorprendía al decir cómo se llamaba, él respondía: «Sí, ése es mi apellido, que sea el otro el que se lo cambie».

La guerra deja huella en el fútbol brasileño

Brasil no entraría en la Segunda Guerra Mundial hasta agosto de 1942. Con anterioridad, su presidente, Getulio Vargas, había flirteado con el fascismo, ya que su régimen autoritario, instaurado en 1937 con el pretencioso nombre de Estado Novo, tenía muchos puntos en común con los regímenes de Hitler o Mussolini.

La estratégica situación de Brasil lo convertía en una pieza apetecible para ambos bandos. Así, las presiones diplomáticas de Estados Unidos, unidas a los ventajosos acuerdos económicos ofrecidos por Washington, hicieron que el dictador brasileño acabara colaborando con los Aliados, aun manteniendo su neutralidad. Esa actitud no fue bien vista por alemanes e italianos, por lo que comenzaron a torpedear barcos mercantes brasileños a partir de febrero de 1942. Finalmente, ante el aumento de la presión estadounidense —se hablaba incluso de que existían planes para invadir el nordeste de Brasil— y la presión de la propia opinión pública, Vargas acabaría declarando la guerra a las fuerzas del Eje.

Aunque a principios de 1942 el presidente Vargas no había decidido todavía unir la suerte de su país a la del poderoso vecino del norte, el mandatario creyó conveniente realizar un gesto que demostrase a los norteamericanos su distanciamiento radical de Berlín y Roma. Así, el 30 de enero de ese año firmó un decreto por el que debían eliminarse las referencias a los países del Eje en el deporte más popular de su país, el fútbol. Esa decisión no tuvo que resultar fácil a Vargas, ya que los inmigrantes germanos e italianos constituían comunidades con una gran influencia económica y social, pero el presidente brasileño consideró que era más importante ganarse la confianza del Gobierno de Washington.

Así, en Belo Horizonte, la capital del estado de Minas Gerais, el club Societá Sportiva Palestra Italia, fundado en 1921 por inmigrantes transalpinos, se vio obligado a cambiar de nombre y de equipación, ya que utilizaba los colores de la bandera italiana, el verde, el blanco y el rojo. Como el primer partido tras el decreto se disputó tan sólo dos días después de su promulgación, el equipo saltó al campo con una camiseta azul, sin escudo y sin nombre. El 4 de febrero se adoptó el nombre provisional de Palestra Mineiro, aunque la declaración de guerra de agosto obligaría incluso a eliminar el término italiano *palestra*. Finalmente, en octubre el club fue renombrado como Cruzeiro, en homenaje a la constelación de la Cruz del Sur, que se encuentra representada en la bandera de Brasil. De este modo, la entidad mineira certificaba su patriotismo, puesto en duda por el Gobierno.

En São Paulo también existía otro club con el mismo nombre, Palestra Italia, fundado en 1914 por miembros de la colonia italiana de la ciudad, y con el mismo uniforme inspirado en los colores de su bandera. El club paulista cambió su nombre por el de Sociedade Esportiva Palmeiras, aunque en este caso conservó el color verde para la camiseta y el blanco para el pantalón, así como la letra P del escudo. Para alejar cualquier sospecha de connivencia con el enemigo, en su primer partido como Palmeiras, el equipo saltó al campo enarbolando la bandera brasileña y encabezado por un capitán del ejército. En recuerdo de sus orígenes, entre las equipaciones alternativas se encuentra actualmente el azul, el color de la selección italiana, así como los ribetes rojos en el tradicional verdiblanco.

El cambio de nombre impuesto por el Gobierno de Vargas traería suerte tanto a Cruzeiro como a Palmeiras. El primero conseguiría ganar el Campeonato Mineiro de 1943 a 1945, mientras que el segundo se estrenó venciendo en el Campeonato Paulista, en lo que se vino a llamar la «Arrancada Heroica». Tras la guerra, ambos se mantendrían entre la élite del fútbol brasileño, alcanzando títulos nacionales e internacionales.

Sin embargo, otros clubs que se vieron obligados a cambiar de nombre no llegarían a alcanzar los mismos éxitos. En la ciudad de Santos, en el estado de São Paulo, miembros de la colonia española habían fundado en 1914 el Hespanha *(sic)* Football Club. La promulgación del decreto de Vargas le afectaría también; las simpatías del régimen de Franco por el Eje llevaron a que el club tuviera que cambiar su nombre, optando por el de Jabaquara Atlético Clube. No obstante, se permitió que el equipo siguiera vistiendo el uniforme original, rojo y amarillo, los colores de la bandera española. Sucesivas crisis acabarían con el club en las divisiones inferiores, aunque su origen permanece vivo en el nombre de su estadio, Espanha, inaugurado en 1971.

Otra institución deportiva, el Sport Club Germania, tuvo también que cambiar de nombre a consecuencia de la contienda. Fundado en São Paulo en 1899 por la colonia alemana, el Germania conseguiría vencer en el Campeonato Paulista en dos ocasiones. En 1942, el decreto del 30 de enero conllevó que el club pasara a denominarse Esporte Clube Pinheiros. Tras la guerra, el club abandonaría el profesionalismo, convirtiéndose en una entidad social.

El gesto simbólico del presidente Vargas sería bien valorado por los Aliados, pero los norteamericanos apreciarían mucho más el esfuerzo de Brasil para suministrarle una materia prima de tanto valor estratégico como el caucho. Para ello, los brasileños tuvieron que poner en marcha una ambiciosa operación que será relatada en detalle en el próximo capítulo.

Brasil no sólo proporcionaría materias primas a los Aliados, sino que se acabaría involucrando en la guerra en territorio europeo. Así, en 1943 Vargas envió una fuerza expedicionaria al frente italiano, compuesta de 25.334 hombres, que tendría una actuación destacada, especialmente en la dura batalla de Monte Castello, de noviembre de 1944 a febrero de 1945. La intervención brasileña se saldaría con la muerte de 459 soldados.

Al finalizar la contienda, los norteamericanos trataron de devolver el favor a Brasil, invitándole a participar como fuerza de ocupación en Austria. Sin embargo, el Gobierno brasileño declinó el ofrecimiento, celoso del prestigio que había obtenido el Ejército gracias a su brillante desempeño en la guerra.

Suicidios y divorcios

Las estadísticas de la Segunda Guerra Mundial proporcionan a psicólogos y sociólogos algunos datos sorprendentes.

A finales de 1940, cuando Gran Bretaña llevaba un año en guerra y los aviones alemanes bombardeaban a diario las ciudades inglesas, la tasa de suicidio en las islas británicas había descendido un 15 por ciento, en relación a las registradas en tiempo de paz. Al año siguiente, en un momento en el que era evidente que la contienda no alcanzaría un final inmediato, sino que se preveía que la lucha contra el Eje se prolongaría algunos años más, dicha tasa de suicidio cayó un 30 por ciento tomando como base los niveles de 1939.

En 1942, tras la entrada en la guerra de Estados Unidos y los primeros reveses de la Alemania nazi, la tasa disminuyó un 33 por ciento, manteniéndose en este nivel hasta el final del conflicto. Lo más desconcertante es que, una vez llegada la paz en 1945, cuando las penalidades habían terminado y la vida se tornó mucho más fácil, las cifras de suicidios crecieron de inmediato hasta colocarse en números similares a los de 1939.

Por otra parte, las estadísticas referidas a los divorcios en Gran Bretaña siguieron una evolución similar; cayeron espectacularmente durante la guerra, para ascender una vez finalizada la contienda.

La máscara antigás Disney

Durante toda la Segunda Guerra Mundial, existió el miedo a que alguno de los contendientes recurriese al uso de los gases venenosos, tal como había ocurrido durante la Gran Guerra. Ese temor hizo que a los habitantes de las ciudades se les proporcionasen máscaras antigás, para protegerse en caso de un ataque aéreo.

En Estados Unidos, a pesar de encontrarse muy lejos de sus enemigos, también se tomaron precauciones, repartiéndose miles de máscaras entre los civiles. Pero el ejército pensó que los niños pequeños podían mostrarse reticentes a colocarse la máscara, en un momento en el que su vida corría peligro, por lo que había que idear algo para evitar ese posible contratiempo.

Así, el 7 de enero de 1942, el propietario de la Sun Rubber Company, T. W. Smith, y un diseñador, Dietrich Rempel, presentaron al jefe del Servicio de Guerra Química, el general William Porter, una máscara antigás inspirada en un personaje tan querido por los niños como Mickey Mouse. La máscara sería fabricada bajo licencia de Walt Disney.

El Ejército dio luz verde a la fase inicial proyecto. La empresa fabricó un millar de máscaras que fueron obsequiadas a altos funcionarios del ministerio de Defensa y militares. Finalmente, ante el progresivo alejamiento de la posibilidad de un ataque con gas, se abandonó su fabricación masiva.

Novias de guerra

El conflicto constituyó una fuente inagotable de muerte y destrucción aunque, paradójicamente, también sirvió para que miles de hombres y mujeres se conocieran y decidieran casarse y tener descendencia.

Durante los dos años anteriores al desembarco de Normandía, aproximadamente un millón de soldados estadounidenses y canadienses permaneció en suelo británico, preparando la invasión del continente. De ellos, 70.000 norteamericanos y 47.000 canadienses aprovecharon su estancia para prometerse o casarse con chicas inglesas, que luego se irían a vivir con ellos a sus países de procedencia. La mitad de ellas llegaría ya a su nuevo hogar con uno o más niños.

También hubo 7.000 mujeres australianas que se casaron con soldados estadounidenses, que habían ido llegando allí desde diciembre de 1941 para proteger al país de la amenaza de invasión japonesa.

Los soldados norteamericanos que posteriormente integrarían las tropas de ocupación en Alemania también acabarían intimando con las chicas germanas. En 1950, un total de 14.175 mujeres alemanas residían ya en Estados Unidos tras haberse casado con soldados norteamericanos. Lo mismo ocurriría en Japón; por las mismas fechas, 758 mujeres niponas habían llegado a Estados Unidos acompañando a sus maridos.

Mientras que las esposas de los soldados estadounidenses y canadienses no tuvieron problemas para entrar en sus respectivos países, los soldados australianos tuvieron que vencer las reticencias que despertaban en su país sus novias japonesas. Así, hasta 1952 se mantuvo la prohibición de que estas mujeres entrasen en Australia, por el resentimiento que todavía causaba la reciente amenaza nipona o el recuerdo de los maltratos que habían soportado los soldados australianos a manos de sus captores japoneses. No obstante, una vez allí, estas mujeres continuaron sufriendo prejuicios y marginación por parte, sobre todo, de las australianas, que no digirieron bien el que sus compatriotas hubieran preferido como esposas a mujeres extranjeras.

Adiós a las armas

Durante la guerra, la objeción de conciencia no estaba bien vista en ninguno de los países contendientes. Entre la población se había instalado la idea de que había que colaborar activamente para la victoria final, por lo que negarse a aceptar la responsabilidad encomendada, ya fuera en la industria de guerra, en labores de protección en la retaguardia o luchando en el frente, era considerado una traición, no sólo al país y a los compatriotas, sino a la familia y los amigos.

No obstante, al británico Gilbert Lane, de la ciudad de Surrey, nada podía disuadirle de su negativa a empuñar un arma, desobedeciendo hasta en seis ocasiones. En cada una de ellas, Lane fue juzgado por un tribunal militar, que le condenó a sucesivas penas de prisión. En cuanto las cumplía, el obstinado pacifista volvía a reincidir, declarándose de nuevo objetor. En total, Lane estuvo privado de libertad durante casi tres años, la mitad de lo que duró la contienda.

Explosión en Bombay

Una de las tragedias menos conocidas de la Segunda Guerra Mundial es la que tuvo lugar en la ciudad india de Bombay, el 14 de abril de 1944.

Para defenderse de la amenaza de invasión nipona los británicos enviaron varios buques con suministros, entre ellos el carguero *Fort Stikine*. Sus bodegas contenían 1.395 toneladas de explosivos, incluyendo torpedos, minas y munición, además de algodón, alimentos y harina de pescado. Al llegar a Bombay se incumplieron las más elementales normas de seguridad, una falta de previsión que se acabaría pagando muy cara.

Lo que comenzó como un pequeño fuego en el cargamento de algodón, se extendería hasta llegar a donde estaban almacenados los explosivos. Eran exactamente las cuatro y cuatro minutos de la tarde de aquel 14 de abril cuando el buque estalló por los aires. La explosión fue de tal magnitud que incluso llegó a ser detectada por un sismógrafo situado en el norte de la India.

Todo se vio afectado a unos dos kilómetros de distancia. Otros 27 barcos quedaron destruidos, al igual que muchos edificios del puerto. Se cree que murieron unas 1.200 personas, aunque es posible que se superase esta cifra. Pese a la enorme magnitud del incidente, los ingleses optaron por silenciarlo y nunca se llevaría a cabo una investigación sobre las causas.

Un precio demasiado alto

El desembarco de Normandía y el posterior avance hacia París fue un gran éxito aliado. Pero el precio que los franceses tuvieron que pagar por su liberación fue, quizás, demasiado alto. Durante la batalla de Normandía, la acción de la artillería y los bombardeos aéreos aliados provocaron la muerte de 19.890 civiles, siendo aún mayor el número de heridos.

A estas abultadas cifras hay que sumar los 15.000 muertos y los 19.000 heridos de la fase de preparación del desembarco, que se puso en marcha a principios de 1944, con el objetivo de dificultar la previsible respuesta alemana al asalto anfibio en las costas francesas.

Por ejemplo, el 13 de marzo de 1944, los bombarderos británicos atacaron el nudo ferroviario de Le Mans, matando a un centenar de civiles. La ciudad de Lille también padeció un bombardeo aliado, los días 9 y 10 de abril. Del mismo modo, Bélgica padeció la mala puntería de los escuadrones aéreos; 438 habitantes de Gante perdieron la vida durante el bombardeo a las instalaciones ferroviarias de esta ciudad. Noisy-le-Sec, cerca de París, fue también víctima de esos bombardeos poco precisos; el 20 de abril murieron 464 civiles, quedando destruidas unas setecientas casas.

Pero esas tragedias que afectaron a la retaguardia en Francia no habían comenzado con la preparación de la llegada de las tropas aliadas al continente. Ya en 1942, bombarderos británicos atacaron la fábrica principal de la empresa automovilística Renault, situada a las afueras de París. El 3 de marzo, un total de 367 trabajadores murieron en el bombardeo y 1.500 más resultaron heridos. El objetivo de la misión era destruir la cadena de producción de la factoría, en la que se fabricaban motores para los tanques alemanes.

En total, unos 70.000 civiles franceses fallecieron durante la guerra víctimas de las bombas aliadas, una cifra que excede el número total de víctimas británicas a causa de los bombardeos alemanes.

Los llamados «daños colaterales» se darían también en una fecha tan tardía como el 3 de marzo de 1945, cuando faltaban sólo dos meses para que terminase la guerra. En una misión aérea sobre Bezuidenhout, un suburbio de la ciudad holandesa de La Haya, más de medio millar de civiles perdieron la vida bajo las bombas aliadas, cuando los bombarderos erraron en su intento de destruir unas instalaciones de lanzamiento de bombas volantes V-2 ocultas en un bosque cercano.

Los héroes de Soham

El hecho de encontrarse en la retaguardia no significaba permanecer lejos del peligro. Este podía llegar en forma de bombardeos aéreos, como en el caso señalado anteriormente, pero también a consecuencia de un desafortunado accidente. Eso es lo que ocurrió a escasos minutos de las dos de la tarde del 2 de junio de 1944, cuando un tren compuesto de 51 vagones, cargado con bombas altamente explosivas, estaba entrando en la estación de Soham, una población del condado de Cambridgeshire, al norte de Londres.

En esos momentos, el maquinista del tren, Benjamin Gimbert, advirtió que el primero de los vagones estaba ardiendo. El gran peligro era que el fuego afectase a los otros vagones, produciéndose una explosión en cadena de consecuencias aterradoras.

Gimbert paró el tren y, en lugar de salir huyendo, pidió al bombero asignado al convoy, James Nightall, que desenganchase el resto de vagones para evitar esa explosión. Una vez realizada la maniobra, la locomotora se puso en marcha para arrastrar al vagón incendiado, alejándolo de los otros lo más rápido posible.

Cuando la locomotora se había alejado 128 metros del resto de vagones, las llamas del vagón incendiado alcanzaron finalmente al cargamento de bombas. La explosión resultante dejó un enorme cráter de veinte metros de diámetro y cinco de profundidad, y provocó la muerte del propio Nightall y un empleado ferroviario que se encontraba en ese momento en el andén opuesto. El maquinista Gimbert, a pesar de sufrir heridas graves, conseguiría sobrevivir. También sufrieron heridas graves otras cinco personas, y veintidós más resultaron heridas leves. De la fuerza de la explosión da idea el que la estación quedase completamente destruida y que los edificios se viesen afectados en un kilómetro a la redonda.

A pesar de causar daños humanos y materiales, el accidente hubiera resultado infinitamente más grave si se hubiera producido la temida explosión en cadena, que Nightall consiguió evitar milagrosamente. Las consecuencias de esa explosión que, afortunadamente, no tuvo lugar, apenas se pueden imaginar.

Aunque no se pudieron dilucidar las causas del incendio, se cree que pudo deberse a que el vagón fue utilizado con anterioridad para un cargamento de pólvora; probablemente, alguna chispa encendió restos de esa pólvora, lo que provocó que acabase incendiándose la madera del vagón.

El valor y la sangre fría demostrada por el bombero y el maquinista les hicieron merecedores en julio de 1944 de la George Cross, la máxima condecoración civil del Reino Unido. En el lugar de la explosión se erigió en 2007 una placa de bronce que recuerda a los dos héroes que evitaron que Soham volase aquel día por los aires.

La mayor explosión en suelo británico

El 27 de noviembre de 1944 se produjo en la localidad de Fauld la mayor explosión que se ha dado nunca en suelo británico, aunque ese hecho permanecería secreto hasta después de la guerra. Allí se encontraba un depósito de munición de la RAF que contenía 3.700 toneladas de bombas. El origen de la explosión fue un error humano, al manipular unas bombas sin serles extraídos antes los detonadores.

En el accidente murieron 78 personas y se formó un cráter de cinco hectáreas, que aún es visible hoy día, y se produjeron graves inundaciones en la zona. Pero la causa del accidente no se conocería hasta 1974, cuando se levantó el secreto sobre el asunto. Hasta entonces permaneció oculto, para no evidenciar los fallos de seguridad que había cometido la RAF en la custodia de su arsenal.

Cambios en la guía telefónica

Cuando estalló la Segunda Guerra Mundial, en 1939, en la guía telefónica de Nueva York aparecían un total de 22 personas apellidadas Hitler.

En 1945 ya no había ninguna; presumiblemente, todos ellos habían optado por cambiar su funesto apellido.

III
El esfuerzo de guerra

Para hacer la guerra hacen falta tres cosas: dinero, dinero y dinero.

NAPOLEÓN (1769-1921),
militar y gobernante francés

Si los Aliados se impusieron en la Segunda Guerra Mundial fue, en buena medida, porque fueron los primeros en darse cuenta de que la contienda no se iba a ganar en el campo de batalla, sino en las cadenas de montaje. Los Aliados comprendieron que la guerra moderna necesita de cantidades ingentes de armas, barcos, aviones o munición, y para eso era necesario instaurar una auténtica economía de guerra, en la que todos los ciudadanos y todos los recursos fueran movilizados en pos de la victoria final.

En cambio, los alemanes confiaron inicialmente su suerte a la insuperable calidad de sus tropas y en su avanzado armamento, lo que les proporcionaría las espectaculares victorias de la primera mitad de la guerra. Hitler creyó que Alemania podía imponerse sin que sus compatriotas tuvieran que hacer los sacrificios a los que se vieron abocados en la última contienda. Cuando los alemanes comprendieron que la partida se estaba jugando en el campo industrial, ya era tarde para reaccionar. Los Aliados aplastaron al Eje gracias sobre todo a su superioridad material, que hizo inútil el último y desesperado esfuerzo germano por competir con sus adversarios.

Reciclaje para la guerra

En la sociedad actual está bien asentado el concepto de la necesidad de reciclar todo el material que desechamos para no malgastar los recursos naturales. Antes de la Segunda Guerra Mundial, al ser una sociedad menos industrializada, no existía esta preocupación ambiental.

Pero una vez estalló la contienda, los distintos contendientes realizarían un esfuerzo para reutilizar los materiales necesarios con el fin de alimentar la voraz economía de guerra. Las dificultades para importar materias primas debido al colapso de los canales habituales de importación, sumado a las insaciables necesidades de las fábricas de armamento, hizo que se lanzasen, por ejemplo, amplias campañas de recuperación de metales.

No obstante, donde surgieron por primera vez este tipo de iniciativas sería en la Alemania nazi. Debido a la escasez de materias primas que tenía el territorio germano, lo que constituía una de sus grandes debilidades en caso de conflicto armado, el reciclaje se había promovido con anterioridad al estallido de la guerra. Así, las Juventudes Hitlerianas solían recorrer las calles recogiendo todo tipo de materiales, sobre todo papel. En 1936 se recuperaron 700.000 toneladas y en 1939 se alcanzó el millón, lo que suponía el 25 por ciento de la producción.

Por su parte, las autoridades británicas, ante la escasez de reservas de metal durante la guerra debido a la dificultad para importarlos, lanzaron una campaña de recogida de todo tipo de artículos metálicos, para fundirlos y poder destinarlos sobre todo a las fábricas de aviones.

El éxito de esta iniciativa fue total. Cada ciudadano se desprendía de sus objetos, entregando cacerolas, sartenes o cubiertos. Incluso la Casa Real, en un gesto simbólico, donó para la causa un juego de lujosas teteras, obsequio del pueblo galés.

El Gobierno se sorprendió por el éxito de su petición, aunque tuvo que frenar el ímpetu patriótico de algunos ciudadanos, veteranos de la Primera Guerra Mundial, que estaban dispuestos, si era necesario, a entregar sus piernas ortopédicas metálicas.

La campaña también alcanzó a los tapones de las botellas de leche. Los cálculos de los expertos aseguran que, sólo con ellos, se pudieron fabricar medio centenar de bombarderos pesados Lancaster al año.

En cuanto a los norteamericanos, éstos lograron desde el primer momento galvanizar a toda la población en el esfuerzo de guerra. En 1942, una campaña en pro de la recuperación de los tubos de pasta de diente usados —60 tubos contenían estaño suficiente para soldar todas las conexiones eléctricas de un bombardero B-17— dio como resultado la recogida de 200 millones de unidades en 16 meses. Una campaña de propaganda hizo saber a los ciudadanos estadounidenses que 10 cubos viejos contenían acero suficiente para fabricar un mortero, que 10 hornillos viejos equivalían a un vehículo de reconocimiento y que 252 cortacéspedes se podían transformar en una batería antiaérea.

En Estados Unidos, incluso el cabello podía ser útil para el esfuerzo bélico. Una petición de pelo rubio fino —utilizado para la fabricación de instrumentos meteorológicos y equipos ópticos— dio lugar a tal avalancha de trenzas doradas que la Oficina de Información de Guerra tuvo que pedir que no se enviasen más donaciones de cabello.

El Tesoro inglés, a salvo

Uno de los secretos mejor guardados de la Segunda Guerra Mundial fue el del traslado del Tesoro del Banco de Inglaterra a Canadá, para ponerlo a salvo ante el peligro de invasión que vivía Gran Bretaña en el verano de 1940 y evitar así que cayera en manos de Hitler. La decisión fue tomada por el primer ministro británico, Winston Churchill, tras la caída de Francia, el 14 de junio de 1940. Con el Tesoro a salvo, el Imperio británico podría continuar luchando contra Alemania desde sus dominios de ultramar. El destino de esas riquezas sería el Banco de Canadá, en Montreal.

La operación de traslado no fue nada sencilla. El mayor riesgo era la amenazadora presencia de submarinos alemanes en el Atlántico. Durante tres meses fueron llegando los barcos cargados de oro y valores, procedentes de Gran Bretaña. Curiosamente, ni uno solo de esos buques fue atacado por los sumergibles germanos. Pero lo más impresionante de esta misión de tanta relevancia es que se logró mantener en absoluto secreto, pese a participar en ella unas seiscientas personas, además de miles de marineros y estibadores.

Las falsas falsificaciones de Goebbels

Durante la contienda, las falsificaciones se convirtieron en un arma de guerra más. Por ejemplo, los alemanes emitieron falsas libras esterlinas, que serían distribuidas a través de las embajadas y consulados, pagando con ellas a agentes y colaboradores, poniéndolas en circulación a través de ellos. Aunque las falsificaciones fueron detectadas por el Banco de Inglaterra, se optó por no desvelar el ataque para que la confianza en la libra no quedase afectada.

Los británicos, por su parte, con la finalidad de colapsar la distribución de alimentos en territorio enemigo, lanzaron millones de falsas cartillas de racionamiento sobre Alemania. Como las copias eran excelentes, era necesario idear una respuesta con el fin de evitar que el enemigo consiguiera su propósito. Para resolver cuestiones como ésta, el más indicado era, sin duda, el maquiavélico ministro de Propaganda, Joseph Goebbels, quien tuvo una brillante idea. Procedió a imprimir burdas y evidentes falsificaciones de dichas cartillas, que después eran mostradas en todos los mítines del partido nazi como ejemplo de los «estúpidos intentos británicos que no podrían engañar a ningún alemán inteligente». Al mismo tiempo, se enviaba el mensaje de que cualquiera que tratase de usar las cartillas inglesas para adquirir alimentos sería detenido irremediablemente y castigado con dureza. De este modo, el astuto Goebbels consiguió que muy pocos se atrevieran a utilizar las falsas cartillas, al temer que fueran tan fáciles de detectar como aquellas copias.

Otro capítulo de esa insólita batalla de falsificaciones se daría en el caso de los falsos periódicos alemanes editados por los británicos, que eran luego distribuidos por el frente, como el *Nachrichten für die Truppe* ('noticias para las tropas'). Los soldados sabían de sobra que eran periódicos editados por el enemigo, ya que los lanzaba desde el aire la aviación aliada, pero aun así les prestaban toda su atención.

El periódico propio de las tropas alemanas, el *Frontkurier*, no llegaba a todo el frente y, cuando lo hacía, era con varios días de retraso. En cambio, el *Nachrichten*, además de ser distribuido puntualmente, incluía piezas de interés para los soldados, como por ejemplo noticias deportivas actualizadas y chicas ligeras de ropa. Este diario alcanzó gran credibilidad entre las tropas, ya que los británicos publicaban historias auténticas —a las que tenían acceso gracias a sus eficientes servicios de información— que servían para ganarse la confianza de unos lectores ávidos de noticias. Obviamente, los británicos aprovechaban esa buena disposición para instilar en las tropas las ideas o sentimientos que consideraba más convenientes.

El *Nachrichten* se publicaría entre el 25 de abril de 1944 y el 4 de mayo de 1945. Se empezó con una tirada de medio millón de ejemplares, pero alcanzaría rápidamente una media diaria de más de cuatro millones, lo que da idea de lo ambicioso de esta operación de guerra psicológica.

Aunque se trató de combatir la iniciativa aliada amenazando con graves castigos a los soldados que leyesen ese diario, éstos estaban tan hambrientos de noticias que continuaron leyéndolo a escondidas. Así pues, para socavar la credibilidad de la popular publicación, Goebbels recurrió a una táctica similar a la utilizada para luchar contra las falsas cartillas de racionamiento. El ministro de Propaganda editaría a su vez una versión falsificada del *Nachrichten für die Truppe*, con contenidos que se demostraban claramente erróneos y manipulados, para que los soldados perdiesen el interés en él[1].

La alegría de pagar impuestos

La entrada en guerra de Estados Unidos tras el ataque japonés a Pearl Harbor, el 7 de diciembre de 1941, espoleó a la totalidad de la sociedad norteamericana, que se concienció de que la victoria sólo sería posible si cada uno afrontaba su cuota de responsabilidad, ya fuera en el frente o en la retaguardia.

Así se entiende que, en los meses siguientes a la entrada en el conflicto, el compositor Irving Berlin alcanzase su cota más alta de popularidad con un tema titulado *I paid my income tax today* ('hoy he pagado mi impuesto sobre la renta').

Durante ese tiempo, fueron pocos los norteamericanos que no tararearon en algún momento la pegadiza canción, cuya estrofa, pronunciada por un imaginario hombre de la calle, decía: «¿Ves aquellos bombarderos en el cielo? Rockefeller ayudó a construirlos y yo también». En la canción, ese hombre se mostraba también orgulloso de que, con su dinero, se fueran a construir «un millar de aviones para bombardear Berlín».

Sin duda, eran otros tiempos; en la actualidad, es poco probable que una canción que anime al pago de impuestos alcance el favor popular.

---

1 Para conocer más iniciativas de este tipo llevadas a cabo durante la contienda, así como un análisis de sus principios y métodos, véase el libro de NEWCOURT-NOWODORSKI, Stanley, *La propaganda negra en la Segunda Guerra Mundial,* Algaba Ediciones, Madrid, 2006.

Autopista hacia Alaska

Es probable que la autopista construida a un ritmo más alto en toda la historia haya sido la que se trazó entre la frontera norte de Estados Unidos y Alaska, atravesando territorio canadiense. Esta vía de comunicación era esencial para fortalecer las defensas en esa región ante un hipotético ataque japonés. Del mismo modo, la autopista podía ser un elemento de importancia en la ruta de aprovisionamiento de la Unión Soviética y de China.

Por estos motivos, se destinaron 10.000 soldados y 16.000 trabajadores civiles a la Columbia Británica y al Yukón para construir la autopista, que quedó concluida el 18 de marzo de 1942. La presencia de este auténtico ejército de obreros había hecho posible que se alcanzase un ritmo espectacular, logrando una media de construcción de doce kilómetros diarios.

Prohibidas las carreras

Los únicos dos deportes profesionales que fueron prohibidos en Estados Unidos durante la guerra fueron las carreras de coches y las de caballos.

Las carreras hípicas fueron declaradas, sin ofrecer demasiados argumentos, como «no esenciales para el esfuerzo de guerra». En cambio, sí que existían motivos claros para suspender las carreras automovilísticas, puesto que tanto la gasolina como el caucho de los neumáticos estaban estrictamente racionados para la población civil.

La aportación de la brigada antivicio

Una operación de la brigada antivicio, ordenada en 1942 por el alcalde de Nueva York, Fiorello La Guardia, se saldó con la confiscación en esta ciudad de 3.252 máquinas tragaperras. Una vez convertidas en chatarra, fueron donadas a la industria de guerra.

En la misma actuación se incautó también de un buen número de máquinas recreativas *pinball* que no contaban con licencia. El elemento más preciado fueron precisamente las bolas metálicas, que se reconvirtieron en cojinetes. En total se reunieron 1.200 kilos de estas bolas, que serían muy útiles en la fabricación de tanques o aviones.

De todos modos, no era ésta la primera operación del carismático alcalde La Guardia contra el juego ilegal. En 1934 ordenó la destrucción de más de dos mil máquinas tragaperras confiscadas, convencido de que eran las últimas que quedaban en su ciudad. Él mismo se encargó de destrozarlas armado de un gran mazo, ante los fotógrafos de la prensa; posteriormente fueron cargadas en una barcaza y arrojadas al río Hudson.

Se busca experto en camuflaje

En el período de entreguerras, diferentes ejércitos comenzaron a experimentar en el campo del camuflaje. Así, en los años veinte, los italianos idearon la primera tela mimética, y posteriormente otras fuerzas armadas, como la británica o la alemana de la república de Weimar, trabajaron para aplicar esos principios al diseño de sus uniformes.

Sin embargo, no sería hasta 1935 cuando las SS-Verfügungstruppe ('Tropa de Servicios Especiales', SS-VT), antecesoras de las Waffen-SS, llevaron a cabo avances importantes en ese campo, con la creación del Departamento T (por *Tarnung*, 'camuflaje'). El director de este grupo de trabajo sería el profesor Johann Georg Otto Schick, de Múnich, quien diseñó varios patrones de camuflaje, apostando por combinaciones de cuatro colores y la utilización de tela de algodón impermeable. Las pruebas a las que fueron sometidos los patrones demostraron su efectividad; tras unas maniobras realizadas en 1937, se estableció que su uso podía suponer una reducción del 15 por ciento de bajas. En junio de 1938, el jefe de las SS, Heinrich Himmler, ordenó patentar los resultados para que fueran utilizados en exclusiva por sus elitistas tropas. La creación de prendas de camuflaje normalizadas sería una aportación significativa a la evolución de los uniformes militares, teniendo profundas consecuencias en el aspecto de todos los soldados modernos.

Pese a esas excelentes perspectivas, al estallar la Segunda Guerra Mundial no se generalizó el uso de los uniformes de camuflaje. En las Waffen-SS, tan sólo una División, la Germania, los utilizaría en esa primera fase de la contienda. Una razón de peso era la laboriosidad que requería la estampación de la tela, que debía realizarse a mano. No sería hasta junio de 1940 cuando comenzó la fabricación en serie de blusones para llevar por encima del uniforme y fundas para el casco, así como unas grandes lonas miméticas triangulares de dos metros de lado, llamadas *Zeltbahn*, que podían ser utilizadas individualmente como poncho o ser unidas mediante botones para formar una tienda de campaña para cuatro hombres.

La eficacia demostrada por todos estos elementos de camuflaje llamaría la atención del Ejército norteamericano, que en 1940 se lanzó a la búsqueda de algún experto al que encargarle el diseño de un uniforme de este tipo.

Al no hallar a nadie que pudiera ofrecer garantías suficientes, se acabó recurriendo a alguien totalmente ajeno al universo castrense, pero gran conocedor de los colores de la naturaleza, con la que los uniformes debían confundirse. El elegido para cumplir este cometido sería era el horticulor y editor de la revista *Better Homes and Gardens* ('las mejores casas y jardines'), Novell Gillespie.

Este experto diseñó un uniforme reversible; en un lado predominaba el verde, mientras que en el otro lo hacía el marrón. También se diseñaron fundas de camuflaje reversibles para los diferentes elementos, como el casco.

Los primeros en utilizar el uniforme diseñado por Gillespie serían los Marines, en 1942, aunque no sería utilizado en combate hasta mediados de 1943, en las islas Salomón. De todos modos, la distribución de este novedoso uniforme no fue generalizada, recibiéndolo principalmente los artilleros y las tropas de servicio. El uso del uniforme diseñado por Gillespie no se extendería al conjunto de la tropa hasta finales de 1943, en la época de las batallas de Tarawa y Bougainville. No era extraño que los soldados de una misma unidad utilizasen el uniforme y las fundas indistintamente de un lado o de otro e incluso usasen los diversos componentes mezclados[2].

De todos modos, los norteamericanos reconocerían implícitamente que los alemanes iban a la cabeza en la investigación en este campo, y para ello basta comparar el tosco camuflaje de los uniformes estadounidenses con el alemán, mucho más detallado. A lo largo de la contienda, el Departamento T había ido creando y aplicando nuevos patrones de camuflaje, cada vez más efectivos. Incluso se idearon blusones reversibles que se adaptaban a las diferentes estaciones del año, aunque las crecientes dificultades para obtener tela de algodón impermeable llevó a suspender la fabricación de blusones en enero de 1944 y de las *Zeltbahn* en septiembre de 1944. A finales de ese mismo año, el Ejército estadounidense se dedicó a recoger sistemáticamente muestras de las telas de camuflaje utilizadas por las Waffen-SS para estudiar sus diferentes patrones y poderlos aplicar al diseño de los uniformes de sus propias tropas[3].

---

[2] Véase ROTTMAN, Gordon L., *US Marine Corps 1941-45,* Osprey Publishing, Oxford, 2012, págs. 46-47.

[3] Para obtener una completa descripción de los uniformes de camuflaje de las Waffen-SS y su evolución, véase LUMSDEM, Robin, *Historia secreta de las SS*, Planeta, Barcelona, 2006, págs. 352-358.

La contribución de Elisabeth Arden

En Estados Unidos, el ramo de la cosmética, al igual que todos los sectores de la economía, también fue movilizado. Por ejemplo, la pionera en el desarrollo y popularización de esta industria, la canadiense Elisabeth Arden (1882-1966), fue la encargada de producir la crema de color negro destinada a camuflar el rostro de los soldados norteamericanos en misiones nocturnas.

En 1943, Arden recibió también el encargo del Cuerpo de Marines de crear un lápiz de labios y un esmalte de uñas para su personal femenino, con el fin de mantener la uniformidad de la tropa también en ese aspecto[4]. Para ello, Arden se desplazó a las instalaciones que los Marines tenían en Camp Le Jeune, en Carolina del Norte. Después de examinar los colores del uniforme que las auxiliares debían usar, de color verde, y escuchar sus comentarios, escogió un color que hiciera juego con el uniforme, así como con los cordones y las insignias de rango. El color recibiría el adecuado nombre de Red Victory ('rojo victoria').

Los nuevos pintalabios y esmaltes de uñas gozarían de una entusiasta acogida, no sólo entre el personal militar femenino de los Marines, sino de todo el Ejército. Las trabajadoras de la industria bélica se sumaron también a la moda, acudiendo a las fábricas luciendo la patriótica línea de cosméticos.

Ese fulgurante éxito animó a Arden en 1944 a poner a la venta una «versión civil», con una presentación más sofisticada, bajo el nombre de Montezuma Red[5]. El resto de fabricantes norteamericanos de cosméticos se subiría también al carro del éxito, creando colores con nombres patrióticos para competir en ese mercado abierto por ella.

Curiosamente, en 1941 el FBI había investigado a Elizabeth Arden al sospechar que sus salones de belleza en Europa daban cobertura a agentes nazis. Seguramente, su posterior compromiso activo con el

[4] El Cuerpo de Marines estableció su Women's Reserve en enero de 1943, en el que se alistaron 23.000 mujeres. Antes que los Marines, el 30 de julio de 1942, la Armada creó su Women Accepted for Voluntary Emergency Services (WAVES), que reclutó a 86.000 mujeres, mientras que el servicio de guardacostas puso en marcha su Coast Guard's SPARS (acrónimo de *Semper Paratus, Always Ready*) el 22 de noviembre de 1942. Véase el artículo *American women in World War II*, de Kara Dixon Vuic en el libro *Routledge Handbook of US Military and Diplomatic History: 1865 to the Present,* Routledge Handbooks, Nueva York, 2013, págs. 150 y ss.

[5] El nombre hace referencia a la primera frase del himno de los Marines: *From the Halls of Montezuma to the Shores of Tripoli.*

esfuerzo de guerra norteamericano, aunque fuera desde el terreno de la cosmética, hizo que fuera borrada de esa lista de sospechosos de connivencia con el Eje.

El oleoducto más largo

Las ingentes necesidades de combustible del Ejército norteamericano obligaron a Washington a promover la construcción del que sería, hasta ese momento, el oleoducto más largo del mundo.

El objetivo era posibilitar el transporte rápido y eficaz del petróleo extraído en Texas a los puertos de embarque de la costa este, para que pudiera ser trasladado en buques cisterna hacia el frente europeo. Así pues, el oleoducto —que recibiría el apodo de *Big Inch* ('gran pulgada')— partiría de un lugar con el apropiado nombre de Longview, en el estado de Texas, y finalizaría en Phoenixville, en Pennsylvania.

Las medidas de *Big Inch* eran espectaculares. Su circunferencia era de sesenta centímetros de circunferencia —en la actualidad el grosor de los oleoductos no supera el medio metro— y su longitud era de 2.200 kilómetros. Era capaz de transportar 300.000 barriles de petróleo al día.

Para dar una idea de la aportación de combustible necesaria para mantener la maquinaria aliada en movimiento, tras el desembarco de Normandía y hasta el final de la guerra, unos veinticuatro petroleros se encontrarían en todo momento atravesando el Atlántico en uno u otro sentido.

Panaderías y carnicerías de campaña

Mantener un ejército en el frente listo para combatir no es una misión sencilla. Aunque lo más importante es que los soldados puedan contar con las armas y la munición necesarias, un aspecto no menos esencial es el de la comida.

Los soldados valoran enormemente estar bien alimentados. Si no es así, no sólo se resiente la salud, si no, sobre todo, la moral. Napoleón llegó a la conclusión de que «un ejército marcha al compás de sus estómagos» y así lo entendieron durante la Segunda Guerra Mundial los dirigentes militares de todas las fuerzas en liza. Esto hizo que los soldados sospechasen, fundadamente, que algo importante se esperaba de ellos cuando se les brindada un espléndido desayuno. Si se encontraban con unos suculentos huevos con jamón no había lugar a dudas: eso significaba que ese día se les iba a lanzar a un duro combate.

No siempre era fácil proporcionar comida suficiente a los hombres destinados en el frente. El elemento básico, el pan, se solía enviar en forma de duras galletas que no estimulaban precisamente el apetito. Esto se intentó solucionar por parte de los alemanes creando compañías que tenían como única misión proporcionar pan recién hecho a la tropa, gracias a unas panaderías portátiles que podían ensamblarse en pocos minutos para facilitar su transporte.

Estas panaderías de campaña constaban de dos mezcladoras y siete hornos, siendo capaces de elaborar entre 15.000 y 19.000 raciones de pan diariamente. Estos soldados panaderos iban pertrechados con armas cortas y ametralladoras ligeras para poder responder al fuego enemigo en caso de ataque, lo cual fue cada vez más frecuente en el frente ruso.

Las panaderías portátiles fueron incluso enviadas por avión al VI Ejército germano cuando se encontraba cercado en Stalingrado, en el invierno de 1942-43, con el fin de subir la moral de sus hombres y, de paso, disponer del volumen de carga que hasta ese momento ocupaba el pan que se transportaba en los aparatos de carga. Sin embargo, este intento de que los desventurados soldados germanos se elaborasen su propio pan fracasó debido a las duras condiciones que debían soportar, por lo que se volvió al envío del pan ya horneado.

De todos modos, en el resto de frentes, el aprovisionamiento de pan *in situ* fue un éxito, lo que estimuló la creación de otro sistema de transformación de alimentos. Los alemanes se decidieron a complementar las panaderías con carnicerías de campaña. Pese a que, en un principio, era más complicado, la técnica germana logró idear la maquinaria necesaria para procesar los animales y convertirlos en raciones para las tropas. En un solo día, una de estas carnicerías portátiles podía preparar 40.000 raciones de carne de vaca, 24.000 de cerdo o 19.000 de cordero. Para ello era necesario sacrificar, respectivamente, 40 vacas, 80 cerdos o 240 corderos.

Por el contrario, el interés de los soviéticos se centraba más bien en las destilerías de campaña. Durante la guerra, menos del treinta por ciento de las unidades del Ejército Rojo estaban dotadas de cocinas de campaña, pero más del setenta por ciento disponían de rudimentarias destilerías.

Robo de cobre en Irán

Irán se convirtió en un territorio estratégico para los Aliados, ya que a través de este país se enviaba ayuda a los soviéticos en su titánica lucha contra los alemanes. Los suministros norteamericanos pasaban a través del país en grandes cantidades, lo que despertaba las apetencias de las tribus armadas que controlaban las montañas, quienes solían saquear regularmente los envíos. Así, los estadounidenses se vieron obligados a pagar sobornos a los jefes locales para que éstos permitieran el paso de las mercancías a través de sus territorios.

Sin embargo, los norteamericanos se encontraron con un inesperado contratiempo: el robo sistemático de los tendidos de cable telefónico. Al principio pensaron que se trataba de un caso de sabotaje, pero luego supieron que estaba siendo robado por tribus nómadas, que utilizaban el cobre de los cables para hacerse joyas.

Durante los tres años que estuvo el ejército estadounidense en Irán, fueron robados 400.000 metros de cable telefónico.

Bombardeo de octavillas

Aunque el principal cometido de la aviación aliada era arrojar bombas sobre objetivos militares en el frente o sobre la propia Alemania, también era importante su aportación en el terreno de la guerra psicológica. Por ejemplo, en el otoño de 1944 se lanzaron nueve millones de panfletos de propaganda aliada sobre Alemania cada día. Para ello se empleaban más de mil toneladas de papel al mes. En toda la guerra se arrojarían seis mil millones de hojas de papel.

Si, tal como veremos en el siguiente capítulo dedicado a la guerra aérea, los bombardeos de precisión llevados a cabo por los Aliados difícilmente daban en el blanco, lo mismo se podía decir de los lanzamientos de octavillas. Estos se realizaban en ocasiones a gran altitud para evitar que los aviones pudieran ser alcanzados por el fuego antiaéreo, pero a cambio se corría el riesgo de que los papeles no llegasen al punto deseado. Así pasó en una ocasión, cuando en un lanzamiento sobre el París ocupado, realizado desde nueve mil metros de altura, las corrientes de aire hicieron que muchas octavillas acabasen posándose en lugares tan distantes como Italia.

Para solucionar ese problema, la aviación norteamericana recurriría a la denominada «bomba Monroe», ideada en 1943 por el capitán James Monroe partiendo de una bomba incendiaria, aunque no entraría en producción hasta abril de 1944. Una espoleta barométrica abría el cilindro que contenía los papeles cuando se encontraba a seiscientos metros por encima del objetivo, evitando así que las octavillas acabasen esparcidas. El perfeccionamiento de estas técnicas posibilitaría que un solo bombardero B-24 pudiera sembrar un millón de octavillas sobre cinco ciudades enemigas en una única misión.

No obstante, teniendo en cuenta que todos esos papeles instaban a la insurrección o a la rendición, y que Alemania no se rendiría hasta que las fuerzas aliadas la ocuparan ya por completo, es difícil considerar un éxito el colosal bombardeo de octavillas emprendido por los Aliados.

Papel higiénico

Cuando Estados Unidos entró en guerra, el Ejército calculó las provisiones de papel higiénico por soldado y día en 22,5 hojas. En cambio, los soldados británicos, aunque hay que suponer que tendrían la misma necesidad de este artículo, debían conformarse con sólo tres hojas diarias.

Abastecer de papel higiénico a las tropas norteamericanas en Europa se convertiría en una compleja misión logística. A partir del verano de 1944, y hasta el final de la guerra, se enviarían diecinueve mil toneladas de celulosa desde Estados Unidos a las fábricas europeas, que se convirtieron en cincuenta millones de rollos de papel higiénico.

Cigarrillos antes que balas

Para los ejércitos aliados, tan importante como proporcionar a los soldados el mejor material bélico era mantener su moral de victoria, y en ellos jugaba un papel fundamental, además de la comida, el tabaco. Tener a mano un paquete de cigarrillos permitía enfrentarse con una mejor disposición a los peligros y penalidades de la guerra. Así lo entendían también las autoridades militares, que consideraban que una generosa ración de tabaco compensaba a los soldados de otras privaciones.

Significativamente, se dedicaron más fondos a suministrar cigarrillos a las tropas que los que se emplearon en la adquisición de balas. Ese esfuerzo resultaría más costoso a los británicos, ya que no tenían otra opción que comprar el tabaco a sus aliados norteamericanos, lo que contribuiría a incrementar aún más la deuda que el Gobierno de Londres contrajo con el de Washington.

Cualquiera puede ser soldado

En 1944, el soldado norteamericano medio tenía una altura de 1,73 metros escaso, y un peso de poco más de 75 kilos, pero los parámetros físicos habían sido modificados para aceptar defectos que en otro momento habrían impedido a muchos jóvenes vestir de uniforme.

Un hombre con una visión de 20/400, es decir, incapaz de leer las letras más grandes de una tabla optométrica habitual, podía verse obligado a efectuar el servicio militar si este problema de la vista era corregible hasta al menos 20/40 en un ojo, lo que permite leer las letras situadas a la mitad de dicha tabla. Con este fin, las fuerzas armadas encargarían 2,3 millones de gafas para sus soldados. De este modo se hacía realidad un chiste que aseguraba que el Ejército ya no examinaba los ojos, sino que los contaba.

Por tanto, un individuo podía ser reclutado si tenía un solo ojo. Igualmente, no importaba que padeciese de sordera total en un oído, o incluso que hubiera perdido las dos orejas. Tampoco era necesario que tuviera todos los dedos; el hombre era reclutado aunque le faltase un pulgar o tres dedos en cada mano, incluido el dedo con el que solía dispararse.

Al comienzo de la guerra, el recluta debía tener al menos doce de los treinta y dos dientes originales, pero a aquellas alturas de la guerra la carencia de piezas ya no era excusa para librarse de tomar las armas. No importaba que el recluta estuviera completamente desdentado, ya que el Gobierno había tomado las medidas necesarias para solucionar esos problemas, reclutando a un tercio de los dentistas civiles norteamericanos.

Los dentistas pertenecientes al Ejército estuvieron muy ocupados; durante la contienda, extraerían quince millones de dientes, colocarían otros sesenta y ocho millones, y fabricarían dos millones y medio de dentaduras postizas. De este modo, se cumplió el requisito fundamental de que todos los soldados pudieran masticar la ración del Ejército.

La reducción de los requisitos físicos también se extendió a los parámetros mentales. Los examinadores psiquiátricos tan sólo debían certificar que el candidato tenía una «probabilidad razonable» de ajustarse a la vida militar, valorando diferentes elementos, como «la risa tonta, el mal humor o el rechazo a la disciplina». Así, a partir de abril de 1944, el Ejército comenzó a reclutar a obsesivos-compulsivos «moderados».

A pesar de ese descenso generalizado de las exigencias para el reclutamiento, los hombres con tumores malignos, lepra o un tipo de psicosis «certificable» seguirían siendo calificados de «no aptos». Sin embargo, a comienzos de 1944, el sufrir una enfermedad venérea ya no constituía causa de exclusión; cada mes, unos doce mil individuos se volverían aptos para el servicio gracias a la penicilina.

Un ahorro temerario

Las autoridades militares británicas llevaron a cabo todo tipo de acciones dedicadas a reducir gastos. Una de las propuestas más controvertidas, pero que finalmente se llevó a cabo, fue el ahorro de unas veinte libras esterlinas en el equipo de cada paracaidista, con la supresión del paracaídas de reserva.

Las tropas aerotransportadas británicas contemplaban con envidia a sus aliados norteamericanos, que sí contaban con ese segundo paracaídas. Pero los ingleses no pudieron, al menos, conformarse con el hecho de que no tuvieran que cargar con el peso de este paracaídas secundario; el hueco fue completado con material de combate adicional.

Invasión industrial

Para comprender por qué ganaron la guerra los Aliados, resulta esclarecedor conocer el volumen del material que llegó a Gran Bretaña procedente de Estados Unidos para ser utilizado en el desembarco de Normandía y la campaña posterior, así como el estudio en detalle de lo que se iba a necesitar en cuanto diese comienzo la invasión.

La importancia de ese factor ya había sido puesto de manifiesto por el general alemán Erwin Rommel, quien aseguraba que «la batalla la llevan a cabo y la deciden los jefes de intendencia antes de que se haya disparado un solo tiro». El sabía de lo que hablaba, ya que las tropas anglonorteamericanas lograron expulsarlo del norte de África gracias, sobre todo, a una aplastante superioridad material. Cuando Rommel, a principios de 1943, se encontraba en Túnez rodeado de tropas británicas y norteamericanas, necesitaba 140.000 toneladas mensuales de suministros para conservar ese último reducto en África para el Eje, pero apenas recibiría una cuarta parte.

En cambio, de Estados Unidos llegaban al norte de África cantidades ingentes de material de todo tipo: 4.500 vagones, 250 locomotoras, 5.000 camiones, 12.000 toneladas de carbón... La abundancia de la que disfrutaban los norteamericanos llevó a que, en una ocasión, se llenasen 16 vagones de tren sólo con latas de manteca de cacahuete. En el puerto de Orán se creó una cadena de montaje para ensamblar jeeps en apenas nueve minutos, a partir de cajas de piezas. En África, el total de suministros fue de 13 toneladas por soldado cada mes.

Pero todo eso sería sólo el aperitivo de lo que se prepararía para el desembarco de Normandía, que tendría lugar un año y medio más tarde. Así, a los puertos británicos llegaron, procedentes del otro lado del Atlántico, 301.000 vehículos, 1.800 locomotoras, 20.000 vagones de tren, 2,6 millones de armas pequeñas, 2.700 piezas de artillería, 300.000 postes telefónicos y 7 millones de toneladas de combustible, aceite y lubricantes.

Los expertos del Cuartel General Supremo de las Fuerzas Expedicionarias Aliadas (SHAEF) habían calculado, tras el desembarco, un consumo diario en combate de 18.584 kilos por soldado, una cantidad en la que estaba incluido desde el combustible a la munición, pasando por la goma de mascar. Para alimentar a los soldados durante el primer mes llegaron sesenta millones de raciones K, o de combate, embaladas de 500 en 500 toneladas.

En la preparación del Día D no se olvidó ningún detalle, como las condecoraciones que se iban a utilizar para recompensar los actos heroicos que estaban por llegar. Así, se envió un centenar de Estrellas de Plata y trescientos Corazones Púrpura.

Para atender las previsibles bajas, se reunieron 8.000 médicos, 600.000 dosis de penicilina, 50 toneladas de sulfamidas y casi medio millón de litros de plasma para realizar transfusiones. El plasma, el fluido que queda después de eliminar los glóbulos rojos y blancos de la sangre, era sumamente eficaz para mantener con vida a los soldados heridos y, si se secaba, podía ser conservado sin refrigeración alguna durante semanas. El plasma se clasificaba diferenciando entre donantes blancos y donantes negros, siguiendo un criterio carente de base científica e impensable hoy día. Todos estos suministros médicos habían sido embalados en 1.600 paletas de media tonelada cada una, diseñadas para poder ser arrastradas por las playas.

Pero no todo salió como estaba previsto. La empresa contratada para la fabricación de diez mil cruces de metal no pudo cumplir a tiempo con el pedido, por lo que se tendría que improvisar colocando indicadores de madera. Igualmente, se habían comprado sábanas de algodón para utilizar como mortajas, calculando una por cada 375 hombres al día en Francia, pero esa estimación resultaría demasiado optimista y en julio se tuvieron que mandar cincuenta mil más.

La batalla de los abastecimientos

El éxito que supuso el desembarco de Normandía y el posterior avance hacia Alemania es anotado en el haber de las fuerzas aliadas que combatieron en ese frente. Aunque es obvio que la mayor parte del mérito le corresponde a las tropas que lograron doblegar la tenaz resistencia de la Wehrmacht y, especialmente, de los fanáticos soldados de las Waffen-SS, hay que tener presente que esa victoria no hubiera sido posible sin la existencia de un complejo y eficaz sistema de abastecimientos que canalizase y distribuyese todo el material que llegaba a Europa. Ese engranaje hizo posible que la máquina de guerra aliada en Francia se mantuviera funcionando.

Un departamento del Ejército norteamericano denominado Zona de Comunicaciones (*Communications Zone*, COMZ) sería el encargado de que a los soldados aliados no les faltase de nada en el frente[6]. El máximo responsable de este departamento sería el general John C. H. Lee (1881-1958).

Aunque la aportación de Lee y su COMZ resulta casi desconocida, eclipsada por las fuerzas que combatieron y los generales que las dirigieron, la realidad es que este departamento acabaría contando con medio millón de miembros, es decir, uno de cada cuatro soldados destinados en el continente.

Tras el desembarco, el primer lugar en el que el COMZ se estableció fue cerca de la ciudad portuaria de Cherburgo. Para albergar provisionalmente las dependencias y el personal se instalaron 5.000 barracones y tiendas. Cuando París fue liberado, el departamento se trasladó allí rápidamente, llevando consigo toneladas de archivos,

[6] Este departamento fue creado el 28 de febrero de 1942 con el nombre de Servicios de Abastecimiento (*Services of Suply*, SOS). En febrero de 1943 sería renombrado como Servicio de las Fuerzas Armadas (*Army Service Forces*, ASF) y el 7 de junio de 1944 recibiría su nombre definitivo de Zona de Comunicaciones.

aparatos de codificación y descodificación o centralitas telefónicas. Para albergar las oficinas y alojar a los miles de funcionarios se requisaron 315 hoteles y se reservó otro medio centenar. Los almacenes ocuparían más de un millón de metros cuadrados.

Aunque pueda parecer que el volumen de este departamento era desproporcionado, el reto al que se enfrentaba requería de una organización similar a la de cualquier empresa multinacional. Así, el COMZ debía proveer a esa fuerza de combate de 800.000 artículos distintos, ocho veces más de los que tenía entonces a la venta la famosa cadena de grandes almacenes Sears.

Es difícil imaginar el grado de coordinación necesario para hacer llegar un artículo desde su lugar de fabricación en Estados Unidos hasta el soldado que se encontraba en el frente. Ni los puertos norteamericanos ni los británicos daban abasto para el tráfico de tan enormes cantidades de material: el 20 de octubre de 1944, por ejemplo, 246 buques mercantes estaban cruzando el Atlántico rumbo a Europa. Cuando los barcos llegaban a las islas británicas, debían esperar semanas, e incluso meses, para ser descargados, a pesar de que los estibadores de los muelles trabajaban a destajo. Para motivar a los atareados trabajadores portuarios, incluso se repartirían condecoraciones entre los equipos más eficientes. Ese colosal atasco en los amarraderos británicos hizo que acabasen escaseando los buques disponibles en los puertos norteamericanos para ser cargados; llegaría a haber una lista de espera de embarque de dos mil tanques.

Tras el desembarco del material en los puertos británicos, éste debía ser clasificado y embarcado de nuevo rumbo al continente, llegando a los puertos provisionales establecidos en las playas normandas. Este trasiego provocaba que se perdiese la pista a algunos envíos, que quedaban abandonados en cualquier lugar, como ocurriría con un cargamento de cinco mil toneladas de cacahuetes u otro de cincuenta mil unidades de radios portátiles, que nadie se encargó de recoger y acabaron deteriorados por su exposición a los elementos.

Pero ese problema no era nuevo, y más bien parecía ser endémico. Durante la preparación del desembarco aliado en el norte de África, en el otoño de 1942, ya se habían producido inexplicables pérdidas de material. En septiembre se calculó que 260.000 toneladas de suministros, municiones y armas, lo suficiente para combatir al menos un mes, se habían perdido después de llegar a los puertos británicos procedentes de Estados Unidos. Ese extravío masivo, que obligaba a realizar nuevos envíos, provocó que en octubre el Departamento de Guerra norteamericano se quejase a Londres de que «ya hemos enviado el material al menos dos veces y en algunos casos hasta tres». Al parecer, una parte de la culpa la tenía el deficiente criterio empleado por los norteamericanos para despachar el material, que provocaba que, por ejemplo, el equipo de un regimiento llegase en medio centenar de barcos distintos. Además, el sistema norteamericano de almacenamiento no era entendido por los británicos, lo que provocaba confusión, aunque tampoco hay que pasar por alto el pillaje que se daba en los muelles, lo que daba como resultado ese caos generalizado.

En la preparación del desembarco de Normandía y el posterior aprovisionamiento de las tropas en el continente se trató de corregir esos clamorosos errores del pasado, pero era imposible que todo el proceso se desarrollase según lo previsto, debido a las dimensiones colosales de la operación. Teniendo eso en cuenta, la cadena de transporte desde Estados Unidos a Gran Bretaña, que podía llegar a prolongarse a lo largo de cuatro meses, funcionaría razonablemente bien.

Para comprender la altura del reto al que se debía enfrentar el COMZ, basta señalar que las necesidades de carne de las fuerzas aliadas en Europa requerían el sacrificio diario de aproximadamente cuatro mil reses de vacuno. También en un solo día, los soldados consumían seis millones y medio de huevos deshidratados o se fumaban más de un millón de cigarrillos.

Por otra parte, las municiones se gastaban a razón de más de dos toneladas por minuto, a pesar del racionamiento que se acabó imponiendo. El avance de cuatro ejércitos, por ejemplo, quemaba cerca de cuatro millones de litros de gasolina al día. Un tanque consumía una media de treinta y dos mil litros de combustible a la semana. La 3.ª División Blindada calculaba que, sólo para seguir avanzando por la carretera, necesitaba doscientos cuarenta mil litros al día; si tenía que adentrarse en los campos, el número de litros se multiplicaba vertiginosamente. Ese mismo avance de cuatro ejércitos empleaba también a diario unas doscientas cincuenta mil bombas de artillería y mortero. Las municiones y el combustible tenían prioridad sobre otros artículos, como mantas o sacos de dormir, por lo que los cargueros que los transportaban permanecían fondeados varias semanas frente a la costa, esperando que les llegase el turno para descargar.

Por si fueran pocas las dificultades, una parte nada despreciable del material que llegaba al frente después de tantas vicisitudes, sencillamente, se perdía. Allá donde iban, las tropas dejaban una larga estela de equipo y suministros desechados. Por ejemplo, tras topar con una montaña formada por seiscientos cincuenta abrigos y doscientos bidones de gasolina abandonados, el general al mando de la 36.ª División de Infantería de Estados Unidos se lamentó de la «total indiferencia por la propiedad» de que daban muestra sus hombres. Cada día de campaña, el Ejército estadounidense perdía 1.200 armas de pequeño calibre y 5.000 neumáticos. Las carreteras y los campos estaban sembrados de paquetes de víveres norteamericanos, y en especial de zumo de limón en polvo, que gozaba de muy poca aceptación entre los soldados. Algunas divisiones de infantería se dejaban olvidados en algún lugar más de medio millar de lanzagranadas al mes, pero lo mismo ocurría con morteros y vehículos de todo tipo. Se calcula que 700 camiones eran abandonados cada semana, debido a averías que nadie se encargaba de reparar o a la falta de piezas de recambio. De los 22 millones de bidones de combustible de 19 litros enviados a Francia desde el Día D, en un par de meses la mitad había desaparecido, lo que obligó a pedir siete millones de bidones más.

Por otro lado, el desgaste del material, sometido a los rigores del frente, se producía a un ritmo difícil de concebir para un civil. Por ejemplo, tres lavados de las lavanderías de campaña eran suficientes para dejar inutilizables unos calcetines; el Ejército se veía obligado a comprar siete millones de pares nuevos al mes. En otros casos, como en el de las botas, las fiambreras o las mantas, se consumía el doble de lo que había calculado el Departamento de Guerra.

Por tanto, no es exagerado afirmar que buena parte del éxito de la invasión aliada del continente recayó en la silenciosa labor del departamento de abastecimientos del Ejército norteamericano dirigido por el general Lee. Sin la eficacia que mostró, derrotar a las fuerzas germanas hubiera resultado de todo punto imposible.

Insólito robo de un tren

El avance de las tropas aliadas por Francia tras el desembarco de Normandía vino aparejado con un floreciente mercado negro, que acabaría alcanzando un volumen difícilmente imaginable. La llegada de grandes cantidades de material a Francia, procedente de Estados Unidos y con destino a las tropas, combinada con las acuciantes necesidades de la población civil, fue vista por algunos como una fabulosa oportunidad para ganar dinero a espuertas.

El centro neurálgico de ese mercado negro sería el París liberado, que se convertiría en un auténtico zoco. Allí se podían comprar y vender artículos de primera necesidad: café, tabaco, mantequilla, mantas o jabón, entre otros. Por ejemplo, un soldado podía comprar un paquete de cigarrillos Lucky Strike en el economato por cinco centavos y revenderlo en la calle por dos dólares, suficientes para un rato de diversión en la noche parisina. Pero había soldados que no se conformaban con eso y se dedicaban a la venta al por mayor; por ejemplo, una lata de café se vendía por trescientos dólares, lo mismo que se pagaba por cincuenta tabletas de chocolate. La corrupción imperante en las calles parisinas hizo que la ciudad recibiese el apelativo de «Chicago-sur-Seine».

No obstante, lo más perjudicial para el esfuerzo de guerra aliado era, tal como se ha apuntado, el robo de los abastecimientos del ejército para desviarlos a ese pujante mercado negro. Parte de los cargamentos que llegaban a los puertos franceses era directamente distraído por el propio personal militar. En el puerto de Marsella, por ejemplo, desaparecía el veinte por ciento del material desembarcado.

Pero, al igual que sucedía con las pérdidas de material, el pillaje había tenido también un antecedente en la preparación de los desembarcos en el norte de África de noviembre de 1942. El robo del material que llegaba a los puertos británicos para ser posteriormente enviado a África pudo alcanzar también ese veinte por ciento; ese material robado era escondido, apenas llegaba, en cientos de almacenes cercanos a los muelles, para ser después revendido.

Retornando a lo sucedido en el verano de 1944, el mercado negro se veía entonces continuamente alimentado de material esencial para el avance de los ejércitos, como combustible o neumáticos. Los estraperlistas demostraban no tener demasiados escrúpulos, ya que incluso traficaban con la morfina destinada a los combatientes heridos.

Las raciones K del ejército eran vendidas a 75 centavos la unidad, pero la carga completa de un camión alcanzaba un atractivo precio de cinco mil dólares. A veces, se vendía el cargamento y el propio camión.

Pero, sin duda, el robo más espectacular fue el de un tren entero, compuesto de tres locomotoras y cuarenta vagones, cargado de paquetes de cigarrillos y otros artículos, con destino al economato militar de París. Aunque resulte increíble, el tren desapareció con el cargamento en su viaje desde Normandía a la capital francesa, es de suponer que con la complicidad del personal ferroviario, que seguramente lo desvió hacia alguna vía muerta en la que pudo ser aligerado de su valiosa carga. Las misiones de reconocimiento aéreas que se enviaron para averiguar su paradero fracasaron.

Pero la desaparición de aquel tren no sería un hecho aislado. Dos centenares de soldados pertenecientes a un batallón de ferrocarriles serían arrestados y juzgados a la vez en consejo de guerra por robo, un proceso que se pretendió ejemplarizante; casi todos ellos fueron condenados a prisión, algunos con sentencias de cincuenta años. Al final, las penas de cárcel serían perdonadas a quienes accedieron a volver al combate en primera línea.

En Yalta no faltó de nada

Con la derrota germana cada vez más cerca, a principios de 1945 Churchill y Roosevelt propusieron una reunión con Stalin para diseñar la Europa de la posguerra, que podía tener como escenario Estambul, Jerusalén, Roma o Malta. Finalmente, Stalin se salió con la suya, logrando que la reunión se celebrase en suelo soviético. Para conseguirlo, esgrimió la imposibilidad de abandonar su país en el momento en el que se preparaba la ofensiva definitiva sobre Alemania. Yalta, en la península de Crimea, sería el lugar en el que los líderes aliados se verían las caras a partir del 4 de febrero de 1945.

En vista de las espartanas condiciones previstas en Yalta, la lista de intendencia preparada por los proveedores británicos para transportar hasta allí incluía 144 botellas de *whisky*, 144 botellas de jerez, 144 botellas de ginebra, 100 kilos de bacon, 100 kilos de café, 23 kilos de té, 100 rollos de papel higiénico, 2.500 servilletas de papel, 650 platos llanos, 350 tazas y platillos de té, 500 vasos, 100 copas de vino, 20 saleros y pimenteros, 400 juegos de cubertería, 36 manteles y 13 azucareros.

Además, el buque británico *Franconia*, que se dirigía a Yalta por los Dardanelos, transportaba 864 botellas adicionales de *whisky* y ginebra, 180 botellas de jerez, 20.000 cigarrillos norteamericanos, 500 puros y 1.000 cajas de cerillas.

Ante el temor de hacer corto en las previsiones, se organizó un envío independiente con el nombre de «Viaje a Yalta 208» que incluía varios centenares de botellas de vino del Rin, vermut, ginebra Gordon's, *whisky* Johnnie Walker Red Label —el favorito de Churchill— y King George IV y champán Veuve Clicquot 1928, así como 20.000 cigarrillos Chesterfield y Philip Morris, 500 puros David Burns y un cargamento de papel higiénico.

De todos modos, por si acaso faltaba algo, se encargó al embajador británico en Moscú un envío a Yalta de una docena de botellas de Château Margaux 1928, coñac, cerveza, 10.000 cigarrillos Players y 48 botellas de *whisky* White Horse, Black & White y Vat 69.

El dictador soviético agasajó durante una semana a las delegaciones invitadas con opíparos banquetes en los que se daría buena cuenta de esa provisión de bebidas, a lo que habría que sumar las existencias aportadas por los soviéticos. Curiosamente, Stalin apenas probó el alcohol para mantener en todo momento el control de la situación; a la hora de los brindis, simulaba beber vodka cuando en realidad estaba bebiendo agua.

Así, con esa abundancia de alcohol, no es de extrañar que los encuentros fueran fructíferos y se alcanzasen acuerdos que dejaron satisfechas a las delegaciones asistentes, aunque quien tuvo de verdad motivos para estar contento sería el líder soviético, al conseguir prácticamente todos sus objetivos.

Al parecer, el que las conferencias que reunían a los líderes aliados estuvieran bien provistas de alcohol era un requisito primordial para el buen fin de las conversaciones, aunque ninguna se aproximaría ni por asomo a las cotas alcanzadas en Yalta.

Así, para la Conferencia de Casablanca, celebrada del 14 al 24 de enero de 1943, a la que asistirían Roosevelt, Churchill y De Gaulle, desde Londres se envió una caja de brandy añejo, y desde Argel, Eisenhower mandó tres cajas de ginebra y otras tres de *whisky* escocés.

Pero la Conferencia de El Cairo, celebrada del 22 al 26 de noviembre de 1943, en la que se encontraron Roosevelt y Churchill con el líder chino Chiang Kai-shek para definir la estrategia aliada contra Japón, se acercaría más a los estándares de Yalta; se consumieron diariamente 80 botellas de *whisky*, 34 de ginebra, 12 de coñac y 528 de cerveza.

Un pequeño Día D

Tras una larga y dura campaña desde las playas de Normandía, los ejércitos aliados se encontraban en marzo de 1945 alineados en la orilla occidental del río Rin, dispuestos a asaltar el interior de Alemania. Sin embargo, el Rin representaba una barrera física difícil de superar. Su gran caudal, la rapidez de sus aguas, su profundidad y la ausencia de vados naturales hacían que para los técnicos norteamericanos el cruce del Rin tuviera que afrontarse como un breve trayecto por mar. Una nota secreta procedente del despacho de Churchill equiparaba las dificultades a las que se enfrentaban los ejércitos aliados para transportar ochenta divisiones al otro lado del río con «otro Día D».

Para no dejar nada a la improvisación, ya desde antes del desembarco de Normandía se habían estado analizando las características del río con vistas a ese cruce. Para ello, ingenieros del ejército en Vicksburg, Misisipi, investigaron datos históricos, ayudados por agentes de inteligencia en Suiza. Se realizaron estudios exhaustivos en los que examinaron las condiciones de las orillas, la corriente, el tiempo y el hielo. Se llegaron a interceptar las emisiones de radio entre las embarcaciones que navegaban por el Rin para recabar más información.

También se analizaron las narraciones de los romanos sobre los dos puentes de medio kilómetro que Julio César construyó sobre el Rin, en el 55 y el 53 a. C., en su campaña contra los germanos. El primero fue construido por sus legionarios en diez días y el segundo, según los textos, en «varios días», en lo que serían dos obras maestras de la ingeniería militar.

Una vez que los ejércitos aliados ocuparon Francia, en el Loira se llevaron a cabo ejercicios de entrenamiento para los pilotos de las lanchas de desembarco y los especialistas en la colocación de pilotes en el lecho del río. Una planta de acero en Luxemburgo fabricó más de cincuenta mil toneladas de vigas para el ensamblaje de puentes. En Estados Unidos, tres astilleros se dedicaron a fabricar embarcaciones de madera de cinco metros, que podían transportar a quince hombres cada una. Varios astilleros franceses recibieron las especificaciones necesarias para fabricar las lanchas y se pusieron manos a la obra.

También llegaron desde Gran Bretaña grandes lanchas de desembarco, capaces de transportar un tanque o sesenta hombres. Trasladar esas embarcaciones por tierra supondría un serio problema, debido a la estrechez de algunas carreteras. La cuestión se resolvería de un modo poco sofisticado pero efectivo: los convoyes iban precedidos por *bulldozers* que derribaban cualquier cosa que se opusiera al avance de la columna, ya fueran postes telegráficos, árboles o incluso construcciones.

A principios de marzo de 1945, los aliados ya contaban con el material que haría posible ese pequeño Día D. Los almacenes avanzados contaban con 1.100 lanchas de asalto, 124 de desembarco, 2.500 motores fuera borda, un millón y medio de metros de tablas de madera, 6.000 puentes flotantes y suficientes vigas de acero para construir más de sesenta puentes.

El último recuerdo

Para los norteamericanos, la entrega a las familias de los efectos personales de sus soldados, fallecidos en los cinco continentes, requirió de una compleja organización. Con ese fin, se estableció un depósito centralizado en Kansas City, en un enorme almacén. En febrero de 1942, el Departamento de Efectos Personales del Ejército contaba con apenas seis empleados dedicados a esa tarea, pero en 1945 serían más de un millar.

Los trenes cargados con los objetos de los fallecidos llegaban a un andén de recepción. De ahí, eran subidos con un ascensor hasta el décimo piso del almacén. Como en una cadena de montaje, las cajas que contenían los efectos se iban desplazando en una cinta transportadora, bajando los pisos, mientras iban siendo revisadas pacientemente por los trabajadores. Así, las cajas se revolvían en busca de documentos secretos, alguna fotografía subida de tono o quizás una carta dirigida a una amante, que era destruida para no añadir sufrimiento a la viuda. También se limpiaba a conciencia la sangre seca en chapas de identificación o piezas de ropa. Una vez que todos los elementos de la caja estaban en orden, se volvía a empaquetar y se almacenaba. Por otro lado, equipos de mecanógrafas escribían una carta a los familiares más próximos del fallecido, preguntando adónde debían enviar las últimas pertenencias; cuando se recibía la respuesta, la caja era remitida a la dirección indicada.

Para hacerse una idea de la complejidad de este proceso, basta señalar que en 1945 se estaban manejando un total de dos mil envíos diarios. Entre los objetos hallados en las cajas, hubo algunos que probablemente dejaron desconcertados a los familiares del difunto, como una ametralladora alemana desmontada, un bote salvavidas japonés, un puñado de colmillos de morsa o una cabeza reducida. Pero, sin duda, hubo otros envíos que fueron más útiles para superar la pérdida del ser querido, como el de un soldado que dejó una bolsa de tabaco llena de diamantes.

La montaña que escondía una fábrica

Entre los vestigios más impresionantes que quedan del Tercer Reich se encuentra la red de túneles que alojó en 1945 la fábrica que debía afrontar la producción masiva del avión Messerschmitt Me 262. Este revolucionario aparato, apodado *Schwalbe* ('golondrina'), fue el primer avión de combate a reacción del mundo. Hitler confiaba en él para que la Luftwaffe pudiera enfrentarse a las formaciones de bombarderos que atacaban Alemania día y noche.

Como muestra de la importancia que tenía para el esfuerzo de guerra germano la construcción de este aparato, no se escatimaron medios en su fabricación, para garantizar que ésta no se viese afectada por los bombardeos. Así, se decidió que fueran ensamblados en una fábrica excavada a 85 metros de profundidad, bajo la montaña Walpersberg, cerca de la población de Kahla, en Turingia, al suroeste de Berlín.

El complejo recibiría el nombre de Flugzeugwerke Reichsmarschall Hermann Göring (REIMAHG), en honor del jefe de la Luftwaffe. Constaba de una serie de grandes túneles de casi medio kilómetro de longitud, 15 metros de anchura y 6 de altura. En los túneles auxiliares se fabricaban los componentes. En total, la red de túneles cubriría quince kilómetros, alojando toda la cadena de producción. También se construyeron varios búnkeres adyacentes, cuyos muros de hormigón tenían tres metros de espesor.

Para que los aviones pudieran llegar lo más rápido posible al aeródromo donde se realizarían las pruebas, la cima de la montaña se aplanó para construir una pista de despegue. Con el fin de subir los aviones a la pista, se construyó un elevador exterior sobre raíles, que ascendía por la ladera de la montaña.

Las condiciones de trabajo en el interior de esa fábrica eran espantosas, con jornadas de 16 horas, que provocarían la muerte de 991 hombres. A pesar de todos los medios puestos a su disposición, la REIMAHG sólo pudo producir 27 unidades del Me 262.

Los norteamericanos llegaron a la montaña el 12 de abril de 1945, pero tuvieron que entregar la zona a los soviéticos, no sin antes llevarse todos los componentes del avión para su estudio. En 1947, los soviéticos intentaron dinamitar el complejo, consiguiéndolo sólo en parte[7].

¿Podían los Aliados perder la guerra?

Las interpretaciones sobre por qué ganaron la guerra los Aliados son múltiples y variadas. Sin embargo, hay cifras que hacen pensar si de verdad hubo alguna posibilidad de que, una vez que entraron los norteamericanos en la guerra, pudieran perderla.

Cuando Hitler declaró la guerra a Estados Unidos, este país poseía ya la producción industrial mayor del mundo, una producción que se

[7] Para una descripción detallada del complejo, véase la guía del visitante, en varios idiomas, GLEICHMANN, Markus, *REIMAHG-Werk,* Heinrich-Jung-Verlagsges, Zella-Mehlis, 2013.

acabaría multiplicando por dos a lo largo de la contienda. Pero eso no era suficiente para ganar una guerra, ya que la industria fabricaba sobre todo bienes de consumo, por lo que era necesario crear una potente economía militar. Mientras que a los otros contendientes les costó cuatro años conseguirlo, a los norteamericanos les bastó sólo con uno. En 1942, Estados Unidos produjo ya más que el conjunto de los países del Eje: 47.000 aviones comparados con 27.000, 24.000 carros de combate frente a 11.000, o seis veces más de cañones pesados.

Al finalizar la guerra, de la industria norteamericana habían salido casi dos tercios de todo el material militar con el que habían contado los Aliados: 297.000 aviones, 193.000 piezas de artillería, 86.000 carros de combate y dos millones de camiones para el ejército.

Las fábricas de munición estadounidenses habían producido 40.000 millones de balas para armas pequeñas y 56 millones de granadas. Desde el Día D hasta el día de la derrota germana, los soldados norteamericanos dispararon 500 millones de balas de ametralladora y 23 millones de proyectiles de artillería.

En el caso de la marina, las cifras a favor de Estados Unidos serían aún más notables, al construir 8.800 buques de guerra y 87.000 lanchas de desembarco en cuatro años. Por cada barco de guerra de gran calado construido en los astilleros japoneses, los estadounidenses producirían dieciséis. Por tanto, la derrota nipona era sólo cuestión de tiempo.

En 1945, dos tercios de todos los barcos que estaban en el mar habían sido construidos en astilleros norteamericanos. Además, Estados Unidos estaba fabricando la mitad de todos los productos manufacturados del mundo. Pero, sorprendentemente, la guerra estaba absorbiendo apenas una tercera parte de su producto interior bruto, una proporción más pequeña que la de cualquier otra potencia beligerante. Por tanto, al finalizar la conflagración, los norteamericanos conservaban todavía un margen importante antes de lanzarse a una guerra total que ya fue innecesaria, ante el aplastamiento al que habían sometido a las exhaustas fuerzas del Eje, incapaces de competir con el gigante norteamericano.

El último esfuerzo

Una vez acabada la guerra, se puede pensar que el esfuerzo de guerra había terminado, pero no fue así. Para los norteamericanos se planteó una colosal operación de rescate, el de sus compatriotas muertos en los cinco continentes.

Unidades de Registro de Tumbas trabajaron para confirmar las identidades de más de un cuarto de millón de norteamericanos inhumados en 450 cementerios dispersos por 86 países, dos terceras partes en Europa o el Meditérraneo. Además, sólo en Europa, se emprendió la búsqueda e identificación de más de catorce mil soldados supuestamente muertos en aviones estrellados detrás de las líneas enemigas y otros que habían muerto en hospitales prisión alemanes. Búsquedas similares se llevaron a cabo en puntos tan distantes entre sí como el Círculo Ártico, Ciudad del Cabo, las Azores o Irán. En cuanto a los 44.000 marineros desaparecidos en el mar, obviamente no pudo hacerse nada.

Tras nueve meses de búsqueda por la Alemania controlada por los Aliados, se pudieron encontrar los restos de 6.200 norteamericanos en los campos de batalla. En la parte soviética se permitió a regañadientes el trabajo de tres unidades de recuperación de restos mortales; se encontró un millar de cuerpos en tumbas dispersas en Alemania y Checoslovaquia. De tierras holandesas se rescataron 300 cuerpos.

Pero no todos los soldados muertos pudieron ser localizados de inmediato; durante tres años se seguirían encontrando cadáveres aislados, ya fuera en campos, bosques, huertos o sótanos. Todos los soldados que habían sido enterrados en cementerios provisionales en territorio alemán fueron exhumados y trasladados otros camposantos provisionales, principalmente en Francia; no se quiso dejar expresamente ningún cuerpo en el antiguo Reich.

En 1947, cuando la Segunda Guerra Mundial ya comenzaba a ser un recuerdo y la atención del público estaba fijada en la incipiente Guerra Fría, a los familiares de los 270.000 norteamericanos que habían sido identificados y enterrados en Europa se les ofreció la posibilidad de repatriar el cuerpo de su ser querido. Más del sesenta por ciento aceptaron, lo que supuso poner en marcha una vasta operación sin precedentes. El coste medio de repatriación de cada muerto ascendería a 564,50 dólares. En julio de ese año comenzaron las exhumaciones; cada tumba era abierta a mano y los restos eran rociados con un compuesto químico de embalsamiento. El cuerpo se envolvía en una manta y era depositado sobre una almohada en un féretro de metal con el interior forrado de satén.

Pero esta misión comenzó a parecerse a las complejas operaciones logísticas que habían tenido que emprenderse para la campaña europea, descritas anteriormente. Unas inoportunas huelgas en Estados

Unidos provocaron escasez de acero para los féretros, y tampoco se consiguió reclutar a los embalsamadores profesionales necesarios. El Gobierno se vio obligado a acudir a todas las escuelas funerarias del país buscando más personal.

El siguiente reto era trasladar decenas de miles de cuerpos a Estados Unidos. Para ello se emplearon veintiún buques. El primero de ellos, el *Joseph V. Connolly*, partió de Amberes con un macabro cargamento de 5.060 soldados muertos en sus bodegas y llegó a Nueva York el 27 de octubre de 1947. Desde ahí, cada uno fue transportado por tren a su ciudad natal.

Deuda saldada

Del esfuerzo que para Gran Bretaña supuso derrotar a Hitler da idea el que su deuda con Estados Unidos para evitar la bancarrota tras la guerra no quedase saldada hasta el 29 de diciembre de 2006. Ese día, el Gobierno de Londres dio la orden de transferir al Tesoro norteamericano 43 millones de libras.

Esa cantidad correspondía al último pago de un préstamo de 4.340 millones de dólares concedido el 15 de julio de 1946 por el presidente norteamericano, Harry Truman, para que el Reino Unido, completamente exhausto por los enormes gastos de guerra que había tenido que afrontar, pudiera responder ante los acreedores extranjeros, a los que debía 4.200 millones de libras.

Aunque el entonces primer ministro británico, Clement Attlee, que había sucedido a Churchill en julio de 1945, aspiraba a que sus poderosos aliados norteamericanos asumieran el pago de esa deuda, como gesto de solidaridad después de luchar codo con codo contra el Eje durante casi cuatro años, Truman le hizo saber que el tiempo de los sentimentalismos había pasado, y que si quería el dinero debería reembolsarlo a un interés del dos por ciento anual.

La decepción llegó hasta la Cámara de los Lores, que condenó la actitud del Gobierno de Washington, pero ante la perspectiva de una quiebra de la economía británica, Londres no tuvo otro remedio que aceptar los términos del préstamo.

Una guerra muy costosa

Aunque no hay duda de que el precio más importante de la Segunda Guerra Mundial fue el que se tuvo que pagar en vidas humanas, no hay que desdeñar el coste económico que tuvo para los países que participaron en el conflicto.

Por ejemplo, derrotar a Eje le supuso a los contribuyentes norteamericanos una cuenta de 296.000 millones de dólares, más de cuatro billones de dólares de 2015, lo que equivale a cuatro veces el presupuesto total de Estados Unidos para ese año. El presupuesto militar aumentó un 8.000 por ciento, para lo que Roosevelt amplió el número de contribuyentes de 4 a 42 millones.

Pero la Segunda Guerra Mundial sigue generando costes bien entrado ya el siglo XXI. Según los datos del Gobierno norteamericano, de los 16.112.566 norteamericanos que vistieron uniforme durante ese conflicto, en 2014 aún estaban vivos un millón. Uno de cada cinco recibe una pensión por sufrir algún tipo de discapacidad a consecuencia de su participación en la guerra, sin contar las ayudas económicas que reciben viudas, huérfanos u otros familiares directos en situaciones de desprotección.

Teniendo en cuenta los enormes gastos sociales que se han generado desde el final de la guerra, a principios de la década de los noventa se había alcanzado un coste acumulativo igual al que supuso para Estados Unidos la propia contienda.

Obviamente, estos gastos irán disminuyendo con los años debido al fallecimiento de sus perceptores. Se calcula que en 2024 ya sólo sobrevivirán menos de cien mil veteranos del conflicto. Para el año 2036, según estimaciones de los demógrafos del Gobierno estadounidense, quedarán vivos menos de cuatrocientos veteranos, y es posible que la última pensión a un veterano de la Segunda Guerra Mundial se pague en torno al 2040.

IV
EN EL AIRE

Volar es un buen deporte, aunque, para el ejército, el aeroplano es inútil.

FERDINAND FOCH (1851-1929),
general francés

Antes de la Primera Guerra Mundial, e incluso durante su transcurso, no eran pocos los que pensaban que los aviones, como arma de guerra, estaban destinados a jugar un papel apenas anecdótico. El tiempo se encargaría de desmentir su vaticinio. El poderío aéreo se demostraría fundamental en las guerras del siglo XX. Aunque se equivocaron los que pensaban que se podía derrotar a Alemania únicamente desde el aire, el dominio de los cielos europeos sería un factor decisivo para la victoria aliada. En el Pacífico, el tiro de gracia a Japón llegaría precisamente desde el aire, en forma de bombas atómicas.

Resulta paradójico que, pese a su intrínseca modernidad, la guerra aérea se desarrollase bajo unos códigos de conducta propios de otra época. El odio que a menudo estallaba en los feroces combates terrestres era extraño en el aire; entre las nubes, los aviadores se sentían protagonistas de una justa medieval o un duelo a espada. Los pilotos, comparándose con los soldados que debían soportar las miserias de la vida en el frente, se sentían unos seres privilegiados… y no les faltaba razón.

La «batalla» de Barking Creek

A las 6:15 h de la mañana del 6 de septiembre de 1939, aviones no identificados fueron observados aproximándose a gran altura sobre West Mersea, en la costa de Essex, al sureste de Inglaterra. Como respuesta, varios cazas Hurricane y Spitfire despegaron para interceptarlos.

En esos momentos, cuando tan sólo hacía tres días que Gran Bretaña había entrado en guerra, los pilotos no tenían todavía experiencia en combate y casi ninguno había visto ni siquiera un avión alemán. La comunicación entre aviones, y entre éstos y los centros de mando, eran deficientes y, además, no se había establecido un procedimiento para que los pilotos pudieran distinguir a un avión enemigo del que no lo era. Así pues, se daban todas las circunstancias para que se produjese un trágico error, como así sería.

Cuando los aviones sin identificar se encontraban ya al alcance de los cazas, el oficial al mando, Adolph *Sailor* Malan, ordenó supuestamente a dos de sus pilotos, Vincent *Paddy* Byrne y John Freeborn, abrir fuego contra ellos.

Los supuestos aparatos alemanes eran en realidad de la RAF. Un Hurricane, pilotado por Frank Rose, fue derribado, pero Rose sobrevivió. El piloto de otro Hurricane derribado, Montague Hulton-Harrop, en cambio, resultó muerto al recibir una bala en la cabeza. Hulton-Harrop sería el primer piloto británico muerto en una acción de fuego amigo. Además, paradójicamente, su Hurricane sería el primer avión derribado por un Spitfire. Este desgraciado episodio sería conocido irónicamente como la «batalla» de Barking Creek, el lugar en el que el río Roding desemboca en el Támesis.

Los pilotos implicados en el incidente fueron arrestados y sometidos a un consejo de guerra. En el juicio, Adolph *Sailor* Malan trató por todos los medios de eludir cualquier responsabilidad; no tuvo reparo en echar la culpa a sus hombres, que según él habían actuado de manera irresponsable y con demasiada impetuosidad. Por su parte, los pilotos que efectuaron los disparos, Byrne y Freeborn, afirmaron que se habían limitado a obedecer las órdenes de Malan, al que acusaron de mentir. Finalmente, el tribunal decidió exonerar a todos los implicados, achacando el suceso a un «desafortunado accidente».

Curiosamente, los historiadores de la RAF, haciendo de la necesidad virtud, extraerían consecuencias positivas de este suceso, asegurando que sirvió para que las citadas deficiencias en los procedimientos de identificación de aparatos enemigos fueran solventadas.

La suerte que correrían los tres pilotos durante el resto de la guerra sería desigual. *Sailor* Malan, a pesar de la cobarde actitud mostrada durante el juicio, demostraría posteriormente ser un piloto valiente, consiguiendo derribar 27 aviones alemanes y obteniendo varias condecoraciones. *Paddy* Byrne fue derribado en Francia en mayo de 1940, capturado e internado en un campo de prisioneros. Demostrando una gran astucia, logró convencer a los alemanes de que se había vuelto loco y fue liberado, pudiendo regresar a Inglaterra, integrándose en el personal de tierra de la RAF.

Por su parte, John Freeborn demostraría ser un excepcional piloto de caza, teniendo una actuación destacada durante la batalla de Inglaterra. Al parecer, el recuerdo de los trágicos hechos de Barking Creek le atormentó a lo largo de toda su vida; entrevistado en 2009, un año antes de morir, confesaba lamentar a diario la muerte de su compañero Hulton-Harrop.

En cuanto a Frank Rose, el piloto que sobrevivió, murió durante una misión sobre Francia el 18 de mayo de 1940.

Visita inesperada

El 30 de abril de 1940, un avión alemán Heinkel He 111 estaba llevando a cabo una misión de minado en la costa este de Gran Bretaña cuando resultó dañado por fuego antiaéreo en Essex.

Al parecer, el piloto del bombardero intentó realizar un aterrizaje de emergencia, pero acabó estrellándose contra una casa de Clacton-on-Sea, causando la muerte del matrimonio que vivía en ella, Frederick y Dorothy Gill, al estallar una de las minas que llevaba consigo.

Poco podía pensar esta pareja que iba a tener la tan inesperada como devastadora visita en su casa de un avión alemán, ya que aún no se había iniciado la campaña de la Luftwaffe y, por entonces, todavía se tenía la esperanza de que las bombas no se dirigirían contra los civiles.

El matrimonio fue enterrado en una tumba sin marcas, pero en 1994 fue localizada, erigiéndose un monolito en su memoria.

No fueron los franceses

El 10 de mayo de 1940, la ciudad alemana de Freiburg fue bombardeada, muriendo un total de 57 personas. La propaganda nazi se encargó de difundir el hecho asegurando que la acción había sido llevada a cabo por la Fuerza Aérea francesa para aterrorizar a la población germana.

En realidad, el ataque era el resultado de un error de la propia Luftwaffe. Tres aviones Heinkel He 111, que tenían como misión arrojar sus bombas sobre la ciudad francesa de Dijon, quedaron desorientados a consecuencia del mal tiempo y confundieron Freiburg con la localidad gala, arrojando allí su cargamento de bombas.

Bombardeo amigo sobre Canterbury

El 31 de mayo de 1940, nueve biplanos Fairey Albacore, pertenecientes a la Fleet Air Arm (FAA) británica, bombardearon el puerto belga de Nieuwpoort, en poder de los alemanes. Uno de estos aviones triplaza regresó al aeródromo de Detling con una bomba de 250 libras atrancada en la portezuela de la bodega.

Cuando el avión sobrevolaba la histórica ciudad de Canterbury, la bomba se desprendió, destruyendo con su explosión una iglesia metodista y dos casas.

La «batalla» de Graveney Marsh

El último choque militar que tuvo lugar en suelo británico ocurrió la noche del 27 de septiembre de 1940, cuando miembros de la unidad de voluntarios London Irish Rifles se enfrentaron con la tripulación de un avión alemán Junkers Ju 88 derribado en el condado de Kent, al sudeste de Inglaterra.

Ese día, un escuadrón de la RAF formado por cazas Spitfire y Hurricane tenía como misión conseguir derribar uno de los nuevos modelos de Ju 88 con los que contaba la Luftwaffe, para su estudio por parte de los analistas británicos. Por tanto, el avión debía ser abatido, pero sufriendo el menor daño posible. Así, los cazas eligieron uno de estos Ju 88 que ya había resultado dañado en un motor por fuego antiaéreo cuando volaba sobre Londres, disparando contra el motor que todavía funcionaba. El plan dio resultado: el bombardero germano fue alcanzado y el piloto tuvo que efectuar un aterrizaje forzoso en un lugar conocido como Graveney Marsh, cerca de la población de Faversham.

Cuando una compañía del primer batallón de los London Irish Rifles, destinada en la población costera de Seasalter, llegó al lugar en el que había aterrizado el avión, los cuatro miembros de la tripulación alemana decidieron no entregarse, como solían hacer los aviadores derribados, y seguir combatiendo. Así, emplearon contra los ingleses una de las ametralladoras con las que estaba dotado el aparato, así como con un subfusil.

El duro intercambio de fuego terminó con la rendición de los alemanes, cuando comprendieron que su determinación de seguir luchando no tenía sentido. No hubo que lamentar ningún muerto en la refriega, tan sólo uno de los aviadores resultó herido en un pie.

Pero los alemanes debían imaginarse que sus enemigos querían capturar el avión intacto, ya que colocaron una carga explosiva en él para destruirlo antes de que cayera en manos británicas. El capitán John Cantopher, que entendía el alemán, escuchó cómo los soldados germanos se avisaban entre ellos de que el avión iba a estallar en cualquier momento. Consciente de la importancia que tenía apoderarse del avión, corrió hacia aparato y logró desactivar el artefacto, oculto bajo un ala, una valerosa acción por la que sería después condecorado. Así, el Ju 88, que disponía de un innovador visor de bombardeo, pudo ser entregado intacto a los expertos británicos para que procedieran a su estudio.

Increíblemente, los voluntarios británicos, antes de entregar sus prisioneros a las autoridades militares, los llevaron al *pub* Sportman de Seasalter, como si vinieran de disputar un partido de *rugby* en vez de un tiroteo. Allí, en un insólito clima de camaradería y *fair play*, les invitaron a una pinta de cerveza a cambio de algunos recuerdos, como las insignias de la Luftwaffe que lucían en sus uniformes.

En septiembre de 2010, en una ceremonia celebrada en ocasión del 70.º aniversario de la «batalla», se descubrió en el *pub* una placa conmemorativa de aquel inusual encuentro.

La zanahoria, ¿buena para la vista?

¿Quién, de niño, no escuchó decir a su madre que hay que comer zanahorias porque son buenas para la vista? A pesar de la indiscutible sabiduría inherente a las madres, en este caso esa aseveración no es más un mito, que tuvo su origen precisamente en la Segunda Guerra Mundial.

A finales de 1940, la Luftwaffe vio cómo sus bombardeos nocturnos sobre territorio británico recibían una respuesta cada vez más dura por parte de la RAF. Uno de los pilotos ingleses que obtenía resultados más destacados sería John Cunningham (1917-2002), apodado *Cat's Eyes*, 'ojos de gato', por la prensa británica.

Cunningham, que se convirtió en un aviador muy famoso, reveló que su secreto, el mismo que el de sus compañeros de caza nocturna, era comer zanahorias, lo que les proporcionaba una mejor visión en esas condiciones gracias a la vitamina A que contiene esa hortaliza.

El truco de Cunningham fue aventado por la prensa, por lo que la población británica quedó convencida de que comer zanahorias era bueno para la vista. Sin embargo, esa afirmación era parte de un engaño de las autoridades militares británicas, destinado a ocultar a los alemanes la auténtica razón de esa repentina mejora de las prestaciones de la RAF en el combate nocturno. Los científicos británicos habían desarrollado un avanzado equipamiento de interceptación antiaérea, que debía permanecer en secreto para que los alemanes no intentaran contrarrestarlo.

Tras la guerra, nadie se encargó de desmentir la aseveración de *Cat's Eyes*, por lo que el mito de los poderes visuales de la zanahoria continuaría vivo.

El mismo avión en cada bando

Dos semanas después de que el 2 de abril de 1941 un gobierno nacionalista tomase el poder en Irak con el apoyo de Alemania, se produjo una breve campaña bélica, la guerra anglo-iraquí. Aunque Hitler envió ayuda militar, las tropas británicas conseguirían tomar Bagdad el 29 de mayo e imponer de nuevo un gobierno afín.

Curiosamente, tanto en el bando iraquí como en el británico, la fuerza aérea estaba compuesta principalmente por el mismo avión, el caza biplano Gloster Gladiator, ya que los propios ingleses se habían encargado de proveer de aparatos a la Royal Iraqi Air Force (RoIAF). Los iraquíes contaban con siete de estos biplanos, mientras que los británicos disponían de nueve al inicio de las hostilidades, aunque luego llegarían cinco más, procedentes de Egipto. En la última fase de la guerra, los británicos se reforzarían con otros cuatro aparatos.

El único duelo entre Gladiators se produjo el 5 de mayo, saldándose con el derribo del iraquí. Por su parte, los Gladiators iraquíes lograron derribar un bombardero Vickers Wellington.

«Infanticidio» aéreo

La Operación Barbarroja, lanzada por Hitler el 22 de junio de 1941, cogió totalmente desprevenidos a los soviéticos. A pesar de las advertencias de sus asesores, Stalin no creyó en ningún momento en la posibilidad de una invasión alemana, hasta que fue demasiado tarde.

Esa falta de previsión la pagaron los soviéticos en forma de pérdidas enormes. A la incapacidad del Ejército Rojo para frenar a los Panzer, se unió el fiasco de una fuerza aérea obsoleta y con tácticas de combate inadecuadas. Por ejemplo, debido al secretismo de los procedimientos soviéticos, sólo el líder de las formaciones aéreas era informado en detalle de la misión y era el único que disponía de mapas; esa circunstancia sería descubierta pronto por los alemanes, quienes sabían que bastaba con derribarlo para que el resto de bombarderos no supieran cómo proseguir la misión.

Así, a lo largo de ese primer día de combates, fueron enviados un total de 27 bombarderos Tupolev SB-2 (*Skorostnoi Bombardirovschik*, 'bombardero de alta velocidad') contra los aeródromos alemanes, en formación cerrada, siendo presa fácil para los ágiles Messerschmitt Bf 109. Ninguno de estos aparatos soviéticos regresó.

Al tener conocimiento de la aplastante victoria de los aviones germanos, el mariscal de campo de la Luftwaffe Albert Kesselring, entonces responsable de la 2.ª Flota Aérea, aseguraría, casi sintiendo pena por sus enemigos: «Ha sido un infanticidio».

Pero ese no sería un fiasco aislado. Los Tupolev SB, cuando volaron por primera vez, en 1934, eran unos aparatos avanzados, que fueron puestos a prueba con éxito en la guerra civil española, siendo conocidos entre los republicanos con el nombre de *Katiuskas*. Sin embargo, estos bombarderos sufrieron unas pérdidas tan elevadas en los primeros compases de la invasión germana que hubo que retirarlos de la primera línea de combate, siendo sustituidos por aviones más modernos, capaces de enfrentarse a la Luftwaffe. Esto supuso un enorme contratiempo, ya que los Tupolev SB-2 constituían el 94 por cien de la flota de bombardeos soviética.

Embestidas en pleno vuelo

Los pilotos soviéticos lograron derribar medio millar de aparatos germanos mediante el poco sofisticado método, conocido como *Taran,* de embestirlos en pleno vuelo con el suyo. Para ello, podían recurrir a cuatro tácticas diferentes.

La primera era atacar al avión enemigo por la cola, haciendo rozar la hélice con los timones. La segunda consistía, en vuelos a baja altura, en posicionar el ala debajo de un ala del aparato enemigo, e impulsarla hacia arriba, desestabilizándole y haciendo que acabara chocando contra el suelo. La tercera opción era impactar con el borde delantero de la propia ala contra las partes más frágiles del oponente, como los alerones; algunos modelos soviéticos estaban reforzados en ese borde para causar más daños.

Por último, existía la táctica conocida como *Taranyy udar,* que consistía en lanzar directamente el avión contra el del enemigo, aunque esta modalidad extrema era considerada un último recurso, cuando el aparato propio o el mismo piloto había sido ya alcanzado y no había posibilidad alguna de salvación.

El primer caso de ataque *Taran* se produjo a las 04:25 h de la madrugada del 22 de junio de 1941, apenas una hora después de que la Luftwaffe iniciase sus bombardeos. El protagonista de este ataque, el teniente I. I. Ivanov, murió cuando embistió a un bombardero Heinkel He 111 con su pequeño caza Polikarpov I-16. Ivanov sería nombrado Héroe de la Unión Soviética a título póstumo.

Conforme avanzó la campaña, los ataques *Taran* se siguieron utilizando con relativa frecuencia, hasta la batalla de Stalingrado. Con posterioridad, la evolución de la contienda, cada vez más favorable para las fuerzas soviéticas, llevó a que esta táctica desesperada fuera progresivamente abandonada.

Avión inglés «importado»

El 11 de agosto de 1941, cerca de la pequeña ciudad de Crotona, en la suela de la bota italiana, un bombardero británico ligero Bristol Blenheim fue abatido por fuego antiaéreo. Como solía ser habitual, personal de la fuerza aérea italiana, la Regia Aeronautica, se presentó en el lugar para llevarse los restos del aparato y proceder posteriormente a su estudio.

La sorpresa vino después, cuando el 23 de septiembre llegó a la oficina de Asuntos Generales del Ministerio de Aviación en Roma una carta remitida por la Dirección General de la Circunscripción Aduanera de Messina, en la que se reclamaba el pago del 12 por ciento del valor del avión británico, al considerar que debía aplicársele el régimen aduanero para el material de importación. Por tanto, la aduana solicitaba al Ministerio que le comunicase el valor del aparato para establecer el importe final a satisfacer.

Naturalmente, el Ministerio de Aviación se mostró disconforme ante las pretensiones de la aduana, aduciendo que si tenían en su poder el avión era a consecuencia de un hecho de guerra, no de una transacción comercial y así se lo comunicó a la aduana de Messina. Sin embargo, esa explicación no fue admitida como excusa y desde Messina se insistió en cobrar los derechos de aduana sobre el bombardero.

Para evitar entrar en disputa con las autoridades aduaneras, y consciente de la inutilidad de luchar contra la pesada e implacable maquinaria burocrática, el Ministerio consideró que lo más conveniente para cerrar el incómodo asunto era avenirse a pagar la correspondiente tasa, pero valorando los restos del avión en unas ridículas 100 liras, que en la época equivalían a apenas cinco dólares. Tras recibir la comunicación, la aduana de Messina remitiría al Ministerio de Aviación la correspondiente liquidación de 12 liras por la «importación» del bombardero británico[1].

Bombardeo postal

El 28 de abril de 1942, la ciudad de Port Moresby, en Nueva Guinea, fue atacada por 8 bombarderos y 15 cazas japoneses. Entre las bombas arrojadas por los aviones nipones había tres paquetes envueltos en papel marrón, que cayeron cerca del aeródromo de Seven Mile Strip.

Temiendo que fueran bombas trampa, el personal australiano que estaba a cargo del aeródromo no se atrevía a acercarse a los paquetes. Sin embargo, un soldado australiano tuvo el valor de inspeccionarlos, sorprendiéndose al encontrar una nota escrita en perfecto inglés que decía: «Cualquier persona que reciba este paquete es cordialmente requerido para que lo entregue en el Cuartel General de Port Moresby».

Cuando los paquetes fueron entregados en su destino, se procedió a abrirlos cuidadosamente. En su interior había dos centenares de car-

[1] Un caso similar se daría en el norte de África, en noviembre de 1942. Cuando un cuerpo de ingenieros norteamericano estaba a punto de entrar en Túnez desde Argelia atravesando el Paso de Kasserine, fue detenido por funcionarios franceses de aduanas que exigían el pago de impuestos por todo el material que llevaban consigo. Tras inacabables discusiones, los ingenieros, conscientes de que los franceses resultaban hipnotizados por el poder de los sellos oficiales, decidieron improvisar un sello de goma y lo estamparon en todo el equipo. Los agentes consideraron que ese sello le confería al material transportado carácter oficial, lo que les eximía del pago reclamado, y les permitieron proseguir su camino (véase ATKINSON, Rick, *Un ejército al amanecer,* Crítica, Barcelona, 2004, págs. 195-196).

tas de los soldados australianos que habían sido hecho prisioneros tras la captura del puerto de Rabaul, el 23 de enero de 1942.

Ases de ojos azules

La estadística proporciona datos de los que es difícil extraer alguna conclusión, pero que son curiosos por sí mismos. Un ejemplo es el de los ases de aviación de la Segunda Guerra Mundial, considerando a un piloto como «as» cuando éste se ha hecho acreedor a cinco o más victorias en el aire.

Sin que exista aún una explicación concluyente, y sin descartar que se deba a una coincidencia, sorprende saber que existió una alta proporción de aviadores con los ojos azules entre este selecto grupo, cerca de un setenta por ciento. Este hecho podría deberse a alguna relación entre el color de los ojos y la agudeza visual, o la capacidad para ver mejor en condiciones de poca luz.

Del mismo modo, la mayoría de ases era de estatura inferior a la media de los pilotos, una característica física que quizás proporcionase más posibilidades de movimiento en las estrechas cabinas de los aviones, lo que facilitaría la rapidez de respuesta.

Curiosamente, entre la descendencia de estos heroicos pilotos serían mucho más abundantes las hijas que los hijos, aunque en este caso ya resulta imposible deducir alguna explicación.

Derribar o ser derribado

Continuando con el insólito mundo de los ases de la aviación, es sorprendente también el hecho de que, entre los aviadores de cualquier fuerza aérea, existieran dos grupos bien diferenciados.

Uno era el de los mencionados ases, que iban sumando aparatos enemigos derribados, y que no superaba el cinco por ciento del total de pilotos, y el otro era el de los considerados como «objetivos», que eran alcanzados en los primeros vuelos y que engrosaban las filas de ese 95 por ciento restante de aviadores destinados a convertirse en las dianas de los pilotos más experimentados. Esta separación entre unos y otros se hacía evidente desde el primer momento; los instructores percibían rápidamente quién iba a formar parte de cada uno de los grupos, aunque en algunas ocasiones, como en el caso del piloto alemán Hans-Ulrich Rudel, estos pronósticos se demostraron erróneos.

La división entre ambos grupos se hace evidente si tenemos en cuenta que, aunque resulte difícil de creer, tan sólo la mitad de los pilotos fue capaz de derribar otro aparato. De los que lograban su primera victoria en el aire, solamente uno de cada diez conseguiría alcanzar la cifra de cinco que lo convertía en as.

Pero lo más significativo es que, en contra de lo que indicaría la intuición, cuanto mayor era el número de vuelos efectuados, menor era la posibilidad de ser derribado. De hecho, existía un siete por ciento de posibilidades de que el primer vuelo se convirtiese en el último. Esta proporción se mantenía en las primeras misiones, lo que las convertía en una trágica criba que iba apartando de los cielos a los aviadores menos avezados. Los pilotos que sobrevivían a este primer filtro se convertían prácticamente en imbatibles, como lo demuestra el hecho de que en la décima misión tan sólo existía una posibilidad de menos de un uno por ciento de ser derribado, una proporción que ya permanecía prácticamente invariable en misiones sucesivas.

Un celoso agente de aduanas

En mayo de 1942, el 115.° Escuadrón de Cazas de la Real Fuerza Aérea Canadiense (Royal Canadian Air Force, RCAF) llegó a la isla de Annette, en Alaska, para colaborar con los estadounidenses en la protección de esta región, que se veía amenaza tras el desembarco de tropas japonesas en las islas Aleutianas.

Sin embargo, a su llegada a Annette, un celoso agente de aduanas local no permitió a los pilotos canadienses dejar sus aviones ni no se pagaban antes las tasas aduaneras por el valor de sus armas y equipos.

El problema quedó resuelto cuando el secretario de estado norteamericano, Cordell Hull, designó a los pilotos del 115.° Escuadrón «visitantes extranjeros distinguidos», lo que les declaraba exentos de pagar tasas aduaneras. Sólo entonces el agente les permitió la entrada en su isla.

Un caza alemán cambia de dueño

En 1942, el piloto soviético T. Kuznetsov sobrevivió tras estrellarse en su Il-2 Sturmovik, al ser derribado cuando regresaba de una misión de reconocimiento. Al caer tras las líneas enemigas, temiendo la llegada de los alemanes, rápidamente abandonó los restos del avión y se escondió. Para su sorpresa, un caza germano Messerchsmitt Bf 109 aterrizó cerca del lugar en el que se encontraba. El piloto descendió para inspeccionar el fuselaje y, al ver que no había nadie dentro, comenzó a buscar por los alrededores.

Kuznetsov, al ver que el alemán se había alejado bastante del Messerchsmitt, no se lo pensó dos veces y salió corriendo hacia él, subió y lo puso en marcha. Cuando el piloto germano reaccionó, ya era tarde; el soviético había iniciado la maniobra de despegue. Finalmente, Kuznetsov logró llegar a su aeródromo pilotando el aparato alemán.

El desastroso debut de los paracaidistas norteamericanos

Durante la contienda, los paracaidistas estadounidenses se cubrieron de gloria, sobre todo unidades como la mítica 101.ª División Aerotransportada, que tuvo una actuación destacada en el Día D. No obstante, el debut de estas fuerzas, en la Operación Torch ('antorcha') no pudo ser más desafortunado.

Para invadir el norte de África en poder del Gobierno francés colaboracionista de Vichy, los Aliados establecieron la necesidad de tomar durante la noche del 7 al 8 de noviembre de 1942 dos aeródromos situados al sur de Orán, en Argelia, mientras las tropas aliadas desembarcaban en las playas. El encargado de esta misión sería el 2.º Batallón del 509.º Regimiento de paracaidistas, comandado por el teniente coronel Edson D. Raff, apodado *Little Caesar*, 'Pequeño César'.

La misión, en la que participarían 556 paracaidistas, no pudo estar peor planificada. Los 39 aviones de transporte C-47 despegarían de Cornualles, en Inglaterra; los aparatos deberían volar 1.800 kilómetros hasta llegar a la zona de salto, de noche, con pilotos y navegantes inexpertos. Los instrumentos de navegación norteamericanos no llegaron a tiempo, por lo que tuvieron que recurrir a instrumentos británicos que luego no funcionarían en los aviones estadounidenses. Tampoco hubo tiempo para que los paracaidistas recibiesen las instrucciones en detalle y los mapas eran tan escasos que no habría para todos. Además, los Aliados contaban con un agente sobre el terreno que había desplegado una antena con un transmisor electrónico de señales, para orientar a los aviones hacia el objetivo, pero una confusión en las órdenes llevó a que la desmontase antes de que los aparatos pudieran captarlas. Igualmente, por culpa de otra confusión, el buque británico que debía transmitir una señal de radio para que les sirviese de baliza lo hizo en un ancho de banda distinto al acordado.

El resultado de la operación estuvo a tono con la desastrosa preparación. Al sobrevolar el golfo de Vizcaya, una borrasca dispersó a los aviones. El tiempo nuboso y el viento durante el trayecto sobre la España neutral acabó de desorientar a la mayoría de aparatos. Uno que agotó el combustible se vio obligado a aterrizar en Gibraltar. Otros dos, incapaces de encontrar la ruta a Orán, tomaron tierra en Fez, en el Marruecos francés. Otros cuatro aviones aterrizaron en el Marruecos español, donde los paracaidistas quedarían internados durante cuatro meses.

Los aviones que llegaron al objetivo recibieron inesperado fuego antiaéreo por parte de las fuerzas francesas leales a Vichy. Al final, los aviones tomaron tierra a unos cincuenta kilómetros de los aeródromos. Al descender del aparato, el teniente Raff tropezó y se rompió una costilla. Desde allí iniciaron la marcha a pie, más lenta de lo esperado al tener que atravesar un gran lago seco, el Sebkra d'Oran, que conservaba una gruesa capa de lodo. Para colmo, un avión francés atacó la columna, matando a cinco hombres e hiriendo a quince más.

Cuando los paracaidistas llegaron a los aeródromos, éstos ya habían sido tomados por las fuerzas aliadas que habían desembarcado en las playas, por lo que la misión se había revelado como completamente inútil, en lo que fue un decepcionante debut para las fuerzas aerotransportadas norteamericanas.

Un oportuno accidente aéreo

No hay duda de que los accidentes aéreos son siempre una terrible desgracia aunque, en alguna ocasión, pueden suponer la oportuna solución a un problema aparentemente irresoluble. Al menos, eso fue lo que ocurrió en el caso del general Wladislaw Sikorski, jefe de las Fuerzas Armadas de Polonia y primer ministro en el exilio durante la Segunda Guerra Mundial.

El militar polaco había tomado sobre sus hombros la representación de su país en el exilio y había asumido el mando de las tropas polacas que lucharían junto a los Aliados, con el objetivo de regresar algún día a una Polonia liberada.

Sikorski, presionado por Gran Bretaña, aceptó firmar una declaración de amistad y colaboración con la Unión Soviética, consiguiendo a cambio la liberación de los soldados polacos prisioneros de los rusos. Pero esa colaboración se vería sometida a una dura prueba cuando en abril de 1943 los alemanes descubrieron en el bosque de Katyn, cerca de la ciudad rusa de Smolensk, unas fosas que contenían los cuerpos de varios miles de oficiales polacos ejecutados en abril de 1940, cuando ese territorio estaba todavía en poder de los soviéticos.

El general Sikorski no se conformó con la versión defendida por Moscú, y aceptada con la boca pequeña por Londres, de que los polacos habían sido asesinados por los alemanes en 1941, cuando Katyn ya estaba en poder germano. Todas las pruebas recogidas en las fosas comunes por la Cruz Roja internacional apuntaban claramente a la responsabilidad soviética, por lo que Sikorski estaba dispuesto a llegar al fondo del asunto. Ese deseo de conocer la verdad le ganó la antipatía de las autoridades británicas, además del odio de las soviéticas, que habían creado en Moscú un Gobierno polaco títere para minar la autoridad del Gobierno polaco en Londres, del que formaba parte Sikorski.

El general Sikorski se reunió con Churchill para intentar recabar su apoyo en el contencioso que mantenía con Moscú. El polaco le manifestó que las evidencias encontradas apuntaban, irrefutablemente, a los soviéticos como los culpables de los horrendos crímenes destapados en Katyn. No obstante, el pragmático Churchill, a quien le interesaba mantener la alianza con Stalin por encima de cualquier otra consideración, le manifestó que lo mejor que podía hacer era olvidar ese episodio y pasar página, en vista de que nada le devolvería la vida a los oficiales asesinados.

Pero Sikorski no se dio por vencido y continuó luchando por descubrir la verdad, convirtiéndose en una figura muy incómoda para los Aliados. El general polaco suponía un serio obstáculo entre Londres y Moscú, amenazando así la unidad de acción contra el Eje.

Esa tensa situación se mantendría hasta el 4 de julio de 1943. Ese día, su avión, un B-24 Liberator, sufrió un accidente cuando trataba de despegar del aeropuerto de Gibraltar. Allí había hecho escala procedente de El Cairo, después de visitar a las tropas polacas destinadas en Oriente Medio. El aeroplano, con 17 pasajeros, tomó altura con normalidad, pero de repente se precipitó al mar. Sólo se pudieron recuperar tres cuerpos, entre ellos el del malogrado Sikorski.

La RAF envió una comisión investigadora a Gibraltar para establecer las causas del accidente. Después de entrevistar a los testigos, se elaboró un informe en el que se responsabilizó del accidente a un fallo humano del piloto, descartando un sabotaje. De todos modos, eran numerosos los puntos oscuros, como la identidad de algunos de los pasajeros, de los que no se consiguió saber su nombre. Además, de los restos del Liberator enviados a Inglaterra para su análisis tampoco se volvió a saber nada, ni tan siquiera es seguro que llegasen a las islas británicas, lo que hizo imposible confirmar las conclusiones de los expertos de la RAF. El hecho de que siete décadas después esos informes continúen clasificados como alto secreto, además de no ayudar a descubrir lo que sucedió realmente, arroja inquietantes dudas sobre el trágico episodio.

La realidad es que, a partir de la muerte de Sikorski, la relación entre los aliados occidentales y la Unión Soviética fue más fluida, evitando así que peligrase la alianza entre las potencias que luchaban contra la Alemania nazi. Si la desaparición de ese elemento perturbador fue debida a un providencial accidente o, por el contrario, forzada por la acción de los servicios secretos británicos o soviéticos, es algo que quizás algún día podamos dilucidar.

La misteriosa muerte de Leslie Howard

Una de las incógnitas de la Segunda Guerra Mundial que probablemente nunca llegará a despejarse es la de la muerte del célebre actor británico Leslie Howard, que había participado en el reparto de la célebre cinta de 1939 *Lo que el viento se llevó*.

El 1 de junio de 1943, Howard despegó de Lisboa rumbo a Inglaterra. El trayecto era arriesgado, pues estaba en el radio de acción de las bases en territorio francés de la Luftwaffe, pero el avión mostraba claramente su carácter civil, lo que en principio le mantenía a salvo de los ataques. El avión fue avistado por una formación de ocho aviones alemanes. Pese a que el tiempo era despejado, por lo que eran visibles los distintivos de aeronave civil, el aparato fue atacado sin advertencia previa y derribado, sin que quedasen supervivientes.

Se ha especulado con un improbable plan germano para asesinar al actor. También se ha asegurado que en el avión viajaba un doble de Churchill, y que ése pudo ser el objetivo del ataque. Pero es muy difícil que sepamos alguna vez la verdad. La respuesta podría haber estado en los archivos de la Luftwaffe, pero su máximo responsable, Hermann Göring, se encargó de destruirlos por completo antes de finalizar la contienda.

Cuanto más pequeño, mejor

Seguramente, si algún lector se encontrase en la encrucijada de elegir en qué tipo de avión preferiría participar durante los combates en los que intervinieron las fuerzas aéreas aliadas, elegiría formar parte de la tripulación de un bombardero pesado, creyendo que es el tipo de aparato que ofrece una mayor protección y que, por lo tanto, le proporcionaría mayores posibilidades de sobrevivir a una misión. Pero la supuesta seguridad de la tripulación de un bombardero pesado no es más que una impresión errónea.

Aunque pueda parecer lo contrario, el mejor destino para un piloto era ponerse a los mandos de un avión de caza. En este caso, tras trescientas horas de vuelo, tres de cada cuatro pilotos permanecían con vida. El resto, o bien habían muerto al ser alcanzados por un avión enemigo, o bien habían logrado descender en paracaídas sobre territorio enemigo. En este caso, lo más probable es que acabasen siendo hechos prisioneros, aunque algunos conseguían contactar con las redes de resistentes que proporcionaban vías de escape de la Europa controlada por Hitler.

En cambio, de cada mil aviadores aliados que volaban en un bombardero pesado, un total de 712 serían derribados y 175 resultarían heridos antes de cumplir la ronda de misiones que les daba el derecho de regresar a casa. Es decir, que sólo el 11 por ciento de los pilotos se libraría de morir estrellado, ser hecho prisionero por los alemanes o pasar una temporada en el hospital.

A medio camino de estos dos casos extremos se encontrarían los bombarderos medianos, que tras una ronda preceptiva de cincuenta misiones tenían un 50 por ciento de probabilidades de volver a casa sanos y salvos.

Estas son cifras obtenidas en la primera mitad de 1944, cuando se produjo un punto de inflexión. Hasta entonces, un aviador debía completar veinticuatro misiones de bombardeo sobre Alemania, pero ese ciclo se ampliaría a treinta y luego a treinta y cinco ante la enorme superioridad aérea demostrada por británicos y norteamericanos, así como el progresivo declive de la Luftwaffe, lo que hacía los vuelos menos peligrosos.

El bombardeo estratégico aliado costó unas ochenta mil vidas y diez mil aparatos, sin que su aportación se pueda considerar decisiva para el desenlace de la guerra.

Demasiadas balas

Según estadísticas de la 8.ª Fuerza Aérea de Estados Unidos, para derribar un caza alemán hacía falta emplear una media de 12.700 disparos.

Pero ese desorbitado dispendio de munición no era exclusivo de los norteamericanos. La artillería antiaérea alemana necesitaba disparar una media de 16.000 proyectiles de 88 milímetros, de siete kilos cada uno, para derribar un solo bombardero pesado.

Avería inoportuna

El 20 de julio de 1944, un avión Heinkel He 177 pilotado por el teniente Horst Von Riesen estaba sobrevolando los lagos Masurianos, cerca del cuartel de Hitler en Prusia Oriental, cuando el motor se incendió. Von Riesen se preparó para efectuar un aterrizaje de emergencia, para lo que soltó antes sus bombas sobre el bosque que estaba sobrevolando en ese momento.

La casualidad quisó que poco antes se hubiera producido el fallido atentado del conde Claus von Stauffenberg contra Hitler en el cercano cuartel, en el que una bomba oculta en un maletín hizo explosión en la sala de conferencias, aunque el Führer resultó prácticamente ileso.

El estruendo provocado por el estallido de las bombas lanzadas por el piloto en apuros alertó a los soldados encargados de la seguridad de Hitler, que fueron al encuentro del avión de Von Riessen creyendo que su acción formaba parte del complot. Tras unas horas de duros interrogatorios, el desafortunado piloto logró convencer a sus captores de que todo era fruto de una coincidencia y fue puesto en libertad.

Sin combustible no hay pilotos

La falta de combustible sería el auténtico talón de Aquiles del esfuerzo de guerra alemán. Hay que tener presente que las potencias aliadas controlaban más del 90 por ciento del petróleo natural del mundo, en comparación con el escuálido 3 por ciento en manos del Eje.

Ese contraste se evidencia también en la cifra de producción de las refinerías y plantas alemanas entre 1942 y 1944, 23 millones de toneladas, comparada con la producción norteamericana en el mismo período, que fue de 600 millones de toneladas. El intento de Hitler de apoderarse de los pozos de petróleo del Cáucaso, con la vista puesta también en Oriente Medio, para subsanar esa debilidad estratégica fracasó. Alemania se vio entonces condenada a depender de los pozos rumanos de Ploesti, que se convertirían en su principal fuente de petróleo.

A partir de agosto de 1943, Ploesti fue sometida a continuos bombardeos, que provocarían un progresivo descenso de su producción de petróleo. También fueron duramente bombardeadas las dos docenas de fábricas que convertían lignito en gasolina y combustible para la aviación, así como las sesenta refinerías de crudo de Alemania, Austria, Hungría, Polonia y Checoslovaquia. Además, las redes de distribución sufrían también ataques aéreos, lo que provocaba graves deficiencias en el suministro. La producción alemana de petróleo se desplomaría a lo largo del verano de 1944.

Esa escasez de combustible afectaría gravemente a la máquina de guerra germana. La Luftwaffe, cuyos aviones se alimentaban casi en su totalidad de petróleo sintético, fue quien más padeció ese desabastecimiento creciente. Por ejemplo, entre mayo y noviembre de 1944, la producción de combustible para la aviación disminuyó a una cuarta parte. Cada vez resultaba más difícil mantener la fuerza aérea en activo; con el fin de ahorrar combustible, se llegaron a utilizar bueyes para arrastrar a los aviones a las pistas.

La carencia de combustible también tuvo como consecuencia una deficiente preparación de los pilotos alemanes. En principio, son necesarias unas 240 horas de entrenamiento para convertirse en piloto; éste era el tiempo de vuelo que acumulaban los aspirantes germanos en 1939, una cifra que se mantendría hasta 1942. En esos primeros años de la contienda, eran los aviadores británicos y rusos los que debían apresurarse para ponerse a los mandos de un avión lo más pronto posible, por lo que sus horas de entrenamiento se reducían a 200 o incluso menos.

Pero a finales de 1942, las urgencias comenzaron a imponerse en el lado germano. Los nuevos pilotos debían entrar en combate con sólo 205 horas de vuelo, mientras que los británicos, que contaban con un sólido aprovisionamiento de combustible, podían emplear ya 240 horas en la preparación de sus pilotos. Quienes contaban con más medios eran los norteamericanos, que proporcionaban a los suyos 270 horas.

Esta diferencia no haría más que ampliarse hasta el final de la guerra. En 1943, británicos y estadounidenses se entrenaban durante una media de 330 horas, pasando a unas 350 horas al año siguiente.

Por su parte, los alemanes, acuciados por la necesidad de sustituir rápidamente a los pilotos caídos y por la falta de combustible, entraban en combate con tan sólo 170 horas de vuelo, una cantidad que caería hasta 110 en 1944. Hay que tener presente que cinco horas de entrenamiento requerían el consumo de una tonelada de combustible, una cantidad que era muy necesaria para combatir en el aire el incesante bombardeo a que se veía sometida Alemania.

Esa preparación defectuosa y el precipitado envío al combate no lograría otra cosa que desangrar innecesariamente el contingente de jóvenes pilotos alemanes.

La esvástica finlandesa

Los aviones de la fuerza aérea finlandesa mostraban en su fuselaje una esvástica azul, ligeramente diferente de la esvástica que simbolizaba a la Alemania nazi, al estar apoyada horizontalmente en uno de sus brazos. Sin embargo, ello era fruto de una simple coincidencia.

En marzo de 1918, un conde sueco, Eric von Rosen, donó su avión a uno de los bandos que entonces se enfrentaban en una guerra civil en Finlandia. El aparato mostraba una esvástica, puesto que el conde creía que ese símbolo solar daba buena suerte. Así, la fuerza aérea de ese país la acabó adoptando como insignia, en un momento en el que todavía ni tan siquiera existía el partido de Hitler.

Los aviones finlandeses se enfrentaron a los soviéticos durante la Segunda Guerra Mundial luciendo su particular esvástica, pero cuando se vieron forzados a firmar un armisticio, en septiembre de 1944, las fuerzas aéreas tuvieron que sustituir ese símbolo por una escarapela azul, debido a su semejanza con el símbolo nazi.

Muertes de pilotos poco gloriosas

Las muertes escasamente heroicas de grandes ases de la aviación, quienes se jugaban la vida a diario en combates aéreos, fue una constante a lo largo de la guerra. Así, por ejemplo, el alemán Hans-Joachim Marseille, que derribó un total de 158 aviones británicos siendo el piloto con más victorias en el frente occidental, falleció al tratar de abandonar su Messerchsmitt Bf 109 averiado en pleno vuelo, golpeándose la cabeza con el ala al saltar en paracaídas.

El poseedor del récord de bombarderos pesados derribados, con 114, el también alemán Heinz Wolfgang Schnaufer, sobrevivió a la guerra, para morir en 1950, con tan sólo 28 años, en un accidente de tráfico. Cuando Schnaufer conducía por una carretera francesa entre

Burdeos y Biarritz, chocó contra un camión cargado con bombonas de gas que se saltó una señal de *stop.* La caída de una de esas bombonas sobre su vehículo le fracturaría el cráneo, provocándole la muerte.

El as japonés Hiroyoshi Nishizawa, apodado *El Diablo*, derribó 86 aparatos enemigos, pero falleció en noviembre de 1944 cuando el avión de carga en el que iba de pasajero fue alcanzado mientras sobrevolaba la isla de Mindoro, en las Filipinas.

Atropellados por un avión

El 18 de abril de 1944, tres suboficiales estaban atravesando la pista de la base aérea de la RAF en sus bicicletas, cuando volvían de pasar un rato de esparcimiento en una localidad cercana.

En ese momento, un enorme bombardero pesado Short Stirling estaba iniciando una maniobra de despegue. El piloto del avión no pudo esquivar a los ciclistas que se atravesaban en su camino, por lo que los arrolló, falleciendo los tres.

Glenn Miller, desaparecido sobre el canal de la Mancha

Uno de los enigmas de la Segunda Guerra Mundial que todavía no se ha resuelto es el de la desaparición del famoso músico norteamericano Glenn Miller, autor de la tan célebre como animosa *In the Mood* ('en forma'), indispensable en la banda sonora de los años cuarenta.

En 1942, Miller, que gozaba de gran fama al frente de su orquesta, se alistó en la Fuerza Aérea, en la que alcanzaría el grado de capitán. En la segunda mitad de 1944, Miller realizó una gira por Inglaterra para tocar ante las tropas norteamericanas estacionadas en aquel país.

Pero el 15 de diciembre de 1944 fue el fatídico día en el que se perdió su pista para siempre. El músico decidió viajar de Londres a París con el fin de preparar una emisión de radio especial para el día de Navidad. Tomó un vuelo privado junto al piloto y un tercer pasajero del que se desconoce la identidad. A partir de ahí, nada se volvería a saber del avión. Se supuso que había sufrido un accidente causado por el mal tiempo, precipitándose al canal de la Mancha.

Desde el primer momento comenzaron a extenderse rumores de todo tipo. Uno aseguraba que había muerto apuñalado por una prostituta en un burdel de París. También se dijo que en realidad había fallecido en un hospital inglés de una afección pulmonar. Incluso hubo quien aseguraba que no había muerto.

De entre las explicaciones más plausibles, figura una basada en la anotación de un aviador de la RAF; ese día, unos bombarderos arrojaron sus bombas sobre el canal de la Mancha tras una misión abortada de bombardeo sobre Alemania y, según refirió el piloto, una de esas bombas alcanzó accidentalmente a una avioneta cuya descripción coincidía con la de Glenn Miller. No obstante, al igual que en el citado caso del actor Leslie Howard, el misterio sobre la muerte del músico continúa.

Un observador inconformista

El norteamericano Charles Carpenter era un piloto de reconocimiento. Durante una serie de misiones sobre la base alemana de submarinos en la ciudad francesa de Lorient, en 1944, Carpenter concluyó que no se conformaría con limitarse a observar al enemigo.

Así el piloto decidió ensamblar unos bazucas que eran utilizados por las tropas de tierra. Colocó seis de estos lanzacohetes en las alas de su aparato, un L-4 Grasshopper, bautizándolo con el nombre de *Rosie the Rocketer*[2]. A partir de entonces, el piloto sería conocido por sus compañeros como *Bazooka Charlie*.

Carpenter realizó varias de esas misiones ofensivas a lo largo de la guerra, en las que siempre volaba en solitario, consiguiendo destruir catorce tanques —aunque oficialmente sólo fueron reconocidos seis— y varios vehículos blindados. Sus hazañas le convertirían en objetivo de la prensa de la época, haciendo de él un personaje popular.

Aun así, *Bazooka Charlie* atravesaría unos momentos difíciles, tras protagonizar un desgraciado episodio, en este caso no en vuelo sino en tierra. Carpenter estaba tomando parte en una operación terrestre, escoltando desde un Jeep una columna de tanques. Al verse sorprendido por un grupo de alemanes, el impulsivo soldado se encaramó a un tanque Sherman y comenzó a disparar con la ametralladora, con tan mala fortuna que acabó haciéndolo contra un vehículo blindado también norteamericano.

---

[2] Este nombre es un juego de palabras. La propaganda de guerra norteamericana utilizaba la imagen de una joven trabajadora de la industria de guerra, conocida como Rosie the Riveter ('Rosie la remachadora'), mientras que *rocket* es 'cohete'. Por tanto, el nombre del avión podría traducirse libremente como 'Rosie la cohetera'.

A consecuencia de esta imprudente acción, Carpenter fue arrestado y se le anunció que tendría que comparecer ante un consejo de guerra. Afortunadamente para él, el general George Patton, en cuanto tuvo conocimiento de lo sucedido, no sólo dejó sin efecto el proceso abierto contra él, sino que lo condecoró con la Estrella de Plata para recompensar su valentía.

La última misión de Saint-Exupéry

El escritor francés Antoine de Saint-Exupéry, autor del célebre libro *El Principito,* también falleció durante la contienda en extrañas circunstancias, al igual que Leslie Howard o Glenn Miller. Era un veterano piloto, que decidió poner su experiencia al servicio de los Aliados.

En julio de 1944, los servicios de Saint-Exupéry fueron requeridos como paso previo a la operación anfibia que los Aliados tenían previsto lanzar en la costa sur de Francia a mediados de agosto. Saint-Exupéry realizó varias misiones de reconocimiento por la zona, pero la que emprendió el 31 de julio de 1944 acabaría siendo la última. Esa mañana, el escritor pilotaba un avión de combate P-38 Lightning. Su vuelo fue seguido sin novedad por los radares del cuartel general norteamericano, hasta que a las 13:00 h desapareció de las pantallas.

Durante décadas se han barajado muchas posibilidades: que había sido derribado por un avión alemán, que se había suicidado o, incluso, que había fingido su propia muerte. En el año 2000 se encontró el aparato, al este de la isla de Riou, frente a las costas de Marsella.

Pero la gran revelación llegaría en marzo de 2008, cuando un expiloto alemán, Horst Rippert, reconoció haber sido el autor de los disparos que abatieron el avión del literato francés. El octogenario germano dijo haber sentido especialmente su pérdida, pues había leído todos sus libros. Si su testimonio es cierto, el misterio sobre la muerte de Saint-Exupéry habrá quedado definitivamente resuelto.

Bombardeó las tres capitales

El sargento norteamericano Kurt Hermann tuvo el honor de participar como ametrallador de cola en el bombardeo de las tres capitales del Eje: Berlín, Roma y Tokio.

Hermann, cuya familia era de origen germano, se alistó en la fuerza aérea en agosto de 1942. Hasta entonces había sido marino mercante; en una ocasión sobrevivió al hundimiento de su barco, siendo rescatado tras permanecer veintiséis días en un bote salvavidas.

En su primera misión en el norte de África consiguió derribar un caza Messerschmitt Bf 109. Hermann estuvo nuevamente cerca de la muerte cuando, sobrevolando Cerdeña, su avión fue derribado y tuvo que saltar en paracaídas. En julio de 1943 participó en el primer bombardeo sobre Roma. Después, Hermann sirvió en la 8.ª Fuerza Aérea, participando en misiones de bombardeo sobre Berlín. El aviador se ofreció también voluntario como observador en los aviones de la RAF que realizaban misiones nocturnas.

En abril de 1944, con 75 misiones a sus espaldas, Hermann escribió al teniente general Carl A. Spaatz, comandante de las Fuerzas Aéreas Estratégicas de Estados Unidos, para pedirle el traslado al frente del Pacífico y alcanzar allí las cien misiones completadas. Teniendo en cuenta que Hermann había renunciado a regresar a casa tras completar treinta misiones, la petición le fue concedida.

En su primera misión sobre Tokio, Hermann logró derribar un avión japonés. Con esa misión, Hermann se convertía en el primer aviador, y seguramente el único, en bombardear las tres capitales enemigas.

Hermann alcanzó el centenar de misiones, pero decidió continuar con su arriesgada apuesta hasta que en agosto de 1944 su avión desapareció cuando sobrevolaba Guam, en la que fue su misión número 108.

Bombardeos de imprecisión

Durante la Segunda Guerra Mundial, el término «bombardeo de precisión» no hay que tomarlo al pie de la letra. La aviación norteamericana, que fue quien más trabajó este concepto, no conseguiría demasiada puntería en sus ataques contra objetivos militares.

Así, a menudo sólo una de cada diez bombas lanzadas sobre el objetivo caía a kilómetro y medio de él, normalmente debido a la presencia de nubes, lo que obligaba a utilizar las técnicas de radar denominadas de «bombardeo a ciegas». Pero incluso cuando las condiciones eran ideales para los bombardeos, cosa que ocurría aproximadamente en sólo una de cada siete misiones, menos de un tercio de las bombas caía en un radio de trescientos metros del blanco.

Las consecuencias de esa falta de precisión resultarían fatales para la población civil que vivía cerca de esos objetivos militares, que solían ser fábricas, estaciones de tren o nudos de comunicaciones.

Los kamikazes alemanes

Ante la abrumadora superioridad aliada en los cielos de Alemania en la última fase de la guerra, lo que permitía bombardear las ciudades germanas casi a placer, la Luftwaffe buscó soluciones desesperadas para revertir la dramática situación.

Una de estas medidas sería la creación del Sonderkommando Elbe ('comando especial Elba', un río que atraviesa Alemania de sur a norte). Los integrantes de esta unidad especial de la Luftwaffe debían derribar los bombarderos aliados embistiéndolos con sus propios aparatos. Aunque la misión entrañaba un riesgo extremo para los pilotos, convirtiéndolos prácticamente en kamikazes, a diferencia de los suicidas japoneses se esperaba que pudieran saltar en paracaídas justo antes de chocar contra los aparatos enemigos.

El avión elegido para esta misión sería el entonces ya obsoleto Messerschmitt Bf 109, aunque despojado de su blindaje y armamento para aumentar su velocidad. El objetivo sería impactar en alguna de las tres zonas de los bombarderos consideradas más sensibles: el timón situado en la cola, los motores o la cabina de los pilotos.

La única misión de este tipo que se llevaría a cabo sería el 7 de abril de 1945 contra una formación de bombarderos norteamericanos, apenas un mes antes del final de la contienda. Aunque en ella participaron 120 aviones, sólo 15 bombarderos llegaron a ser atacados, y de ellos 8 fueron derribados, aunque la Luftwaffe aseguraría que fueron 24 aparatos. De los pilotos alemanes, siete fallecerían en la misión.

Si los pilotos que participaron en el Sonderkommando Elbe no deben ser equiparados a los kamikazes, ya que debían tratar de sobrevivir, quienes sí hubieran debido ser considerados kamikazes fueron los pilotos del denominado Escuadrón Leónidas. Esta unidad pertenecía al Kampfgeschwader ('escuadrón de combate') 200, también conocido como KG 200, una unidad de operaciones especiales de la Luftwaffe, encargada de llevar a cabo bombardeos de gran dificultad, probar nuevos aparatos u operar con aviones enemigos capturados.

Para combatir la referida superioridad aliada en los cielos, que iba a ser decisiva cuando lanzasen la invasión, a finales de 1943 se planteó la idea de crear un escuadrón de pilotos suicidas, una idea que sería apoyada por la renombrada aviadora Hanna Reistch. Aunque el alto mando de la Luftwaffe no mostró demasiado entusiasmo por la idea, acabaría dando luz verde al proyecto. La propuesta tampoco contaría con el favor de Hitler, aduciendo que no encajaba con la moralidad alemana, pero al final se avino a permitir la creación de esa unidad kamikaze, aunque se reservaba la última palabra antes de que fuera lanzada al combate. Por su parte, el jefe de las SS, Heinrich Himmler, para esquivar esas reticencias morales, propuso sin éxito que los pilotos suicidas fueran escogidos entre criminales convictos.

Así pues, en febrero de 1944 el KG 200 creó el Escuadrón Leónidas; el nombre escogido hacía referencia al rey Leónidas y sus trescientos espartanos que lucharon hasta el final para impedir la invasión persa. Se esperaba, por tanto, que los fanáticos pilotos que se incorporasen a la unidad tuvieran el mismo espíritu de sacrificio que los hombres de Leónidas.

El escuadrón suicida recibió enseguida a setenta jóvenes voluntarios, que eran plenamente conscientes del carácter de la misión, pues debían firmar la siguiente declaración: «Solicito voluntariamente incorporarme como piloto para el autosacrificio (*selbstopfer*) en cualquier avión seleccionado por mis superiores. Soy consciente de que la operación supondrá mi muerte». Tras realizar pruebas con varios aparatos, se decidió emplear en esas misiones suicidas el Fieseler Fi 103R *Reichenberg*, una versión tripulada de la bomba volante V-1, que llevaría una tonelada y media de explosivo. A diferencia de los aviones kamikaze nipones, el germano tenía una cabina desprendible para facilitar la salida del piloto, aunque las posibilidades de sobrevivir saltando tan cerca de la explosión eran más bien remotas.

Los ensayos con la V-1 tripulada, a pesar de los accidentes, iban progresando y los pilotos seguían entrenándose. Sin embargo, el proyecto se veía ralentizado por el alto mando de la Luftwaffe, que seguía sin creer en él, así como por el comandante del KG 200, Werner Baumbach, quien consideraba que esas misiones iban a suponer una pérdida inútil de valiosos pilotos.

En febrero de 1945 el proyecto parecía haber quedado definitivamente aparcado, pero aun así se recuperaría la idea de los pilotos suicidas en abril de 1945. Varios pilotos pertenecientes al Escuadrón Leónidas fueron entrenados para una misión cuyo objetivo era destruir cuatro puentes ferroviarios sobre el río Vístula, con el fin de cortar las líneas de suministro de las tropas soviéticas que trataban de tomar Berlín. «Sacrificando conscientemente vuestras vidas», les dijo Göring a sus kamikazes, «salváis a la nación de la extinción».

Para esta desesperada operación, cuyo nombre era Aktion 24, se recurrió a cuatro hidroaviones Dornier Do 24, que irían cargados de explosivos; los pilotos debían estrellar los aparatos contra los pilares del puente a destruir. Sin embargo, un ataque de la aviación norteamericana consiguió hundir los hidroaviones, que se encontraban en el lago Muritz, cerca de Mecklenburg, antes de que diese comienzo la misión.

Donde sí que se dieron, al parecer, ataques suicidas fue en el río Oder, con el fin de destruir los pontones tendidos por los soviéticos, entre el 17 y el 20 de abril de 1945, después de que fallaran todos los intentos convencionales. Estas misiones de autosacrificio, o *Selbstopfereinsätze,* fueron llevadas a cabo por 35 pilotos del Escuadrón Leónidas, a los mandos de una variedad de aviones, como Focke-Wulf Fw 190, Messerschmitt Bf 109 o Junkers Ju 88. La noche del 16 de abril tuvo lugar un baile de despedida para los pilotos en la base de Jüteborg en el que participaron muchachas de la unidad de señales. A la mañana siguiente se lanzaron los ataques.

Tres días después de que se emprendiese esa misión suicida, la Luftwaffe aseguró que en ese tiempo se habían logrado destruir un total de diecisiete puentes, pero se considera que ese dato es claramente exagerado. El único objetivo del que hay constancia que fue alcanzado fue el viaducto de Küstrin.

El comandante del aeródromo de Jüteborg, el general de la Luftwaffe Robert Fuchs, envió los nombres de los pilotos sacrificados a Hitler, como regalo por su quincuagésimo sexto cumpleaños. Las operaciones finalizaron cuando los soviéticos capturaron la base del escuadrón.

V
En el mar

Cuando perdí mi rifle, el Ejército me hizo pagar 85 dólares; entiendo que, en la Armada, los capitanes prefieran hundirse con su barco.

Dick Gregory (n. 1932),
comediante norteamericano

La Segunda Guerra Mundial también se decidió en los océanos. El carácter mundial del conflicto hizo que fuera fundamental controlar las vías de navegación. Los británicos dependieron para su supervivencia de los aprovisionamientos que le llegaban por mar. Los alemanes lo sabían, y trataron de rendir a su enemigo lanzando al Atlántico sus jaurías de U-Boote. Es significativo que Churchill tan sólo temiese por la suerte de su país en la guerra cuando la batalla del Atlántico parecía perdida.

En el Pacífico, el Imperio del Sol Naciente trató de convertir ese vasto océano en un lago nipón, pero los norteamericanos lograron reponerse del duro golpe sufrido en Pearl Harbor y plantaron cara a la potente flota japonesa. Finalmente, el dominio naval estadounidense acabaría por encerrar a los japoneses en su propia isla.

En la inmensidad del océano, al igual que sucedía en el aire, los combatientes se regían por un código caballeresco al que eran ajenos los que luchaban en tierra. Ese carácter especial de la lucha en el mar daría lugar a todo tipo de historias, desde tragedias a heroicidades, pasando por sucesos insólitos e inesperados.

¡Al abordaje!

La última ocasión en la que un barco de la Royal Navy llevó a cabo el abordaje de un barco enemigo se produjo el 16 de febrero de 1940. Los protagonistas serían el crucero británico HMS *Cossack* y el buque alemán de transporte *Altmark*.

El *Altmark* se dirigía a Alemania con 299 marineros británicos en sus bodegas como prisioneros de guerra, capturados por el crucero pesado alemán *Graf Spee* tras atacar a los buques en los que servían. El barco germano navegaba por aguas de la entonces neutral Noruega. Para asegurarse de que no estaba llevando a cabo una acción bélica, hasta en tres ocasiones barcos de guerra detuvieron e inspeccionaron el *Altmark*, sin que los oficiales que subieron a bordo se dieran cuenta de que transportaba prisioneros, a pesar de que éstos trataron de hacer el mayor ruido posible para llamar la atención.

Pero aviones de la RAF detectaron el buque el 15 de febrero, del que se sabía que transportaba prisioneros, y el veloz *Cossack* fue enviado a interceptarlo. El *Altmark*, viéndose en peligro, se refugió en el fiordo de Jøssingfjord. Temiendo que pudieran llegar más barcos británicos, decidió salir de allí, tratando de esquivar al *Cossack*. Pero para el crucero, más rápido que él, no fue difícil alcanzarlo.

A las diez de la noche del 16 de febrero, el *Cossack* abordó el barco alemán en la mejor tradición de las batallas navales del siglo XVIII, reduciendo a los marineros germanos en un encarnizado asalto, en el que se llegaron a emplear bayonetas, cuchillos e incluso los puños. En la refriega murieron cuatro tripulantes del *Altmark*; uno de ellos cayó por la borda y no fue encontrado. Entre los alemanes también hubo seis heridos. Los que prefirieron no enfrentarse a los ingleses saltaron al agua y llegaron a nado a la costa.

Después de que los marineros británicos tomasen el control del *Altmark*, los prisioneros fueron liberados y trasladados al *Cossack*, cuyos tripulantes acababan de escribir una de las página más heroicas de la Royal Navy en la Segunda Guerra Mundial.

El avión que capturó un submarino

El 23 de agosto de 1941, el submarino alemán U-570, capitaneado por Hans-Joachim Rahmlow, zarpó del puerto noruego de Trondheim, en misión de combate en el Atlántico Norte. Esa misión sería el estreno tanto de él como de su tripulación, después de tres meses de entrenamiento en Kiel.

Cuatro días más tarde, el U-570 emergió a profundidad de periscopio cerca de la costa sur de Islandia. Al no advertir ninguna amenaza, salió a la superficie. Pero, casi de inmediato, fue detectado por un atento piloto británico, James Thompson, que estaba realizando labores de vigilancia antisubmarina en un bombardero Lockheed Hudson.

Al advertir que había sido descubierto, Rahmlow ordenó una rápida inmersión, pero ya era tarde. El avión de Thompson lanzó cuatro cargas de profundidad. La explosión de una de ellas causó ligeros daños en el U-Boot, inutilizando momentáneamente el sistema de iluminación, pero eso hizo que el pánico se apoderase de la inexperta tripulación.

El capitán Rahmlow, creyendo que el ataque había provocado también un escape de gas de cloro procedente de las baterías, decidió salir de nuevo a la superficie. Cuando varios miembros de la tripulación se encontraban en la cubierta, el avión de Thompson les disparó con sus ametralladoras. Los tripulantes del U-Boot, temiendo que lanzase nuevas cargas de profundidad, creyeron que no tenían escapatoria y decidieron rendirse, mostrando una bandera blanca. El sorprendido Thompson, aproximándose al submarino, advirtió que los alemanes ya no trataban de defender su navío, por lo que emitió por radio un aviso para que la Royal Navy enviase las unidades que debían hacerse cargo de él. Los tripulantes del U-570 no sabían que el bombardero había agotado sus cargas de profundidad.

El tiempo que tardaron los barcos británicos en llegar fue aprovechado por la tripulación del sumergible para arrojar por la borda su máquina de encriptación Enigma y destruyeron los libros de códigos. El U-570 fue remolcado hasta un puerto islandés y, tras ser reparado, pasó a formar parte de la Royal Navy como HMS *Graph*. No obstante, a causa de la falta de repuestos, el submarino sería retirado del servicio el febrero de 1944. Thompson recibiría una de las banderas de guerra del submarino como trofeo.

Aunque no fue posible hacerse con la máquina Enigma y los libros de códigos, la información que proporcionó la captura del U-570 fue importante para los Aliados. Por ejemplo, comprobaron sorprendidos su gran profundidad de inmersión, por lo que a partir de entonces reajustaron la profundidad a la que estallaban las cargas de profundidad, aumentándola hasta 200 metros.

La rendición del U-570 fue la única ocasión en la que un submarino se rindió ante un avión, además de ser el único sumergible germano que combatió en los dos bandos en la Segunda Guerra Mundial.

Una historia de supervivencia

Las aguas claras del Mediterráneo fueron una trampa mortal para los submarinos británicos que operaban en él. Cuatro de cada diez sumergibles acabarían en el fondo de mar, convirtiéndose en ataúdes de los que prácticamente nadie podía escapar. De hecho, tan sólo cuatro tripulantes lograrían salvarse. Pero la historia de supervivencia más extraordinaria sería la que sucedió el 6 de diciembre de 1941, cuando el HMS *Perseus* impactó contra una mina italiana y se fue a pique.

Cuando zarpó de la base de submarinos británicos de Malta, a finales de noviembre de 1941, el *Perseus* contaba a bordo con 59 marineros y dos pasajeros, uno de los cuales era John Capes, un maquinista de 31 años que debía trasladarse a Alejandría. Aunque Capes era hijo de un diplomático, y había sido educado en un prestigioso colegio, no le importaba que su contribución a la guerra fuera desde la ruidosa, húmeda y sofocante sala de máquinas de un submarino.

En la tormentosa noche del 6 de diciembre de 1941 y amparado en la oscuridad, el *Perseus* navegaba en superficie a unos ocho kilómetros de la isla griega de Cefalonia, recargando sus baterías. Según relataría después Capes, se encontraba descansando en un tubo de torpedo de repuesto como improvisada litera cuando, de repente, hubo una enorme explosión.

El submarino giró entonces bruscamente y comenzó a descender. Las luces se apagaron. Capes comprendió al momento que habían chocado con una mina. Buscó una linterna mientras el agua en el interior del submarino iba subiendo y localizó un aparato de supervivencia Davis, de aspecto parecido al de un chaleco salvavidas y dotado de una botella que contenía 56 litros de oxígeno, con el que esperaba poder escapar. Sin embargo, el aparato había sido ideado para profundidades de treinta metros, y el submarino se encontraba a más de cincuenta.

Nadie había logrado escapar a tal profundidad. Pero Capes no perdió la calma. Tomó un último trago de su botella de ron para darse ánimos y, después de ajustarse el equipo Davis, esperó a que el agua inundase totalmente la estancia en la que se encontraba para que la presión se igualase con el exterior y poder así abrir una escotilla. Capes salió por ella y el oxígeno de la botella le impulsó hacia la superficie. Al cabo de unos interminables segundos, se encontró flotando en medio del mar. Esperó que alguno de sus compañeros emergiese también, pero su espera fue en vano. El era el único superviviente. En la oscuridad, Capes pudo distinguir unos acantilados blancos y hacia allí se dirigió nadando.

A la mañana siguiente, Capes fue encontrado por dos pescadores. Estaba en la orilla, inconsciente. Entonces, Cefalonia estaba ocupada por los italianos. Los pescadores decidieron ayudarle y le encontraron refugio. Para no llamar la atención de los italianos y pasar lo más desapercibido posible, Capes se tiñó el pelo de negro y perdió 32 kilos, adquiriendo el aspecto enjuto de los habitantes de la isla. Sus protectores incluso le obsequiaron con un burro. Así, durante los siguientes dieciocho meses, Capes se hizo pasar por un cefalonio más.

En mayo de 1943, Capes pudo abandonar la isla en una operación de rescate organizada por la Royal Navy. El marinero fue trasladado a Turquía, y de ahí viajó por fin hasta Alejandría, su destino inicial.

Aunque Capes fue condecorado por su acción, posteriormente surgieron dudas en torno a su historia, ya que su nombre no figuraba entre los tripulantes del *Perseus* y se supo que tenía una cierta fama de fabulador. El hecho de que, a lo largo del tiempo, Capes relatara diferentes versiones de lo ocurrido no ayudó a que su historia se diera por cierta.

Así, Capes falleció en 1985 sin que hubiera logrado disipar la sombra de duda que planeaba sobre su testimonio. Deberían pasar diecisiete años para que su historia quedase finalmente corroborada. En 1997, un buceador griego descubrió los restos del *Perseus*. En una de sus inmersiones, penetró en la sección desde la que había escapado el marinero, que era tal y como la había descrito. Además, allí estaba el tubo de torpedo que había utilizado como litera y, como detalle final, la botella de ron de la que Capes había tomado el último trago antes de emerger hacia la superficie.

Aunque la salvación de Capes fue un hecho insólito, todavía habría dos marineros que lograrían salir de su submarino hundido a una mayor profundidad. El hecho sucedió en la costa libia, cerca de Trípoli, el 18 de agosto de 1941, cuando el HMS *P32* chocó con una mina —quizás sembrada precisamente por un avión aliado— y se fue hacia el fondo; solo dos hombres pudieron escapar, desde una profundidad de 60 metros.

Otros pocos marineros británicos lograron también escapar de sus ataúdes de acero, aunque a una profundidad menor. Así, quince hombres consiguieron salir del HMS *Empire* en la costa de Norfolk, en Inglaterra, el 19 de julio de 1941, desde una profundidad de 18 metros, mientras que el 22 de noviembre de 1944, diez hombres lograron escapar del HMS *Stratagem*, frente a las costas malayas, desde una profundidad de 42 metros.

«Húndannos»

Cuando tuvo lugar el ataque japonés a Pearl Harbor, el alto mando de la armada norteamericana era denominada CINCUS, el acrónimo de *Commander-in-chief US Fleet*.

No obstante, como su pronunciación era similar a *sink us* ('húndannos'), a partir de ese momento se creyó conveniente cambiar el nombre por el de COMINCH, acrónimo de *Commander-in-chief*.

Equivocó el enemigo

La batalla del estrecho de La Sonda, librada la noche del 28 de febrero al 1 de marzo de 1942, supuso un sonoro éxito para la armada japonesa. El choque tuvo lugar cuando el crucero pesado norteamericano USS *Houston* y el crucero ligero australiano HMAS *Perth* trataban de escapar de Java cruzando el estrecho de La Sonda, junto a un destructor holandés, el HNLMS *Evertsen*.

Los buques aliados desconocían que una potente flota nipona ya estaba atravesando el estrecho, por lo que el combate fue inevitable. Debido a la superioridad japonesa, al contar con dos portaaviones, cinco cruceros y doce destructores, entre otras unidades, el desigual encuentro se saldaría con el hundimiento de los tres buques aliados.

En la batalla se distinguiría especialmente el crucero pesado japonés *Mikuma*. En su haber pudo anotarse el hundimiento de un dragaminas y cuatro transportes. No obstante, el capitán del crucero no se mostró muy orgulloso de la hazaña, ya que se trataba en realidad de barcos japoneses. Al parecer, el gran alcance de los torpedos con los que iban dotados el *Mikuma* y su buque gemelo *Mogami*, unos 40 kilómetros, así como su gran potencia explosiva, provocó que varios de los torpedos lanzados contra el *Houston* pasasen de largo y acabasen impactando contra buques amigos con efectos letales.

En uno de los transportes japoneses hundidos por fuego amigo se encontraba el general Hitoshi Imamura, que acabó en el agua, agarrado a unas maderas. Tras ser rescatado, el comandante Shukichi Toshikawa se dispuso a pedirle disculpas en nombre de la flota, pero su Jefe de Estado Mayor le aconsejó no hacerlo, ya que el general Imamura creía que su barco había sido hundido por el *Houston*, por lo que parecía más conveniente dejar las cosas como estaban[1].

[1] Aunque la versión más extendida es la que achaca el incidente de fuego amigo de la batalla del estrecho de La Sonda al *Mikuma*, tal como hace John Toland en *The*

Zambullida mortal

Para el capitán del submarino alemán U-203, Rolf Mützelburg, poseedor de la codiciada Cruz de Caballero de la Cruz de Hierro con Hojas de Roble, no fue una decisión acertada tomar un baño en el mar junto a sus hombres cuando se encontraba en mitad del Atlántico, al sudoeste de las Azores, el 11 de septiembre de 1942.

Mützelburg quiso lanzarse de cabeza al agua desde la torreta de su sumergible, pero en el último instante una ola meció la nave, provocando un giro brusco de la misma. El capitán, en lugar de caer en el agua, lo hizo contra el casco del U-Boot. A consecuencia del golpe en la cabeza, murió unas horas más tarde.

Al día siguiente llegó un médico en el submarino de aprovisionamiento U-462, pero ya era tarde y lo único que pudo hacer fue certificar su defunción. Ese mismo día se le dio sepultura en el mar mientras el U-462 disparaba las salvas de honor.

Al llegar a Brest, Francia, la tripulación tuvo que desmentir el disparatado rumor que circulaba por el puerto de que se habían amotinado y habían lanzado a Mützelburg al mar.

Supervivencia en bote salvavidas

El récord de supervivencia en un bote salvavidas se dio durante la Segunda Guerra Mundial. Su poseedor es un marinero chino llamado Poon Lim (1917-1991), integrante de la tripulación del mercante SS *Ben Lomand*, al ser hundido éste en aguas del Atlántico.

El *Ben Lomand* cubría una larga ruta que iba de Port Said, en Egipto, a la Guyana Holandesa, haciendo escala en Ciudad del Cabo, en Sudáfrica. El 23 de noviembre de 1942, el submarino alemán U-172 lo avistó cuando navegaba a la altura de Brasil. Sin previo aviso, el mercante recibió el impacto de los torpedos germanos.

Poon Lim logró sobrevivir al hundimiento arrojándose al agua pertrechado de un chaleco salvavidas. Instantes después, las calderas estallaron, hundiéndose el buque con rapidez, sin dar tiempo a que la

---

Rising Sun, no se descarta que la acción fuera cometida por el *Mogami*, que también estaba dotado de esos potentes torpedos, tal como apuntan Lacroix y Wells en su obra *Japanese Cruisers of the Pacific War*. En cambio, Samuel E. Morison, en *The Two Ocean War*, descarta que pudiera ser el *Mikuma*, al encontrarse en un lugar desde el que no podía alcanzar con sus torpedos a los otros buques.

tripulación se pusiera a salvo. Lim se encontró flotando en el agua, rodeado de restos del barco. Al cabo de un par de horas, vio un bote salvavidas que, afortunadamente, se había desprendido del buque con las explosiones, y nadó hacia él, logrando subir. El era el único superviviente de los 47 marineros del *Ben Lomand*.

No se puede negar que Lim era un hombre afortunado; en el bote encontró las provisiones necesarias para sobrevivir en caso de naufragio, como latas de galletas, chocolate, una gran bolsa de terrones de azúcar, así como un bidón que contenía treinta litros de agua. El equipo se completaba con varias bengalas, dos botes de humo y una linterna.

A partir de entonces, Poon Lim esperó en su bote la llegada de algún equipo de rescate, pero éste no llegó. Consciente de que el barco había sido hundido sin tener tiempo de revelar su posición, se preparó para pasar una larga temporada en el mar a la espera de cruzarse con algún navío. En lugar de recurrir a las provisiones que tan generosamente la providencia había puesto en sus manos, optó por alimentarse del pescado que conseguía capturar gracias a un anzuelo improvisado con un alambre procedente de la linterna. Del mismo modo, ideó un sistema para recoger el agua de lluvia.

Curiosamente, Lim no era un buen nadador, por lo que decidió atarse a la barca con una cuerda que rodeaba su tobillo, para no separarse de su nave en caso de que un golpe de mar lo arrojase fuera de ella.

Una fuerte tormenta vino a alterar drásticamente el método de supervivencia del náufrago chino. El oleaje le arrebató tanto el anzuelo como el agua que tenía almacenada. Así pues, Lim, desesperado, tuvo que recurrir a la captura de un pájaro para poder comer y calmar la sed bebiendo su sangre.

En dos ocasiones estuvo próximo a ser rescatado. En una de ellas, un carguero pasó lo suficientemente cerca como para verlo, pero no paró a recogerlo. Otra vez, un escuadrón de aviones norteamericanos que sobrevolaba el área logró avistarlo; uno de los aviones lanzó una boya para señalar la posición. Pero desgraciadamente para Lim, una tormenta vino a irrumpir en las tareas de rescate, quedando de nuevo perdido en el océano.

Lim había comenzado a contar los días que llevaba en el mar haciendo nudos en una cuerda pero, al creer que el rescate se demoraría aún más, prefirió establecer un nuevo método de contabilización del tiempo, guiándose por la luna llena.

Finalmente, el 5 de abril de 1943, el náufrago avistó tierra. Era la costa de Brasil. Lim respiró tranquilo, porque sabía que no pasaría mucho tiempo hasta que algún barco lo encontrase. Así fue; un pesquero portugués que faenaba en esas costas lo encontró. En ese momento se hallaba a 1.100 kilómetros del lugar en el que se hundió su barco. Lim había estado en alta mar 133 días.

El pesquero lo trasladó al puerto brasileño de Belem, a donde llegaron tras un viaje de tres días. El naúfrago pasó dos semanas en un hospital, recuperándose; aunque había perdido casi diez kilos, su salud no se había visto muy deteriorada, pues podía caminar sin ayuda.

El cónsul británico en Belem le facilitó el regreso a Gran Bretaña. Una vez allí, en donde fue recibido con todos los honores, Poon Lim fue condecorado por el rey Jorge VI con la Medalla del Imperio Británico. El relato de su épica lucha contra los elementos fue incorporado a los manuales de la Royal Navy como ejemplo a seguir en casos similares. Por su parte, la Ben Line Shipping Company, propietaria del barco hundido, le regaló un reloj de oro.

Pese al buen recibimiento que le dispensaron las autoridades británicas, Lim decidió tras la contienda emigrar a Estados Unidos. Sin embargo, la cuota para ciudadanos chinos había quedado ya cubierta; fue el senador Warren Magnuson el que, en atención al héroe, logró que se le proporcionase una dispensa especial para que pudiera instalarse en su país y conseguir la ciudadanía norteamericana.

Para la historia quedaría la proeza de la que Poon Lim fue su involuntario protagonista, pero también una frase que repetiría en todas sus entrevistas: «Espero que nunca nadie tenga que romper este récord».

Lista de la compra

La tripulación de un acorazado de la US Navy solía constar de unos dos mil hombres. Tomando como base el aprovisionamiento necesario para una misión de dos semanas de duración, la cantidad de víveres que llenaban las bodegas del buque se desglosaban aproximadamente de la siguiente manera:

– Quince toneladas de harina.
– Doce toneladas de carne de vaca.
– Diez toneladas de patatas.
– Dos toneladas de naranjas.
– Dos toneladas de zanahorias.

– Una tonelada y media de limones (el pastel de limón era el favorito de los marineros).
– Una tonelada y media de lechuga.
– Una tonelada y media de apio.
– Una tonelada de pepinos.
– Una tonelada de tomates.
– Una tonelada de espárragos.
– 800 kilos de salmón ahumado.
– 400 kilos de pescado congelado.
– 400 kilos de ruibarbo (para confeccionar pasteles y compota).
– 200 kilos de carne de cerdo enlatada.
– 37.000 huevos.

Además de cantidades suficientes de sal y azúcar, así como de varios miles de litros de leche, se cargaban grandes cantidades de helado, toda una institución entre los marineros norteamericanos. Este refrescante preparado, que debía mantenerse en tanques especiales, se reservaba para las tripulaciones de los grandes buques, como los acorazados o los portaaviones.

El café también tenía su lugar en esta particular lista de la compra. La bebida estimulante por excelencia era imprescindible en cualquier buque. El café era consumido a todas horas por los marineros, especialmente durante las guardias nocturnas.

Por otro lado, aunque muchos marineros hubieran deseado añadir a esta lista alguna bebida alcohólica, esto no era posible, puesto que este tipo de bebidas estaban prohibidas a bordo desde 1914 por motivos de seguridad. No obstante, algunos oficiales podían consumir bebidas alcohólicas siempre que fuera con «finalidad medicinal».

Pero los marineros encontraban siempre la manera de saltarse la ley seca que regía en la armada. Por ejemplo, en las salas de máquinas de los buques se solía destilar en secreto una bebida alcohólica a base de zumo de uva y arroz. En los submarinos, algunos llegaban a beberse el combustible con el que se propulsaba un tipo de torpedos, con alto contenido en alcohol; en contra de lo que pueda parecer, no resultaba tóxico. Otro truco para sortear la prohibición era el consumo de cerveza «fuera del barco»; a unos cientos de metros del barco principal navegaba una pequeña embarcación civil de apoyo, cargada con barriles de cerveza, a la que iban llegando grupos de marineros en botes para aplacar su sed.

Un almirante sin suerte

Si hay algún almirante norteamericano que puede calificarse como poco afortunado, éste es Frank J. Fletcher (1885-1973). Aunque se hizo acreedor de la Medalla de Honor en 1914, no tendría demasiada suerte durante la Segunda Guerra Mundial. Fletcher consiguió el discutible honor de ser el único almirante de la historia que perdió dos portaaviones bajo su mando, el USS *Yorktown* y el USS *Lexington*.

Un caso similar fue el protagonizado por Francis Brown, el único capitán de submarino que perdió dos sumergibles a su mando en la Segunda Guerra Mundial. El S-39 fue hundido en aguas de Australia nada más comenzar la guerra. Sobrevivió a este ataque, pero no sucedería lo mismo el 7 de octubre de 1943, cuando el submarino que entonces capitaneaba, el S-44, fue hundido por un destructor japonés cerca de las islas Aleutianas. Los dos marineros que sobrevivieron fueron capturados y pasaron el resto de la contienda en un campo de prisioneros.

¿Supo que había tenido una hija?

El 18 de marzo de 1943, la mujer del capitán alemán de submarino Hans Karpf tuvo una hija de él, que recibiría el nombre de Inge. Tan sólo dieciocho días después, el submarino de Karpf, el U-632, se hundió en aguas de Islandia; después de torpedear un mercante holandés, fue atacado por un bombardero norteamericano B-24 Liberator, que le arrojó cargas de profundidad. La mujer de Karpf siempre se vio atormentada por la duda de si el mensaje de que había sido padre le había llegado antes de morir.

Cuando creció, Inge se preguntaba también si su padre había sabido de su existencia. Dispuesto a averiguarlo, en 1981 acudió a un historiador, Timothy Mulligan, para que le ayudase a hallar la respuesta.

Las investigaciones de Mulligan le llevaron hasta los Archivos Nacionales de Estados Unidos, en donde se conservaban innumerables comunicaciones de la Kriegsmarine que habían sido descodificadas. Entre ellas figuraba un mensaje del 24 de marzo de 1943, emitido por el centro de control de submarinos y que tenía como destinatario al capitán Karpf, en el que se le comunicaba que había tenido una hija seis días antes[2].

---

[2] Esta historia apareció relatada en el diario *The Virginian Pilot* el 7 de enero de 2007.

Mosdale, el mercante más valiente

Probablemente, la tripulación civil más valerosa de la Segunda Guerra Mundial haya sido la del barco mercante noruego *Mosdale*. Pese a los enormes riesgos que entrañaba la travesía del Atlántico, al estar infestado de submarinos alemanes, los marineros del *Mosdale* cruzaron este océano en 98 ocasiones.

A lo largo de la contienda, este mercante de tres mil toneladas y 35 tripulantes cubrió trayectos entre puertos canadienses o norteamericanos y británicos, y viceversa, transportando fruta a Gran Bretaña. También podía llevar una docena de pasajeros, que solían ser marineros ingleses cuyos barcos habían sido torpedeados y que, después de ser rescatados y llevados a América, regresaban a casa. La mayoría de estos viajes los haría en solitario, renunciando a la seguridad de navegar en convoy, confiando en una suerte que nunca le abandonaría.

La operadora de radio del barco en 78 de ese casi centenar de viajes sería una joven canadiense nacida en 1918, Fern Blodgett. El sueño de Fern era combatir a los alemanes en el mar, pero los barcos canadienses tenían prohibido enrolar mujeres. Según solían decir los oficiales, «tenemos ya bastantes problemas en nuestros barcos como para tener ahora mujeres a bordo». Pero la joven y animosa Fern no estaba dispuesta a rendirse tan fácilmente. Para tener alguna oportunidad, decidió convertirse en operadora de radio o *sparks* (chispas), como entonces eran conocidos estos técnicos; para ello asistió en Toronto a una escuela nocturna, mientras que por el día trabajaba como taquígrafa.

Tras dieciocho meses, la resuelta muchacha consiguió su título de operador de radio de segunda clase. El mismo día en el que recibió el título, el 13 de junio de 1941, la suerte vino a su encuentro, al enterarse de que el *Mosdale*, que entonces se encontraba en el puerto de Montreal, necesitaba urgentemente un operador de radio. Fern no dudó en presentarse, ante la sorpresa del capitán noruego, Gerner Sunde, que no esperaba una mujer. Sunde prefirió esperar que llegase otro operador de radio con mayor experiencia, pero los días pasaban y el barco tenía que partir. Así, finalmente, el capitán Sunde aceptó incorporar a la joven canadiense en su tripulación. La relación entre ambos iría más allá de lo profesional, ya que se casarían un año más tarde[3]. En total, una veintena de jóvenes operadoras de radio cana-

---

[3] Fern Blodgett continuaría como tripulante en el *Mosdale* hasta seis meses después de la guerra, cuando se trasladó a Noruega junto a Sunde. Después de tener

dienses se enrolarían en mercantes noruegos, de las que un tercio acabarían también casándose con marineros de esta nacionalidad.

Paradójicamente, las veces en las que el *Mosdale* estuvo más cerca de ser hundido no fue en mitad del Atlántico, sino en el puerto de Liverpool. Durante un bombardeo alemán, el *Malakand*, cargado con munición, fue alcanzado y estalló cerca de él, hiriendo a varios tripulantes. En otra ocasión, un incendio en el puerto provocó daños en el barco noruego, aunque pudieron ser reparados.

El 18 de febrero de 1941, una semana después de partir del puerto canadiense de Halifax rumbo a Cardiff, el *Mosdale* avistó un bote salvavidas en el que se encontraban once marineros del buque *Black Osprey*, que había sido torpedeado por el submarino U-96. Los náufragos estaban ya tan débiles que no podían moverse, por lo que los marineros noruegos tuvieron que izarlos con cuerdas. Los otros veinticinco tripulantes del *Black Osprey*, distribuidos en otros dos botes salvavidas, nunca fueron encontrados.

Tras su valerosa actuación durante la guerra, el *Mosdale* sería vendido en varias ocasiones. En 1954 lo compró una naviera de Liverpool y, sucesivamente, fue cambiando de propietario y de nombre, navegando bajo bandera griega o panameña, hasta que fue desguazado en Bilbao en 1973.

El fantasma que enfureció a Hitler

A lo largo de la Segunda Guerra Mundial, un imponente barco gris atravesaba el Atlántico una y otra vez, transportando tropas aliadas de un continente a otro, sin que los submarinos alemanes lo pudieran cazar, lo que le valió ser conocido como *The Grey Ghost*, 'el fantasma gris'.

Ese fantasma, al que resultaba imposible atrapar gracias a su velocidad, era el transatlántico inglés RMS *Queen Mary*. Perteneciente a la línea Cunard White Star Line —resultado de la fusión de las dos míticas líneas transatlánticas—, había hecho su viaje inaugural el 27 de mayo de 1936. A partir de entonces, el *Queen Mary* establecería suce-

---

dos hijas, Sunde falleció de un ataque al corazón en 1962. Fern continuó viviendo en Noruega. En 1998, la ciudad en la que residía, Farsund, la condecoró por el valor demostrado durante la guerra. Falleció en 1991. Para conocer más detalles sobre la historia de Fern Blodgett, véase FOSTERS, Merna, *100 More Canadian Heroines: Famous and Forgotten Faces,* Dundurn, Toronto 2011, págs. 84-86.

sivos récords en la travesía del Atlántico, con velocidades medias de unos 31 nudos, más de 57 kilómetros por hora.

Cuatro días antes de que estallase la Segunda Guerra Mundial, el 28 de agosto de 1939, el *Queen Mary* zarpó de Southampton rumbo a Nueva York. Ante la amenaza de que comenzara la guerra en cualquier momento, sus ojos de buey fueron tapados con pintura para no dar facilidades a los submarinos alemanes.

Una vez en Estados Unidos, y con la guerra en marcha, se decidió que tanto él como otros grandes transatlánticos ingleses y franceses fueran puestos al servicio del esfuerzo de guerra. Así, el *Queen Mary*, que contaba con una piscina cubierta, salón de baile y varios restaurantes, fue sometido a una completa remodelación interior para convertirlo, al igual que los otros buques, en un transporte de tropas. Se procedió a retirar los lujosos adornos *art déco,* siendo depositados en unos almacenes de Nueva York. Allí se acumularon también nueve kilómetros de gruesa y mullida alfombra Wilton, doscientas cajas de porcelana y cristalería fina o los botelleros y humidificadores de los cuales salían 14.000 botellas y medio millar de puros en el curso de los cruceros que habían tenido lugar en tiempo de paz. En el buque, despojado ya de todo lo superfluo, se instalaron literas para alojar a los miles de soldados que a partir de entonces iban a viajar en él. También se instalaron pequeñas piezas de artillería y se pintó totalmente de gris, como medida de camuflaje en el mar.

En marzo de 1940, zarpó con destino a Sidney. La primera misión del *Queen Mary*, llevada a cabo en mayo de 1940, fue transportar tropas australianas desde Sidney a Escocia. Durante el resto del año hizo la ruta entre Australia y la India, transportando unos cinco mil soldados cada vez. En 1941 realizó viajes entre Singapur y Suez. Tras la entrada en guerra de Japón, se decidió que el barco operase en el Atlántico Norte, en donde se convertiría en el principal transporte de tropas. Tras sucesivas remodelaciones, el buque pudo acoger hasta 15.000 soldados, con algunas literas ocupadas en turnos dobles, lo que era una división completa. En un viaje llegó a transportar 16.683 hombres. Gracias a su velocidad, era más rápido que cualquier submarino, por lo que podía navegar sin escolta aunque, de hecho, ningún buque de escolta podía seguir su marcha.

El 2 de octubre de 1942, el *Queen Mary* fue el protagonista de un desgraciado suceso cuando se estaba aproximando a Escocia procedente de Nueva York. Al entrar en aguas británicas, se le asignó una escolta antiaérea, consistente en un crucero ligero, el HMS *Curacoa*, y siete destructores. El gigantesco transatlántico, que navegaba en zigzag para evitar los submarinos, chocó con el *Curacoa* en una de esas maniobras debido a una inexplicable falta de entendimiento entre los respectivos capitanes. El crucero, que recibió el impacto cerca de la popa, se partió en dos. Para mayor desgracia, el transatlántico no se detuvo para efectuar la operación de salvamento, temiendo un ataque submarino. Así, de los 430 tripulantes del *Curacoa*, sólo sobrevivieron 101. Para no afectar a la reputación del *Queen Mary*, el accidente fue mantenido en secreto hasta 1945.

El transatlántico contó con el reconocimiento y el afecto de Churchill, quien viajó en tres ocasiones en él y lo llegó a considerar como su cuartel general en el mar. De él aseguró, de un modo un tanto rimbombante, que «creado para las artes de la paz y para unir el viejo mundo con el nuevo, desafió la furia del hitlerismo en la batalla del Atlántico». El primer ministro británico llegó a afirmar que, gracias a su inestimable ayuda en el transporte de tropas norteamericanas a Europa, el *Queen Mary* había acortado la guerra en un año. Durante el tiempo que duró su servicio en la guerra, el transatlántico transportó a más de 1.600.000 soldados. Un tercio de los soldados norteamericanos que llegaron a Europa lo hicieron en él.

El *Queen Mary* fue también utilizado para trasladar soldados del Eje a los campos de prisioneros de Estados Unidos. En mayo de 1943, 5.000 soldados alemanes capturados en la campaña de Túnez, y posteriormente trasladados a Escocia, fueron confinados en las bodegas del transatlántico con rumbo a Nueva York. Para albergar a los prisioneros en el buque, se retiraron de las cubiertas inferiores todo aquello que fuera susceptible de ser utilizado como arma y se instalaron rejas, cerraduras y cercas de alambre de espino en comedores y zonas de ejercicio, e incluso se emplazaron nidos de ametralladora protegidos con sacos de arena. Cualquier precaución parecía poca para impedir un motín, y más aún teniendo en cuenta que entre el pasaje figuraría el mismísimo Churchill, que acudía a Estados Unidos para entrevistarse con el presidente Roosevelt.

Dada la gran importancia del *Queen Mary* para el esfuerzo de guerra aliado, no es de extrañar que un enfurecido Hitler acabara prometiendo una suculenta recompensa económica y la codiciada Cruz de Caballero de la Cruz de Hierro al capitán de submarino que lograse enviarlo al fondo del Atlántico. Sin embargo, el Fantasma Gris pudo eludir durante toda la guerra a las jaurías de U-Boote, que se vieron incapaces de torpedearlo.

Tras la guerra, el *Queen Mary* fue devuelto a la Cunard White Star Line, que, después de devolverle sus colores originales, lo pondría de nuevo en servicio, hasta que fue retirado en 1967. El histórico buque fue entonces comprado por la ciudad californiana de Long Beach por tres millones y medio de dólares, para convertirlo en hotel y museo. Desde entonces, el Fantasma Gris que exasperó a Hitler disfruta de una merecida jubilación[4].

El triste final del *Normandie*

Si el *Queen Mary* logró convertirse en un barco célebre gracias a su extraordinaria contribución al esfuerzo de guerra aliado, no ocurriría lo mismo con el que había sido su gran rival en el cruce del Atlántico en tiempos de paz, el SS *Normandie*. Este transatlántico francés de diseño innovador, botado en octubre de 1932, había competido ferozmente con el *Queen Mary* por la Banda Azul, que distinguía al barco de línea más rápido en cruzar el Atlántico. El buque inglés le arrebató esta condecoración al francés en agosto de 1936, pero el *Normandie* le desposeyó de ella a su vez en agosto de 1937, aunque el buque inglés la recuperaría un año más tarde.

El estallido de la contienda sorprendió al *Normandie* en Nueva York, en donde quedaría retenido por el Gobierno norteamericano a la espera de acontecimientos. Cuando Francia fue derrotada por Alemania, a la tripulación francesa se sumó un grupo de guardacostas norteamericanos, para impedir sabotajes. Tras el ataque de Pearl Harbor y la entrada en la guerra de Estados Unidos, el buque fue transferido a la US Navy y renombrado como USS *Lafayette*, en honor del general Lafayette, el héroe francés de la guerra de Independencia norteamericana. Al igual que se hizo con el *Queen Mary*, fueron retirados los lujosos acabados y se inició su transformación para alojar a unos quince mil soldados.

Aunque parecía esperar al *Normandie* la misma gloria reservada para el *Queen Mary*, el 6 de febrero de 1942 el destino del transatlán-

[4] El *Queen Mary* fue utilizado en el rodaje de la película *La aventura del Poseidón* (*The Poseidon Adventure*, 1972). También se rodaron en él escenas de *Pearl Harbor* (*Pearl Harbor*, 2001).

Desde su apertura como museo flotante, se asegura que el buque está embrujado; hay visitantes que dicen haber escuchado voces y llantos, o haber visto una misteriosa mujer vestida de blanco. Algunos creen en la presencia fantasmal de algunas de las 49 personas que fallecieron a bordo a lo largo de toda su historia, aunque lo más probable es que al subir al barco se encuentren sugestionados por esa leyenda, promovida con fines comerciales por los propietarios del transatlántico.

tico francés se torció de forma irremediable. Clement Derrick, un obrero que estaba utilizando un soplete en la cubierta de primera clase, incendió accidentalmente unos chalecos salvavidas y el fuego se extendió rápidamente por todo el barco, ya que todavía no se había retirado la decoración de madera. Para mayor desgracia, el sistema antincendios del buque estaba en ese momento desactivado.

El ingeniero que había diseñado el barco, Vladimir Yourkevitch, acudió de inmediato al muelle para asesorar en las labores de extinción pero, increíblemente, la policía no le permitió pasar el cordón del seguridad. Para colmo de males, los bomberos arrojaron tanta agua para extinguir el incendio, más de seis mil toneladas, que el transatlántico acabó escorándose a babor, volcando. Si se hubiera escuchado la propuesta de Yourkevitch, consistente en inundar primero las cubiertas inferiores para estabilizar la nave y bombear esa misma agua para apagar el incendio, el *Normandie* se hubiera salvado. Aunque hubo que tratar a dos centenares de heridos, sólo un hombre perdió la vida en el siniestro.

Desde el primer momento surgió la sospecha de que el *Normandie* hubiera sido objeto de un sabotaje, pero una comisión nombrada por el Congreso estadounidense dictaminó que el incendio había sido accidental. De todos modos, la comisión dejó constancia de falta de previsión, descoordinación y ausencia de una estructura de mando durante las labores de extinción.

Los trabajos previstos para reflotar el desafortunado buque se fueron aplazando debido al alto coste de la operación, tiempo durante el que permaneció volcado en el muelle 88 del puerto de Nueva York, ofreciendo una patética estampa del fracaso más absoluto.

El 7 de agosto de 1943, el barco fue finalmente reflotado, con el objeto de reconvertirlo en portaaviones. Para ello, se procedió a la retirada de la superestructura. Sin embargo, debido a los daños que presentaba el casco y la maquinaria, los costes de la remodelación fueron haciéndose cada vez mayores, hasta que se optó por abandonar el proyecto.

Finalizada la contienda, en octubre de 1946, la US Navy se deshizo del *Normandie*, vendiéndolo por 160.000 dólares a una empresa de Nueva York que lo ofreció luego sin éxito a varias compañías navieras. Incluso su diseñador presentó un plan para transformar el transatlántico en otro de menor tamaño, pero tampoco encontró inversores. Al final, el *Normandie*, al que un imprudente soldador le hurtó un glorioso destino como el que había disfrutado su gran rival inglés, fue desguazado en Nueva Jersey en diciembre de 1948.

El capitán que descolgó el retrato de Hitler

Oskar Kusch, el capitán del submarino alemán U-154, demostró el valor requerido para hacer la guerra desde una de estas naves, consciente de los enormes riesgos que corría. Pero también tuvo la valentía de mantener contra viento y marea sus propias ideas, sin doblegarse ante el régimen nazi.

Kusch era el oficial que todo marinero querría tener como superior; era comprensivo, experimentado y valiente, pero además era alegre, extrovertido y de trato agradable. Sabía cómo crear un gran ambiente de camaradería, y así lo hizo durante año y medio como oficial de guardia en el U-103. Pero Kusch destacaba también por no tener pelos en la lengua a la hora de criticar a los nazis, desoyendo las recomendaciones de que moderase sus comentarios.

El 8 de febrero de 1943, a Kusch le entregaron por fin el mando de un sumergible, el U-154. Lo primero que hizo al llegar al submarino fue ordenar que descolgasen el retrato de Hitler que presidía el camarote de oficiales, lo que suponía toda una arriesgada declaración de intenciones. En el U-154 Kusch se ganó también el cariño y la admiración de sus hombres, que escuchaban con atención sus charlas, en las que les animaba a pensar por sí mismos y no creerse las mentiras promovidas por la propaganda nazi.

Pero no toda la tripulación sentía esa admiración por Kusch. Algunos de sus oficiales no compartían esa actitud hostil con el régimen por el que, al fin y al cabo, estaban luchando. Su segundo de a bordo, Ulrich Abel, era un nazi convencido; durante meses fue acumulando odio y desprecio contra él, pero prefirió mostrarse leal mientras estuviera a sus órdenes, ya que precisaba de su visto bueno para poder realizar después el curso de mando. Una vez obtenido el informe favorable de su comandante, Abel fue destinado al Báltico para realizar el curso. Viéndose libre de Kusch, el 14 de enero de 1944 le denunció ante sus superiores por sedición y cobardía. Según Abel, Kusch no era apto para el mando de un submarino debido a su fuerte oposición a la dirección política y militar de Alemania.

Tras la denuncia de Abel, la Kriegsmarine actuó rápido. En apenas una semana, Kusch era relevado del mando y el 26 de enero ya se encontraba en Kiel, sometido a un consejo de guerra. El juicio fue una farsa, ya que los miembros de su tripulación, que hubieran podido testificar en su favor, ni tan siquiera fueron llamados a declarar. La prueba de que el régimen nazi ya lo había sentenciado de antemano es que, aunque el fiscal sólo pedía diez años de prisión, Kusch fue condenado a muerte.

El que había sido comandante del U-103 cuando Kusch estaba a sus órdenes, Gustav-Adolf Janssen, intercedió por él ante el jefe de la Kriegsmarine, Karl Dönitz. Aunque Dönitz se comprometió a estudiar el caso, no llegó a mover un dedo para salvarle del pelotón de ejecución. Finalmente, Kusch fue fusilado el 12 de mayo de 1944 en Kiel.

En cuanto a Ulrich Abel, el destino quiso que encontrase la muerte antes que el hombre que él había traicionado. Así, en su primera patrulla como comandante, al mando del U-193, su nave resultó hundida el 28 de abril, en aguas próximas a Nantes, a consecuencia de un ataque aéreo. El caprichoso destino tampoco quiso que la tripulación que había servido a las órdenes de Kusch sobreviviese mucho tiempo a su comandante. Menos de dos meses después de su muerte, el 3 de julio, el U-154 fue hundido al oeste de Madeira por un ataque con cargas de profundidad.

La historia de Kusch fue rápidamente olvidada en la vorágine de la Segunda Guerra Mundial. Pero en 1995, un historiador la sacó a la luz; a partir de ahí comenzaría el reconocimiento hacia aquel hombre que había desafiado al régimen nazi, pagándolo con su vida. En 1996, su nombre fue rehabilitado legalmente y dos años después se le dedicaría una calle en Kiel, contigua al campo de tiro en el que fue fusilado, así como una placa de granito para honrar su memoria.

Predestinados a encontrarse

El 30 de julio de 1943, el submarino alemán U-461 fue hundido en aguas del golfo de Vizcaya por un hidroavión Sunderland de las Fuerzas Aéreas australianas, destinado en Europa, causando la muerte de 53 marineros.

Casualmente, el número de identificación del avión era U-461.

Los barcos del Ejército de Tierra

Resulta sorprendente saber que el Ejército de Tierra de Estados Unidos contaba con más del doble de barcos que la armada. Así, el primero contaba con 14.044 embarcaciones, mientras que la US Navy tuvo en su punto máximo, en agosto de 1945, un total de 6.768 buques.

Tan amplia flota perteneciente al Ejército de Tierra estaba compuesta de transportes de tropas, barcos hospitales, buques taller para la reparación de aviones y cargueros de todo tipo. Pero, si a esas embarcaciones que disponían de nombre y numeración sumamos todo aquello que pudiera flotar, como lanchas de desembarco, barcazas o pontones, el número total se elevaría a 127.793.

El capitán que no supo usar el retrete

El hecho de que se averíe la cisterna del inodoro apenas supone para nosotros una contrariedad, que como mucho puede implicar pagar la factura del fontanero, pero, en el caso de un submarino alemán, un incidente de ese tipo podía provocar consecuencias mucho más graves.

La eliminación de las aguas fecales era una cuestión que los submarinos británicos o norteamericanos y los alemanes resolvían de distinta forma. Mientras que los sumergibles aliados disponían de un tanque séptico, los germanos las expulsaban directamente al mar. En este caso, esa operación sólo se podía realizar en superficie o en aguas poco profundas; cuando las necesidades fisiológicas se producían en aguas profundas, se debía recurrir a cubos o latas para recoger las deposiciones.

Pero la técnica alemana encontró un sofisticado sistema para poder utilizar los inodoros del submarino a gran profundidad, mediante un mecanismo de alta presión. El inconveniente era que el sistema requería seguir meticulosamente los pasos establecidos, abriendo y cerrando sucesivamente una serie de llaves y palancas, a riesgo de que el agua irrumpiese en el interior del submarino; de hecho, había un tripulante especializado, encargado de su manejo.

El 6 de abril de 1945, el U-1206, dotado de ese avanzado inodoro, partió del puerto noruego de Kristiansand con la misión de atacar buques aliados en aguas del Atlántico Norte, a pesar de que la derrota germana era ya cuestión de pocas semanas.

Una semana después de su partida, el submarino se encontraba sumergido a unos 60 metros. Entonces, su capitán, Karl Adolf Schlitt, tuvo una necesidad imperiosa de utilizar el servicio. Tras usarlo, y viéndose capacitado para expulsar las aguas fecales sin necesidad de llamar al especialista, comenzó a abrir y cerrar las llaves y palancas, siguiendo el manual de instrucciones que se encontraba en el lavabo. Sin embargo, el capitán Schlitt se equivocó en la secuencia de movimientos, y fue entonces cuando llamó al especialista. Cuando éste acudió, al desconocer los pasos que ya había dado su capitán, abrió la parte exterior de la válvula mientras la interior estaba también abierta, lo que provocó la entrada de un torrente de agua por el inodoro.

Schlitt dio la voz de alarma y los tripulantes trataron de cerrar las válvulas, pero ya era tarde; el agua que había entrado escurrió al compartimento inferior, en el que se encontraban las baterías de los motores eléctricos. El agua de mar se mezcló con el ácido de las baterías, dando lugar a una nube de cloro que comenzó a extenderse por el submarino, amenazando con envenenar a todos sus ocupantes. El capitán dio la orden de salir a la superficie.

Cuando el U-1206 emergió, frente a la costa escocesa, fue inmediatamente avistado y atacado por la aviación británica. Un tripulante murió por los disparos y otros tres cayeron al agua y se ahogaron. El submarino, gravemente dañado por el ataque, comenzó a hundirse, por lo que Schlitt dio la orden de abandonarlo en botes salvavidas. De ese modo, todos ellos pudieron ser rescatados. El U-1206 se convirtió así en el único navío que acabó en el fondo del mar porque su capitán no supo utilizar el inodoro.

VI
LA TRAGEDIA DE LA GUERRA

Es bueno que la guerra sea tan horrible, de otro modo terminaría por gustarnos.

ROBERT E. LEE (1807-1870),
general confederado de la guerra de Secesión

En la Segunda Guerra Mundial se dieron innumerables anécdotas, historias de heroísmo, curiosidades o coincidencias, que hacen que nunca se agote nuestra capacidad de sorpresa. Pero en ningún momento podemos olvidar que, al mismo tiempo que se producían esos episodios, tenían lugar espantosas matanzas, hechos execrables y terribles crímenes.

La contienda que comenzaba en Europa en 1939 acabaría extendiéndose por los cinco continentes, acabando con la vida de decenas de millones de seres humanos, para quienes la guerra no fue precisamente una fuente de sorprendentes anécdotas. Ellos serían las víctimas inocentes del conflicto más mortífero de la historia de la humanidad.

Refugio mortal

En junio de 1941, la ciudad china de Chungking, situada en la confluencia entre los ríos Kialing y Yangtsé, fue repetidamente bombardeada desde el aire por los japoneses. Para proteger a sus habitantes, las autoridades construyeron un enorme refugio subterráneo, con capacidad para treinta mil personas.

El 5 de junio, durante un ataque aéreo que duraría tres largas horas, el sistema de ventilación del refugio dejó de funcionar, por lo que una masa de refugiados, aprovechando una pausa entre una oleada y otra, se precipitó hacia el exterior, ávidos de aire fresco. Cuando todavía estaban saliendo, la alarma volvió a sonar, anunciando la siguiente oleada. Entonces, los que habían salido trataron de entrar, mientras que los que estaban dentro querían salir igualmente. Debido a la estrechez de la entrada, muchas personas comenzaron a morir aplastadas.

En la confusión del momento, los guardias que vigilaban las puertas del refugio las cerraron y después, llevados por el pánico, huyeron, quedando miles de personas atrapadas en el interior del refugio, que continuaba sin ventilación. Cuando acabó la alarma y se abrió el refugio, alrededor de cuatro mil hombres, mujeres y niños habían muerto asfixiados.

Los asesinos fueron otros

El 10 de julio de 1941, 1.683 judíos de Jedwabne, un pequeño pueblo al sur de Varsovia, fueron asesinados del modo más cruel. Las víctimas fueron arrastradas a la plaza y empujadas a un granero, donde fueron quemadas vivas. Los ancianos y niños que no podían trasladarse por sus propios medios fueron conducidos allí y arrojados sobre las brasas ardientes. Hasta hace unos años, en Jedwabne había una placa que decía: «*Lugar de martirio para el pueblo judío. La Gestapo y la Gendarmería de Hitler quemaron vivas a 1.600 personas*».

Durante muchos años, la masacre de Jedwabne fue adjudicada a los alemanes, pero una investigación histórica culminada sesenta años después[1] reveló una realidad mucho más terrible. En realidad, el crimen había sido cometido por los propios vecinos del pueblo, con los que convivían desde siglos atrás; ya en el año 1770 los judíos habían construido la primera sinagoga.

En efecto, ese trágico 10 de julio, la mitad de los vecinos de Jedwabne salieron de sus casas con hachas, machetes y cuchillos, y asesinaron a la otra mitad, la casi totalidad de la comunidad judía de la localidad. Algunos fueron cazados en sus hogares, otros perseguidos por las calles de la ciudad, muchos atrapados y quemados vivos.

Esta incómoda revelación colocó a Polonia frente a su propio pasado, evidenciando que hubo polacos que actuaron contra los

[1] Véase GROSS, Jan T., *Vecinos,* Crítica, Barcelona, 2001.

judíos del mismo modo salvaje y despiadado con el que actuaron los nazis.

Motín en las islas Cocos

Los únicos soldados de las fuerzas aliadas que fueron ejecutados acusados de amotinamiento fueron ceilandeses destinados en las islas Cocos, o Keeling, un pequeño archipiélago del Índico compuesto de dos atolones y 27 islas de coral, situado entre Ceilán y Australia.

A pesar de su irrelevancia histórica, las remotas islas Cocos se ganaron el derecho a una nota a pie de página en la Primera Guerra Mundial, al ser el escenario del fin de las correrías del buque corsario alemán Emden[2].

En cuanto estalló la Segunda Guerra Mundial, los británicos destinaron varias unidades coloniales a las Cocos, compuestas de soldados ceilandeses, bajo el mando de oficiales ingleses. Tras la entrada en guerra de Japón y el fracaso británico en la defensa de Singapur, muchos ceilandeses contemplaban con simpatía y esperanzas la expansión nipona por Asia, al vislumbrar una oportunidad para dejar de ser una colonia, un anhelo al que no se podían sustraer algunos de los soldados de Ceilán que integraban la guarnición de las Cocos.

En la noche del 8 de mayo de 1942, 30 de los 56 soldados ceilandeses pertenecientes a la Ceylon Garrison Artillery, destinada en una de las islas del arhipiélago de las Cocos, se amotinaron contra el capitán inglés George Gardiner, con la intención de entregar la isla a los japoneses, que en marzo habían invadido la cercana isla Christmas. Se daba la circunstancia de que en Christmas los japoneses habían aprovechado también un motín de las tropas coloniales locales, en este caso indias, por lo que parecía que en las Cocos iba a repetirse la historia.

---

[2] En el otoño de 1914, el *Emden*, comandado por Karl Von Müller, logró paralizar el comercio en el Índico, hundiendo mercantes en la bahía de Bengala y en Ceilán, y llegando incluso a bombardear Madrás. El *Emden* llevaba hundidos 16 mercantes hasta que el 9 de noviembre de 1914 se dirigió a las islas Cocos para destruir su estación de radio y la central de unión de los cables submarinos de Australia. Un destacamento saltó a tierra para llevar a cabo la misión, pero los servidores de la estación tuvieron tiempo de enviar un mensaje de socorro al crucero australiano *Sidney*, que navegaba por los alrededores. Al llegar éste, mantuvo un intenso duelo artillero con el corsario germano. El *Sidney*, mucho mejor armado, sometió al *Emden* a un duro castigo, hasta que Von Müller decidió embarrancarlo en un arrecife de coral y rendirse.

La acción fue liderada por Gratien Fernando, de 27 años, un agitador por la independencia de Ceilán. En la revuelta murió un soldado leal, y un oficial británico resultó herido. Pese a que los rebeldes tomaron el control de la guarnición, otra unidad colonial destacada en las Cocos, la Ceylon Light Infantry, no quiso sumarse al motín. Ante la noticia de que sus compatriotas no se sumaban al golpe, la mitad de los amotinados abandonó. Cuando llegaron los soldados leales, más numerosos, los rebeldes se rindieron de inmediato.

Los 15 amotinados fueron juzgados, siendo siete de ellos condenados a muerte, entre ellos Fernando. A tres se le conmutó la pena máxima por otra de prisión. El padre de Fernando intercedió por él ante las autoridades militares británicas, pero el cabecilla del motín se mostró en todo momento desafiante y rechazó la posibilidad de que le perdonasen la vida. En agosto de 1942, los tres reos fueron ejecutados. Antes de morir, Gratien Fernando se lamentó de que «la lealtad a un país que está bajo la bota del hombre blanco sea considerada una deslealtad».

Pompeya, arrasada de nuevo

Pompeya fue destruida por una erupción del Vesubio en el año 79 de nuestra era, pero en el verano de 1943 los Aliados estuvieron muy cerca de destruirla por segunda vez. Durante esos meses, la aviación aliada bombardeó repetidamente casi toda la región de Nápoles y el yacimiento arqueológico de Pompeya no sería una excepción. La campaña de bombardeos estuvo a punto de aniquilar el testimonio más importante de la vida cotidiana durante el Imperio romano.

Sobre los yacimientos de Pompeya cayeron unas 190 bombas, procedentes de la aviación norteamericana y británica. El fuego aliado causó daños irreparables que fueron ocultados por motivos políticos, para no dañar la imagen de los Aliados. Por ejemplo, un museo con casi dos millares de objetos quedó completamente destruido. Entre ellos se hallaba el fresco más grande que se conservaba, una representación del mito de Diana y Acteón que podría haberse convertido en la pintura romana original más importante de cuantas han sobrevivido hasta nuestros días. Por suerte, el grueso del patrimonio artístico de Pompeya se salvó de milagro, ya que las bombas no alcanzaron los lugares más emblemáticos, aunque aún hoy se siguen localizando bombas sin explotar enterradas en las ruinas.

El primer bombardeo aliado sobre Roma, llevado a cabo por medio millar de aparatos, también tendría fatales consecuencias en el patrimonio histórico. Aunque el objetivo era un importante nudo ferroviario, en la operación resultó destruida la basílica de San Lorenzo, empezada a construir en el siglo VI y considerada hasta entonces una de las iglesias más hermosas de la capital italiana.

La hambruna que no conmovió a Churchill

Uno de los capítulos más dramáticos y desconocidos de la Segunda Guerra Mundial es la hambruna que sufrió Bengala en 1943, causada inicialmente por una serie de catástrofes naturales, pero agravada por controvertidas decisiones del Gobierno británico. Quizás porque el papel jugado por Winston Churchill en esta gigantesca crisis humanitaria no resulta demasiado edificante, este episodio ni tan siquiera es referido en la mayoría de obras sobre la contienda.

En 1942, el golfo de Bengala, que entonces formaba parte de la India, la perla del Imperio británico, fue víctima de inundaciones y ciclones que castigaron duramente esta región, situada a poca altura sobre el nivel del mar, lo que destruyó buena parte de las cosechas y ahogó casi doscientas mil cabezas de ganado, además de arrasar los hogares de más de dos millones de personas. La invasión de Birmania por los japoneses, que aportaba a la India el 15 por ciento del arroz que consumía, vino a agravar aún más el problema. Además, la escasez provocó acaparamiento y aumento de precios. A ese cúmulo de desgracias bíblicas se sumaría la aparición de un hongo que destruyó entre la mitad y la totalidad de algunas variedades de arroz. El resultado fue que, a finales de año, la población de Bengala cayó víctima de una hambruna terrible. Las redes de transporte quedaron dañadas, lo que dificultó aún más la distribución de los escasos alimentos.

A lo largo de 1943, las penalidades adquirirían el carácter de catastróficas. Los indigentes, reducidos a esqueletos, mendigaban alimentos o yacían al borde de los caminos, esperando la muerte. Las autoridades coloniales británicas censuraban las informaciones que relataban lo que estaba ocurriendo en Bengala, a la vez que se negaba a desviar sus recursos de transporte para aliviar el hambre. Por si esto fuera poco, el Ejército británico acaparó parte del escaso arroz en sus almacenes, en previsión de una invasión japonesa.

No obstante, la situación era tan pavorosa que las propias autoridades presionaron al Gobierno de Londres para que interviniese, sin conseguirlo. En 1943, el transporte marítimo a los destinos del océano

Índico se redujo en un 60 por ciento; las naves se destinaron a apoyar el envío de material a la Unión Soviética y al tráfico por el Atlántico, considerados frentes estratégicos para ganar la guerra. Por tanto, los británicos sólo atendieron la cuarta parte de la aportación alimentaria solicitada por las autoridades coloniales.

Ante las peticiones desesperadas de ayuda desde la India, Churchill se mostró inflexible: «Los indios deben aprender a cuidar de sí mismos, como hemos hecho nosotros. No podemos permitirnos enviar barcos como un simple gesto de buena voluntad», escribió a su ministro de Transporte de Guerra, respaldando así la consigna de no liberar barcos para los suministros de auxilio.

Unos meses más tarde, y a pesar de que en Bengala el hambre estaba acabando con la vida de cientos de miles de personas, Churchill seguía convencido de estar haciendo lo que debía hacer: «No hay razón por la que todas las regiones del Imperio británico no deban pasar estrecheces, las mismas que está pasando la madre patria». La insensibilidad del primer ministro rayaría el sarcasmo en su respuesta a un telegrama del Gobierno colonial, en el que éste solicitaba liberar recursos para paliar la hambruna: «Si la comida es tan escasa, ¿por qué Gandhi no ha muerto todavía?».

Al hambre se sumaron numerosas epidemias de cólera. La desesperación de muchos bengalíes llegó a extremos difícilmente imaginables. Para ahorrarles más sufrimientos, hubo quienes mataron a sus propios hijos. Algunas familias entregaron a sus hijas a proxenetas, como último recurso para tratar de salvarles la vida.

No fue hasta octubre de 1943 cuando el nuevo virrey de la India, sir Archibald Wavell, comenzó a destinar tropas al transporte de alimentos a las regiones afectadas por la hambruna, a pesar de la falta de apoyo del Gobierno de Londres. Para entonces ya había muerto oficialmente un millón de personas, aunque es muy probable que ese número fuera mayor.

En diciembre de 1943, Londres acordó el envío de mil millones de toneladas de arroz a Bengala, lo que sirvió también para reducir los precios, sacando al mercado las cantidades que habían sido acaparadas. Aunque los alimentos comenzaron a llegar progresivamente a la población, las enfermedades continuarían haciendo estragos, extendiendo sus mortales efectos durante varios meses más. La hambruna en Bengala provocaría la muerte de entre un millón y medio y cuatro millones de personas, siendo la cifra más probable la de tres millones.

El teatro de guerra más insano

Aunque los soldados aliados tenían enfrente a alemanes o japoneses, en ocasiones los auténticos enemigos eran los que no podían verse. Se trataba de las enfermedades tropicales, que muchas veces ocasionaban más bajas que las balas disparadas desde la otra línea del frente.

Pese a las medidas de prevención establecidas por las autoridades militares norteamericanas, la mitad de las bajas en el frente del Pacífico fueron debidas a la malaria. Cada día, tres de cada mil hombres destinados en este escenario debían ser retirados del frente para ser tratados de esta enfermedad. Uno de los casos más espectaculares fue el intento abortado de construir una pista de aterrizaje en la isla de Nondo, en el archipiélago de Santa Cruz, en el Pacífico, por parte de los norteamericanos. Una virulenta epidemia de malaria causó tantas bajas entre el personal encargado de construirla que la isla tuvo que ser abandonada.

Los Aliados se encontraron con un problema para luchar contra esta enfermedad. Para reducir los síntomas febriles de la malaria se usaba la quinina, pero el suministro de esta sustancia procedía casi exclusivamente de las plantaciones de quinos de las Indias Orientales, controladas en aquel momento por los japoneses. Los científicos norteamericanos encargados de encontrar un sustituto a la quinina analizaron decenas de sustancias, probándolas con voluntarios de las cárceles. Finalmente se encontró una sintética, procedente de la industria del tinte, a la que se le dio el nombre comercial de Atabrine.

Sin embargo, los soldados detestaban el Atabrine por su sabor amargo. Además, daba náuseas, volvía la piel amarilla y se rumoreaba que provocaba esterilidad. Eso hizo que muchos soldados dejaran de tomarla. Los soldados tampoco solían disponer de suficientes mallas antimosquitos y los repelentes contra los insectos resultaban ineficaces, por lo que la lucha contra la malaria se tornó difícil.

Aunque se dieron algunas situaciones especialmente graves entre los soldados estadounidenses destinados en Nueva Guinea, el teatro de guerra más castigado por las enfermedades tropicales en general, pero especialmente la malaria, fue Birmania. Allí, tomando cifras de 1943, por cada soldado británico evacuado por heridas de guerra, había 120 que debían ser retirados por enfermedad.

Gracias a un aumento de las precauciones, como la fumigación de las áreas en donde se encontraban los soldados para acabar así con los mosquitos transmisores de la malaria, las bajas de este tipo caerían al año siguiente a la mitad, llegando a una proporción de una baja en combate por cada 40 de enfermedad en 1945, una tasa que, aun así, continuaba siendo extraordinariamente alta.

Curiosamente, un escenario bélico en el que la malaria causó inesperadamente muchas bajas sería Sicilia, en donde la llanura pantanosa de Catania resultaría especialmente dañina. El 23 de julio de 1943 se dio el primer caso y a principios de agosto ya eran miles los soldados que padecían fiebre y se hallaban aletargados. Por un error de planificación, los expertos en el control de la malaria no llegarían a la isla hasta varias semanas después de la invasión. Entre las tropas británicas que participaron en la invasión de la isla se dieron casi doce mil casos, y diez mil entre las norteamericanas. Así, las fuerzas aliadas en Sicilia sufrieron más bajas por malaria que por heridas de guerra.

La guerra contra la sífilis

A lo largo de la historia militar, las enfermedades venéreas han sido siempre la causa principal de las bajas no relacionadas directamente con los combates. La primera vez que se cuantificó esta incidencia fue durante la Primera Guerra Mundial; en el Ejército norteamericano se contabilizaron 87 bajas por cada millar de soldados. Las autoridades militares estadounidenses fueron conscientes del grave problema que éstas ocasionaban, por lo que pusieron en práctica programas de concienciación que incluían la proyección de películas que describían los terribles efectos de la enfermedad, así como las maneras de evitar el contagio.

Pero sería durante la Segunda Guerra Mundial cuando se daría el gran paso para combatir esta afección. El motivo de este esfuerzo científico no sería otro que la presión de los Gobiernos para mantener a sus ejércitos a salvo de una enfermedad que suponía una fuente continua de bajas. Por ejemplo, en Francia, durante todo el período de ocupación, las prostitutas incapacitaron a más soldados alemanes que el Ejército francés durante la campaña de 1940.

Al estallar la guerra, el peligro de las enfermedades venéreas no había cogido por sorpresa a las altas esferas militares. En el Ejército estadounidense, ya durante el reclutamiento se llevaban a cabo detenidos exámenes para detectar casos de gonorrea o sífilis. Gracias a nuevas campañas de prevención, al reparto de preservativos y a la introducción de la penicilina a partir de 1944, la incidencia se reduciría a 56 casos anuales por cada mil hombres, aunque hay que tener en cuenta que muchos soldados norteamericanos sirvieron en escenarios en los que era bastante difícil un contagio sexual, como en el despoblado desierto norteafricano o los solitarios atolones del Pacífico. De todos modos, esa cifra, pese a suponer un descenso en comparación con la contienda de 1914-18, era considerada todavía como demasiado elevada.

En Europa, los soldados norteamericanos recibían cuatro preservativos mensuales, cantidad que era considerada insuficiente por los oficiales médicos. Durante la liberación de Italia, tres cuartas partes de los soldados estadounidenses tuvieron relaciones sexuales con mujeres locales; los estudios demostraron que menos de la mitad tomaban precauciones. Esta promiscuidad se repetiría más tarde en la Alemania ocupada, ocasionando un alza espectacular en el número de casos de enfermedades de transmisión sexual.

Pero el lugar en el que los soldados norteamericanos sufrían más contagios era, curiosamente, el propio país. La prostitución abundaba en los alrededores de las bases militares y no eran pocas las esposas que buscaban consuelo para sobrellevar la ausencia de sus maridos. Se llegó a plantear una medida drástica, como era prohibir el alcohol entre las tropas, al estar relacionado con la promiscuidad, pero el presidente Roosevelt se negó a implantar de nuevo la ley seca.

El Ejército alemán también era consciente desde el comienzo de la guerra de que la necesidad de esparcimiento de los soldados iban a acarrear un buen número de bajas por enfermedades venéreas. La campaña de Polonia confirmó esos temores, puesto que las prostitutas locales causaron numerosos contagios entre los soldados. Por tanto, la Wehrmacht dispuso una serie de normativas para el control de la prostitución, ordenando el establecimiento de dos tipos de burdeles controlados: los de guarnición, cerca de las ciudades y destinados a los soldados acuartelados, y los burdeles de campo, que se situaban inmediatamente detrás de las líneas para atender a los soldados del frente, mientras disfrutaban de un descanso. Esas mujeres, denominadas por la burocracia militar *Offizierdecke* ('oficiales de cama'), podían ser prostitutas profesionales reclutadas en Alemania y los países ocupados, mujeres convictas de crímenes civiles o políticos que preferían ese servicio a realizar trabajos forzados en campos de concentración, o bien prisioneras de guerra, la mayoría procedente de los territorios ocupados en la Unión Soviética.

El funcionamiento de estos burdeles estaba totalmente reglamentado, y no había lugar para el desorden habitualmente atribuido a este tipo de establecimientos. Primero, el soldado era examinado por un oficial médico para certificar su estado de salud y recibir un pase sellado y fechado, en el que figuraba el nombre del burdel y un espacio para que la prostituta pusiera su firma y número. El soldado recibía un preservativo y una pequeña lata con desinfectante, y pasaba a esperar su turno en la fila correspondiente. Generalmente, la espera en la fila era mayor que el tiempo que el soldado pasaba con la mujer. Antes del servicio se utilizaba el desinfectante y la mujer firmaba el pase, y a la salida el soldado debía entregar al oficial médico la lata vacía y el documento rubricado. Si no se cumplían estas disposiciones, todos se exponían a severos castigos.

Este procedimiento dio buenos resultados, puesto que si se detectaba un caso de sífilis o gonorrea era fácil encontrar a la mujer enferma y localizar a los soldados posiblemente contagiados. A pesar de todas estas precauciones, entre los años 1939 y 1943, en la Wehrmacht se registraron unos 250.000 casos de enfermedades venéreas. La principal fuente de contagio era la población civil, tanto en los países ocupados como en Alemania, al ser unos contactos que escapaban a esta estricta reglamentación.

Infierno en Varsovia

El 1 de agosto de 1944, los soviéticos se encontraban a las puertas de Varsovia, todavía en poder de los alemanes. Ese día, la resistencia polaca inició una revuelta en la capital polaca para expulsar a los ocupantes germanos, con la certeza de que el Ejército Rojo acudiría en su ayuda. Pero no sería así. Stalin permanecería impasible, al no ver con malos ojos que los combatientes polacos, que escapaban al control de Moscú, se viesen envueltos en una lucha desigual contra los alemanes, que previsiblemente acabaría con su aniquilación.

El encargado de aplastar el levantamiento no sería el ejército regular germano, sino las Waffen-SS, ya que Hitler deseaba infligir un duro castigo a Varsovia, y para ello nada mejor que los fanáticos esbirros de Heinrich Himmler para acometer tan infame tarea. De entre ellos, una unidad destacaría especialmente por su salvajismo y crueldad, el Batallón Dirlewanger[3], conocido así por el nombre de su líder, Oskar Dirlewanger (1895-1945).

---

[3] Esta unidad tuvo varios nombres a lo largo de la guerra, que incluso se solapaban entre sí. Por entonces era llamada indistintamente SS-Regiment, SS-Sonderregiment o Sonderkommando. La última denominación que tuvo fue 36.ª División SS de Granaderos.

Nacido en la ciudad bávara de Wurzburgo en 1895, luchó en la Primera Guerra Mundial, siendo herido y condecorado. Tras la guerra, Dirlewanger se doctoró en Ciencias Políticas y en 1923 se afilió al partido nazi. Aunque trabajaba como maestro, su vida era muy desordenada; dado a la bebida y a los escándalos públicos, acabó condenado por violar a una menor en 1934, reincidiendo en cuanto salió en libertad. Sus contactos en las SS le rescataron y fue enviado a España, a luchar en la Legión Condor. En 1939 alcanzó una posición destacada en las SS, lo que le permitió continuar impunemente con sus fechorías.

En 1940 se le encargó la creación de un batallón formado por cazadores furtivos convictos. La unidad acabó aceptando delincuentes condenados por delitos graves, como asesinato o violación. Para imponer su autoridad en esa caterva de indeseables, Dirlewanger recurría sistemáticamente a palizas, fusilamientos y ahorcamientos. En 1941, esta unidad fue empleada en Rusia para luchar contra los partisanos, en donde sus integrantes pudieron dar rienda suelta a sus impulsos criminales. El batallón fue enviado después a la región de la ciudad polaca de Lublin, convirtiéndola en escenario de saqueos, incendios, asesinatos, violaciones y atrocidades sin límite.

En Varsovia, el batallón continuaría con su historial de atrocidades, especialmente en el distrito de Wola, que era en el que la sublevación se había hecho más fuerte. Los hombres de Dirlewanger actuarían durante la represión del levantamiento sin ningún freno moral, a lo que ayudaba el hecho de que el alcohol corriese sin medida. Asaltaban los hospitales y asesinaban a los pacientes en sus camas, a veces utilizando sus lanzallamas. El destino que le esperaba a las enfermeras y a las monjas era peor si cabe: eran azotadas, violadas en grupo y ahorcadas desnudas.

En uno de estos hospitales, el de San Estanislao, Dirlewanger instalaría su cuartel general el 6 de agosto, después de que sus hombres asesinasen salvajemente a todos los que allí se encontraban. Además, quemaban a los prisioneros vivos con gasolina, colgaban a las mujeres de los balcones, atravesaban a los bebés con sus bayonetas o los lanzaban por las ventanas. Las mujeres siempre eran violadas antes de ser asesinadas. El ansia de botín de los hombres de Dirlewanger era tal que los dedos que lucían anillos eran cortados de un tajo para no perder tiempo, los dientes de oro eran arrancados con las bayonetas y, durante los saqueos, los más codiciosos acababan matándose entre sí.

Los hombres de Dirlewanger, quien sería conocido por sus tropelías en la capital polaca como el «Verdugo de Varsovia», tuvieron competencia dentro de su propio bando. Se trataba de una unidad compuesta por rusos anticomunistas y comandada por un bielorruso, Bronislav Kaminski. Esta unidad, conocida como Brigada Kaminski, también estaba especializada en matanzas y crímenes de todo tipo, así que reunía las condiciones idóneas para rivalizar con la banda de Dirlewanger.

En el distrito de Wola, los hombres de Kaminski se lanzaron con total impunidad a cometer todo tipo de desmanes, comportándose como auténticos salvajes, colgando de los pies a las mujeres en los balcones o rociando de gasolina a los polacos resistentes que caían en sus manos y haciéndoles arder vivos. Para colmo de la iniquidad, irrumpieron en un instituto en el que estaban siendo tratadas con radio una treintena de enfermas de cáncer, que fueron violadas y asesinadas, al igual que las enfermeras que estaban al cuidado de ellas. Tras ser saqueado, el edificio fue incendiado.

El grupo del bielorruso y el de Dirlewanger rivalizarían en sadismo. Sus respectivos líderes marcaban el camino a sus tropas; la entrada del cuartel general de Kaminski estaba adornada con dos pirámides de cabezas cortadas, mientras a Dirlewanger le gustaba coleccionar manos.

Esa orgía de sangre levantó indignación en los oficiales del ejército regular germano, que no podían mirar hacia otro lado por más tiempo. Los informes que detallaban el salvajismo de los hombres de Dirlewanger y Kaminski y el testimonio personal de los oficiales que presenciaron los hechos llegaron a escandalizar al cuartel general del Führer. Al final, Hitler accedió a ordenar que las dos unidades abandonasen Varsovia y que se formase un consejo de guerra para juzgar a los responsables. Himmler, a pesar de que apoyaba la actuación de sus subordinados, no tuvo otro remedio que plegarse a las exigencias de Hitler y tomar alguna medida para dar la impresión ante la Wehrmacht de que se castigaba la barbarie desatada en las calles de Varsovia.

Aunque tanto Dirlewanger y Kaminski se habían destacado por sus horrendos crímenes, sólo el bielorruso sería castigado por ello. A Kaminski le tocó pagar los platos rotos por tantos desmanes, siendo ejecutado en secreto por la Gestapo, mientras que Dirlewanger, gracias a la protección con la que contaba en Berlín, pudo esquivar esa situación comprometida.

Tras su misión en Varsovia, Dirlewanger y sus hombres actuarían en Eslovaquia y otros puntos del frente, hasta acabar combatiendo contra los soviéticos en la propia Alemania. Al acabar la guerra, Dirlewanger fue capturado por los franceses, quienes lo entregaron a unos soldados polacos para que se tomasen cumplida venganza. Al parecer, éstos le torturaron durante varios días, acabando con su vida en torno al 4 de junio de 1945. Aunque tras la contienda circularon rumores de que había conseguido huir, el análisis de sus restos en 1960 a petición de un tribunal francés confirmó su muerte[4].

Cálculo de bajas

En 1944, las fuerzas aliadas disponían de dos sistemas de cálculo de bajas, a los que recurrían antes de lanzar una operación con el fin de confeccionar las correspondientes previsiones.

Así, los británicos realizaban su previsión de bajas calculándolas con una fórmula llamada *Evett's Rates* ('índices de Evett'). Esta fórmula establecía tres niveles de combate: «tranquilo», «normal» e «intenso». Sin embargo, en la fase de preparación del desembarco de Normandía, ante la previsible dureza de los combates en las playas, se estableció una nueva categoría, la de «doblemente intenso». Según esta categoría extrema, en apenas dos minutos se produciría un número de bajas equivalente a más del cuarenta por ciento de los efectivos de un batallón de asalto, un índice de bajas comparable al de la sangrienta batalla del Somme en 1916.

Por su parte, los norteamericanos empleaban otras fórmulas más complejas, conocidas como *Love's Tables* ('tablas de Love'). Consistían en una serie de gráficas elaboradas por un general adscrito al departamento médico del Ejército, Albert G. Love, en 1931, analizando cifras procedentes de la Primera Guerra Mundial e incluso de la guerra de Secesión.

Para los norteamericanos, cuantificar con exactitud la cantidad de muertos, heridos y desaparecidos se convertiría en una tarea a la que se destinarían muchos medios. Así, para el desembarco de Normandía, la sección de bajas del cuartel general de las fuerzas aliadas contaría con trescientos hombres y una versión primitiva de una computadora en la que se utilizaban fichas perforadas.

---

[4] La única monografía publicada sobre el Batallón Dirlewanger es MACLEAN, French L., *The Cruel Hunters. SS-Sonderkommando Dirlewanger. Hitler's most notorious anti-partisan unit,* Schiffer Military History, Atglen, 1998. Véase también HERNÁNDEZ, Jesús, *Bestias nazis. Los verdugos de las SS,* Melusina, Santa Cruz de Tenerife, 2013, págs. 233-288.

Churchill, partidario de utilizar gases venenosos

En julio de 1944, los ataques contra Londres con bombas volantes V-1 exasperaban al primer ministro británico, Winston Churchill. Las tropas británicas y norteamericanas ya estaban firmemente asentadas en suelo francés, pero los alemanes conservaban las bases de lanzamiento de esos artefactos que estaban aterrorizando a los londinenses.

A pesar de que un estudio había calculado que, de media, un ciudadano de Londres, podía esperar encontrarse a menos de un kilómetro de la detonación de una V-1 sólo una vez al mes, la percepción de los habitantes de la capital no era ésa. Churchill temía que la moral de sus compatriotas se resquebrajase si ese tipo de ataques se hacían más intensos, por lo que exigió a sus aliados norteamericanos que la destrucción de las bases de lanzamiento de esos artefactos se convirtiese en una prioridad.

Pero Churchill se planteó tomar medidas radicales para que los alemanes sufriesen también las consecuencias de sus actos. Así, el 6 de julio de 1944, propuso al alto mando británico que «se valorara fríamente» si el gas venenoso que poseían los Aliados para ser utilizado en caso necesario acortaría la guerra. «Sería absurdo anteponer cuestiones morales en este tema, cuando todo el mundo lo utilizó en la última guerra sin que se quejaran los moralistas o la Iglesia», afirmó Churchill ante sus perplejos colaboradores.

El *premier* británico también sostuvo que «el bombardeo de ciudades había sido prohibido en la Gran Guerra, pero en la actualidad todo el mundo efectúa ese tipo de ataque». Churchill llegó incluso a permitirse una frivolidad en un asunto tan grave como el que planteaba: «Es simplemente una cuestión de modas, como las faldas largas o cortas de las mujeres».

A pesar de la insistencia de Churchill, sus estrategas demostraron más cordura, al responderle que «el gas probablemente sólo tendría un efecto hostigador» en Alemania, pero desataría «una guerra química generalizada, incluyendo ataques contra Londres», con lo que el remedio iba a ser peor que la enfermedad.

Afortunadamente, el comandante supremo de las fuerzas aliadas en Europa, el general Eisenhower, se mostró totalmente contrario a abrir la caja de Pandora de la guerra química. Ya en junio había reiterado la política de no ser los primeros en utilizar el gas. Pero al saber de la propuesta de Churchill, en una reunión con su Estado Mayor afirmó: «No estoy dispuesto a participar en la llamada represalia o utilización de gas. Por el amor de Dios, no perdamos de vista lo que nos interesa y utilicemos un poco más de sentido común».

La fuga más numerosa

La fuga más numerosa de la Segunda Guerra Mundial se produjo en el campo de prisioneros de guerra de Cowra, situado en Nueva Gales del Sur, Australia. Este campo estaba destinado a los prisioneros de guerra japoneses, aunque también había un grupo de italianos.

En la noche del 4 al 5 de agosto de 1944, un total de 1.104 prisioneros nipones emprendieron una fuga masiva, saltando las alambradas, mientras que los italianos prefirieron mantenerse al margen. Los guardias dispararon al aire para que se detuvieran pero, como los fugitivos prosiguieron con su intento de huida, comenzaron a dispararles. Las ametralladoras instaladas en las torres de vigilancia segaron la vida de 231 japoneses, quedando 107 heridos. Pero eso tampoco les frenó; los prisioneros atacaron a los guardianes con sus propias manos y armas improvisadas, acabando con cuatro de ellos y dejando otros cuatro heridos.

Un total de 324 prisioneros japoneses lograron escapar del campo de Cowra. Sin embargo, al no contar con ningún apoyo en el exterior, todos ellos fueron capturados de nuevo, excepto 25 que prefirieron quitarse la vida antes de caer de nuevo en manos de los soldados australianos.

Este episodio se mantuvo en secreto por las autoridades australianas, para evitar que los japoneses tomasen represalias contra sus compatriotas confinados en campos nipones. Los informes sobre la fuga de Cowra no serían desclasificados hasta 1950.

¿Justicia ciega?

Las autoridades militares norteamericanas persiguieron con denuedo los crímenes cometidos por las propias tropas. Durante el conflicto, se alcanzó una media de 60 consejos de guerra diarios.

Los tribunales militares se mostraron duros para atajar los comportamientos delictivos de los soldados, como lo demuestra el hecho de que se dictasen un total de 443 penas de muerte, 255 de las cuales por asesinato o violación. El resto se trataba de diversos delitos de naturaleza militar de carácter grave. De todos modos, de este casi medio millar de condenas a muerte tan sólo 70 llegaron a ejecutarse, siendo el resto conmutadas por largas penas de prisión.

No obstante, pese a la pretensión de justicia sobre los actos criminales, existe un punto oscuro en la actitud y la actuación de los tribunales. Aunque los soldados de raza negra constituían solamente el 8 por ciento del total de las tropas norteamericanas, los consejos de guerra se concentraron en este segmento, puesto que un 22 por ciento de los encausados eran afroamericanos.

Aun suponiendo que estos individuos hubieran sido más proclives a la comisión de un delito que los de raza blanca, la decisión de los jueces sobre la ejecución de las sentencias ya no deja dudas del carácter racista de la justicia militar norteamericana: las penas de muerte que acabaron ejecutándose afectaron cuatro veces más a los reos de raza negra que a los blancos.

Slovik, el único desertor ejecutado

Uno de los problemas con los que tuvieron que lidiar los Aliados en su avance por Francia tras el desembarco de Normandía fue la gran cantidad de soldados que decidieron desertar o, como se decía eufemísticamente, ausentarse sin permiso. Por ejemplo, en diciembre de 1944, se calculó que unos 18.000 desertores norteamericanos deambulaban por el teatro de operaciones europeo, a los que había que sumar más de 10.000 prófugos británicos. Buena parte de los desertores se ocultaba entre las clases marginales de París, dedicándose al provechoso mercado negro, ya descrito en el capítulo dedicado al esfuerzo de guerra.

Los cuatro mil policías militares destinados en la capital francesa tenían entre sus prioridades localizar a los desertores. Cuando los encontraban, se limitaban a concentrarlos y enviarlos de nuevo al frente en grupos de dieciséis, custodiados en todo momento para evitar que volvieran a escapar.

En total, cien mil soldados norteamericanos decidieron ausentarte sin permiso a lo largo de la contienda, de los que 21.049 fueron sometidos a un consejo de guerra; 49 fueron sentenciados a muerte, pero esta pena tan sólo fue ejecutada en un caso, el del soldado Edward Donald Slovik, perteneciente a la 28ª División de Infantería.

Eddie Slovik, hijo de unos inmigrantes polacos pobres que se habían establecido en Detroit, acumuló durante su juventud numerosas detenciones por pequeños delitos, la primera de ellas con sólo doce años, cuando junto a unos amigos entró en una fundición para robar cobre. En 1937 fue a la cárcel, saliendo en libertad condicional, pero en 1939 volvió a entrar, después de robar y estrellar un coche con sus compinches. Al entrar Estados Unidos en la guerra, Slovik no fue llamado a filas por su historial delictivo, pero a finales de 1943, cuando llevaba un año casado, se le consideró acto para el servicio, al verse rebajados los requisitos para el alistamiento. En enero de 1944 comenzó su entrenamiento en Texas y en agosto fue enviado a Europa.

Una vez en Francia, durante el trayecto hacia el lugar en el que se encontraba su unidad, Slovik y un compañero decidieron huir después de sufrir un intenso bombardeo. Ambos estuvieron desaparecidos hasta que en octubre se presentaron ante su unidad. Los desertores no fueron castigados, pero Slovik fue destinado a primera línea de combate. Confesando sentirse aterrorizado, Slovik rogó ser enviado a la retaguardia, pero su petición no fue atendida y optó por desertar de nuevo. En este caso, no se ocultó, sino que acudió a un puesto de la policía militar de la retaguardia y entregó una nota manuscrita, en la que declaraba su incapacidad para soportar el combate.

A Slovik se le ofreció la posibilidad de ser destinado a otra unidad, haciendo la vista gorda sobre sus dos deserciones. Pero el soldado, considerando la dureza de los combates que estaban teniendo en lugar cerca de la frontera alemana, y que lo peor que le podía ocurrir era ir a la prisión, creyó que lo mejor era reafirmarse en su intención de desertar y someterse, por tanto, a un consejo de guerra.

El 11 de noviembre de1944, Slovik fue juzgado y condenado a muerte. Probablemente, el soldado contaba con ello, pero también con que la pena sería conmutada, ya que hasta ese momento no se había aplicado a ningún soldado estadounidense. Slovik apeló directamente al general Eisenhower que, como Jefe Supremo de las Fuerzas Aliadas en Europa tenía la última palabra, pero, sorprendentemente, éste no accedió a la solicitud de clemencia y confirmó la ejecución el 23 de diciembre. Los cálculos de Slovik, por desgracia para él, se habían demostrado erróneos.

Slovik fue fusilado a las diez y cinco minutos de la mañana del 31 de enero de 1945 por un pelotón de ejecución de doce hombres de su propio regimiento, en el jardín de una villa en St. Marie-Aux-Mines, cerca de la ciudad de Colmar, en el este de Francia. Slovik, que recibió la asistencia de un sacerdote, fue atado a un poste con varios cinturones. En sus últimas palabras, aseguró que no era más que un chivo expiatorio, ya que otros miles de soldados habían desertado también, y que él había sido el escogido debido a su humilde extracción social. La primera descarga no consiguió acabar con su vida en el acto, tal como advirtió el médico tras examinarle, pero antes de que se ordenase una segunda descarga, el soldado expiró.

Slovik, que estaba a punto de cumplir 25 años, era el primer soldado ejecutado por deserción desde la guerra civil de 1861-1865. Fue enterrado en el cementerio militar norteamericano de Oise-Aisne, en el que reposaban soldados muertos en la Primera Guerra Mundial, pero en un recinto separado destinado a los soldados que, como Slovik, habían muerto «con deshonor», ejecutados por crímenes como asesinato o violación.

Su viuda, Antoinette, también hija de inmigrantes polacos, solicitó infructuosamente a los sucesivos presidentes norteamericanos el perdón a título póstumo para el que había sido su marido, hasta su fallecimiento en 1979. No obstante, una insistente campaña por la rehabilitación de Slovik encabezada por un veterano de guerra norteamericano de origen polaco logró que, en 1987, el Ejército accediese a que su cuerpo fuera trasladado a Estados Unidos, siendo enterrado junto a su viuda en Detroit.

En cuanto al resto de desertores, las autoridades militares aliadas no se mostraron demasiado diligentes en detenerlos y ponerlos en manos de la justicia. A finales de 1945, con la guerra ya acabada, unos 19.000 soldados norteamericanos seguían en Francia, ya fuera trabajando en granjas, viviendo con sus novias francesas o dedicándose al mercado negro. En 1948 ya habían sido encontrados unos 9.000. En cuanto a los desertores británicos, en 1947 el Gobierno de Londres anunció el perdón para los que decidieran deponer su actitud y 837 optaron por entregarse.

Un millón y medio de Corazones Púrpura

A principios de 1945, ante la proyectada invasión del territorio japonés, la denominada Operación Downfall, las autoridades norteamericanas hicieron una importante previsión de bajas. El ataque se iba a desarrollar en dos fases, una en noviembre de ese mismo año y otra, que debía culminar con la toma de Tokio, en la primavera de 1946. Se esperaba que las últimas islas en poder de los japoneses no fueran capturadas hasta 1947 o incluso 1948.

Los expertos calcularon que esa operación podía costar la friolera de entre cuatrocientas y ochocientas mil vidas norteamericanas, y un número todavía mayor de heridos. Para que no faltaran condecoraciones destinadas a todos ellos, se inició de inmediato la fabricación de ejemplares del Corazón Púrpura. Esta condecoración, establecida en 1917 y en cuyo anverso figura el rostro de George Washington, es otorgada en nombre del presidente a los muertos o heridos «en alguna acción contra enemigos de los Estados Unidos o como resultado de una acción enemiga o fuerza armada extranjera».

Sin embargo, cuando ya se llevaban fabricadas 1.502.000 medallas, llegó la noticia de la rendición de Japón, tras el lanzamiento de las bombas atómicas de Hiroshima y Nagasaki, lo que llevó a la cancelación de la invasión de Japón. Ese inmenso *stock* de medallas es el que viene siendo utilizado hasta la actualidad.

Hace tiempo que todo el material fabricado para ser usado durante la Segunda Guerra Mundial —tanques, armas, balas, bombas, etc.— fue consumido, destruido o abandonado, pero esas medallas que tenían como destinatarios los hombres que debían invadir Japón siguen siendo hoy día prendidas en los uniformes de los soldados norteamericanos.

Poseedores famosos del Corazón Púrpura son los actores Lee Marvin, Charles Bronson y James Garner, o el director de cine Oliver Stone.

Pocos los elegidos

Como si de una carrera de obstáculos se tratase, fueron muy pocos los soldados norteamericanos que consiguieron cubrir todo el camino que siguieron sus tropas desde las playas del norte de África en noviembre de 1942 hasta la llegada al corazón de Alemania en 1945.

Como ejemplo, basta referir el caso de la 3.ª División de Infantería, que perdió un 176 por ciento de sus hombres en ese recorrido que les llevaría desde Casablanca a Túnez, Sicilia, Italia central, Anzio, sur de Francia, Alsacia y, finalmente, Alemania. El significado de ese inusual porcentaje es que, sobre el papel, fue sustituido el total de los hombres que componían la División y que de éstos más de tres cuartas partes fueron a su vez sustituidos por otros tantos.

La simplicidad de la estadística no refleja el hecho de que hubo algunos hombres de la 3.ª División de Infantería que sí lograron cubrir todo el periplo. El caso más conocido es el de Audie Murphy, el soldado norteamericano más condecorado de la Segunda Guerra Mundial; en su Compañía, formada inicialmente por 235 soldados, tan sólo hubo otro hombre, un sargento, que consiguió llegar a Alemania después de haber desembarcado en la lejana Casablanca.

Suicidios masivos en Alemania

El 1 de mayo de 1945, la localidad alemana de Demmin, en la región de Pomerania, fue el escenario de un suicidio masivo que acabó con la vida de cientos de sus habitantes.

En la tarde del día anterior, el Ejército soviético había llegado a las puertas de la ciudad. Las tropas más fanatizadas decidieron rechazar la propuesta de que Demmin fuera entregada sin lucha a cambio de evitar el saqueo; para ello, mataron a los tres emisarios que habían sido enviados a tal fin, lo cual enfureció a los soviéticos. Cuando éstos comenzaron a avanzar sobre la ciudad, las tropas alemanas se retiraron, destruyendo los puentes sobre los ríos Peene y Tollense, que rodeaban a la ciudad por el norte, el este y el sur, dejando atrás a la mayoria de civiles. Demmin tenía 15.000 habitantes, pero la llegada de refugiados había doblando esa cifra. Los civiles se vieron entonces atrapados, quedando a expensas de los excesos del Ejército Rojo.

Aunque había numerosas banderas blancas colgando de las ventanas, en la mañana del 1 de mayo hubo algunos disparos contra los soldados soviéticos e incluso se lanzó una granada. Eso acabó de enfurecerles, desatándose entonces una ola de terror sobre Demmin, que no sólo fue permitida por sus superiores, sino que fue alentada, ya que se concedieron tres días de pillaje. Los soldados comenzaron a saquear y quemar los edificios. Los habitantes sufrieron asesinatos y violaciones, sin importar la edad de las víctimas.

La desesperación llegó a tal punto que muchos prefirieron quitarse la vida. Algunas familias decidieron suicidarse al mismo tiempo. Los métodos utilizados para suicidarse fueron el ahorcamiento, el lanzarse a las aguas de ambos ríos con piedras atadas, cortes en las muñecas con hojas de afeitar o el uso de armas de fuego. Muchas mujeres se arrojaron al agua con sus niños pequeños.

Al cabo de esos tres días de terror, el ochenta por ciento de la localidad había quedado completamente destruido. Según los investigadores, el número de personas que se suicidaron oscila entre 700 y 1.200, aunque se ha llegado a barajar la cifra de 2.500. La mayoría fueron enterrados en una fosa común. Varias semanas después, todavía podían encontrarse cadáveres en los ríos.

Al quedar bajo zona de ocupación soviética, la tragedia de Demmin fue ocultada. La fosa común apenas fue señalada con una inscripción que decía lacónicamente «1945» y justo al lado se levantó un monumento a los soldados soviéticos muertos en la toma de la localidad. Además, se aseguró oficialmente que la destrucción de Dummin fue llevada a cabo por fanáticos miembros de las Juventudes Hitlerianas con uniformes soviéticos.

Para el Gobierno de Alemania Oriental, el negro episodio de Demmin fue considerado un tabú, que no quedaría levantado hasta la caída del régimen comunista, cuando comenzaron a aparecer testigos que hasta entonces habían tenido que permanecer en silencio. La apertura de archivos hizo aflorar también un informe interno soviético del 15 de mayo de 1945 que afirmaba que se habían producido al menos 700 suicidios.

Pero Dennim es sólo un ejemplo, aunque paradigmático, de lo que ocurrió en otras localidades alemanas cuando cayeron en manos de las tropas soviéticas. Así, en Malchin, Schönlanke, Lauenburg o Grünberg se dieron medio millar de suicidios, en Neustrelitz cerca de setecientos, y en Stolp la tragedia pudo ser similar a la de Dennim, ya que hubo alrededor de mil.

El bombardeo de Tokio

Cinco meses antes de que se lanzaran las bombas atómicas que forzarían la rendición de Japón, los norteamericanos lanzaron la noche del 10 de marzo de 1945 un bombardeo sobre Tokio que alcanzaría dimensiones apocalípticas.

Este ataque sería llevado a cabo con bombas incendiarias, que se habían demostrado especialmente efectivas en las ciudades japonesas, cuyas casas estaban mayoritariamente construidas de madera y papel. El primer *raid* de estas características se realizó contra Kobe, el 4 de febrero de 1945. Tokio lo padeció por primera vez el 25 de febrero, recibiendo la visita de 174 bombarderos B-29 que arrojarían cerca de medio millar de toneladas de bombas, pero eso sólo sería un ensayo de lo que estaba por venir.

La noche del 9 al 10 de marzo tendría lugar la Operación Meetinghouse, para la que se emplearían 334 B-29 que pudieron actuar a baja altura, ya que las defensas antiaéreas estaban muy debilitadas y por la noche los cazas nipones no eran efectivos. Esas facilidades posibilitaron que incluso los bombarderos volasen sin ametrallador de cola para ahorrar peso y, por tanto, combustible.

Los bombarderos descargaron sus bombas a placer sobre Tokio, creando una devastadora tormenta de fuego. Según los testigos, el cielo se tornó de un rojo encendido, como si el sol se estuviera poniendo entre llamas. La ola de fuego comenzó a avanzar, desatando el pánico entre la población. La gente trataba de huir llevando consigo algo de comida, así como sus colchones, considerados un bien muy preciado. Las calles se colapsaron. Los que quedaban rodeados por el fuego acababan ardiendo hasta morir. Los colchones se revelaron como una carga mortal, pues prendían con facilidad.

Muchos trataban de abrirse paso hacia el río, buscando desesperadamente la salvación en el agua. Cuando las llamas se aproximaban, saltaban al río, lo que dio lugar a escenas dramáticas. La gente que estaba en el agua intentaba agarrarse a los troncos que pasaban, pero estaban resbaladizos y se hundían cuando los troncos se giraban. Había madres con bebés a la espalda que se aferraban a las maderas que flotaban, sin darse cuenta de que las cabezas de sus pequeños quedaban por debajo del agua, así que se ahogaban sin que ellas lo supieran. Aquellas desgraciadas madres enloquecían al darse cuenta de lo sucedido.

El algunos puntos, la superficie del agua, cubierta de madera y petróleo, había prendido, pero la gente seguía zambulléndose desde la orilla y los puentes. Todos saltaban a aquel mar de llamas, incapaces de mantener la calma en una situación como ésa.

A la mañana siguiente, la cuarta parte de Tokio, más de 4.000 hectáreas, estaba totalmente arrasada. En esas áreas, todo había sido pasto de las llamas. El emperador Hirohito abandonó, en una visita insólita, su palacio en el centro de Tokio, que también había resultado dañado por el fuego pese a que los aviones tenían órdenes de no lanzar bombas sobre él, para visitar las zonas de la ciudad devastadas por el bombardeo. Pero su reacción ante la destrucción y el sufrimiento fue la de volver a hacer un llamamiento para seguir luchando, con el objetivo de conseguir una victoria decisiva que permitiese a Japón negociar la paz desde una posición de fuerza, una decisión que traería desgracias todavía peores a su pueblo.

Los norteamericanos calcularon que 88.000 personas habían muerto en el bombardeo y que más de un millón habían perdido sus casas. Por su parte, los japoneses calcularon que las víctimas mortales habían sido 97.000, aunque es posible que la cifra real fuera incluso superior. El bombardeo de Tokio causó más muertes que cualquiera de las dos bombas atómicas arrojadas cinco meses después sobre Hiroshima o Nagasaki[5].

---

[5] Para conocer testimonios de víctimas del bombardeo de Tokio, véase REES, Laurence, *El holocausto asiático,* Crítica, Barcelona, 2009, págs. 156-164.

VII
EN LA LÍNEA DE FUEGO

Muchos se preguntan qué habrían hecho, de llegar el caso, en una batalla.
La respuesta es que lo harían mejor de lo que se piensan.

MAX HASTINGS (n. 1945),
historiador británico

En la Segunda Guerra Mundial se vieron involucradas millones de personas. Pero sólo una parte de ellas estuvo en el frente, en donde se puede ver la cara del enemigo y se oyen silbar las balas. Ese hábitat tan especial, en el que una delgada línea separa la vida de la muerte, dio lugar a innumerables historias, ya fuera de heroísmo o de cobardía, de astucia o de torpeza, de firmeza o de temor, pero todas ellas de supervivencia.

Leyendo estas historias, surge siempre la misma pregunta: ¿qué hubiéramos hecho nosotros en una situación similar? Ellos eran hombres normales, pero que en el campo de batalla llevarían a cabo acciones que nunca hubieran imaginado, porque nunca antes pensaron que algún día podían verse allí. Pero, fuera cual fuera su actuación en el momento de la verdad, en la línea de fuego todos ellos se transformarían; después de ver a la muerte de cerca, ninguno volvería a ser el mismo.

El francotirador más mortífero

El francotirador que consiguió matar más soldados enemigos durante la Segunda Guerra Mundial, y en toda la historia, fue el finlandés

Simo Häyhä (1905-2002). Combatió a los soviéticos durante la guerra de Invierno, abatiendo alrededor de 540 hombres, ya que no se conoce la cifra exacta.

Häyhä vestía de camuflaje blanco y actuaba a bajísimas temperaturas, entre –20º y –40º. Curiosamente, Häyhä prefería no usar mirilla telescópica para evitar que el reflejo de la luz del sol pudiera delatarle. Aunque los soviéticos pusieron todos los medios para darle caza, no lograron acabar con él, ganándose así el ominoso apodo de *La Muerte Blanca.*

Aunque resultó gravemente herido en una mejilla, probablemente por un disparo al azar, Häyä sobrevivió a la guerra, dedicándose después a la caza, en este caso de alces.

Invasión a bajo precio

La invasión de Yugoslavia por parte del ejército alemán, lanzada el 6 de abril de 1941, resultaría más sencilla de lo previsto.

El XLI Cuerpo Panzer, situado en el centro del avance sobre la capital, Belgrado, tan sólo registró la muerte de uno de sus hombres, y además no en combate, sino alcanzado por un francotirador civil. Además, de las doce divisiones destinadas a la invasión, tan sólo cuatro llegarían a entrar en combate, lo que da idea de la extrema facilidad con que las tropas de Hitler conquistaron el país balcánico. La operación, para la que se habían previsto tres semanas, se concluyó en once días. En total, el precio pagado por la Wehrmacht sería de apenas 151 muertos.

Los norteamericanos más valientes eran japoneses

Tras el ataque japonés a Pearl Harbor, todos los ciudadanos norteamericanos de origen japonés se convirtieron en sospechosos. A los japoneses de segunda generación se les denominaba *nisei,* y los de tercera, *sansei,* aunque ambos serían conocidos genéricamente como *nisei.*

A pesar de que no existía ningún indicio de que los *nisei* pudieran suponer un peligro para la seguridad nacional, en febrero de 1942 el presidente Roosevelt aprobó una orden que establecía el traslado forzoso de todos ellos —unos 80.000—, además de los nacidos en Japón —unos 32.000—, a campos de internamiento.

Curiosamente, en el lugar en donde la colonia nipona era más numerosa, Hawai, no se tomó esa medida, ya que los 150.000 residentes de origen japonés constituían el 40 por ciento de la población. Pero sería precisamente ahí en donde se crearía la primera unidad militar formada por *nisei.* Al gobernador militar de Hawai, el general Delos Emmons, le preocupaba la lealtad de los 1.300 soldados de origen nipón encuadrados en la Guardia Nacional, en el caso de que tuviera lugar una invasión. Así, estos hombres fueron agrupados en el Hawaiian Provisional Batallion y enviados al continente.

Una vez allí, en junio de 1942 esta unidad se convirtió en el 100.° Batallón de Infantería, aunque en realidad era independiente, al no pertenecer a ningún regimiento. Los *nisei* fueron pasando por varios campos de entrenamiento, a plena satisfacción de sus instructores. Un año después, el batallón recibió sus banderas de combate; a petición de los propios soldados; en una de ellas estaba bordado el lema *Remember Pearl Harbor* ('recuerda Pearl Harbor'), con lo que querían demostrar su patriotismo, despejando así cualquier duda de connivencia con el país de origen de sus familias.

La excelente actitud de los soldados *nisei,* así como del personal auxiliar, llevó a las autoridades militares a formar más unidades de este tipo, compuestas principalmente de voluntarios, aunque después se introduciría el reclutamiento forzoso entre los *nisei* que se encontraban en los campos de internamiento.

Mientras tanto, a pesar de las reticencias del general Eisenhower, el 100.° Batallón de Infantería fue enviado a Europa. Antes tuvo que pasar por un nuevo campo de entrenamiento en Orán, en el norte de África, a donde llegó el 2 de septiembre de 1943. Veinte días después, fue destinado al frente italiano. La unidad entraría en combate por primera vez el 29 de septiembre, cerca de Salerno.

Desde el primer momento, los *nisei* comenzaron a forjarse una reputación de excelentes combatientes. La unidad pudo anotarse la captura de Benevento, un importante nudo ferroviario al noroeste de Nápoles, para lo que tuvo que vencer una dura resistencia germana. También tuvo una actuación destacada en Montecassino. El elevado número de bajas de la unidad le hizo ganarse el nombre de Batallón del Corazón Púrpura, la referida condecoración que se concede a los muertos o heridos en acción.

A su llegada a Roma, en junio de 1944, el batallón se unió a otras unidades compuestas de *nisei* recién llegadas de Estados Unidos, para formar un regimiento, que entraría en combate tomando Belvedere el 26 de junio. Esa actuación le valdría una mención presidencial, que sería la primera de las ocho que conseguiría a lo largo de la contienda.

Tras su periplo italiano, los *nisei* fueron enviados a Francia, en donde continuarían demostrando su valor. Así, durante una misión en los Vosgos, consiguieron rescatar un batallón que se encontraba aislado tras las líneas alemanas, a costa de sufrir más de ochocientas bajas. Los *nisei* regresarían al teatro de operaciones italiano en marzo de 1945, tomando parte en el asalto a la Línea Gótica.

Los 14.000 *nisei* que lucharon en esta unidad se hicieron acreedores a un total de 9.486 Corazones Púrpura y 21 Medallas de Honor. Si tenemos en cuenta su tamaño y el tiempo que estuvo de servicio, la unidad formada por soldados de origen japonés fue una de las más condecoradas de la historia militar estadounidense. Pero los reconocimientos no acabarían ahí: en 2010, esta unidad recibiría la Medalla de Oro del Congreso en reconocimiento al valor demostrado por sus integrantes durante la guerra.

El avance más rápido de toda la guerra

Se considera que el avance más rápido de toda la Segunda Guerra Mundial lo protagonizó el 33.º Batallón de Reconocimiento del Afrika Korps.

Tras la derrota del Octavo Ejército británico en la batalla de Gazala, los hombres del general Erwin Rommel se lanzaron en persecución de los ingleses. El Zorro del Desierto lograría entre el 26 y el 27 de junio de 1942 un avance continuado y sin interrupción de 24 horas, en el que recorrería un total de 158,7 kilómetros.

Los soviéticos confían en sus francotiradoras

El ejército soviético concedió desde el primer momento una gran importancia a los francotiradores, que habían demostrado su letal efectividad durante la Primera Guerra Mundial. Así, al comienzo de la Segunda Guerra Mundial, los soviéticos contaban con unos sesenta mil francotiradores, más que la suma de los otros contendientes.

Aunque los francotiradores con más enemigos abatidos fueron todos hombres, liderados por Ivan Sidorenko con unas quinientas bajas confirmadas, las mujeres jugaron también un papel muy destacado. Así, Liudmila Pavlichenko, la francotiradora de más éxito, consiguió alcanzar a 309 enemigos, incluyendo 36 francotiradores. Curiosamente, Pavlichenko se convertiría en el primer ciudadano soviético recibido por un presidente de Estados Unidos, durante una gira de propaganda que realizó en 1942.

Los soviéticos consideraban a las mujeres especialmente aptas para actuar como francotiradoras, debido a que demostraban poseer más paciencia y astucia, así como mayor resistencia al frío. Además, las mujeres soportaban mejor el estrés provocado por el combate. Se creó un centro de adiestramiento específico para ellas, dirigido por Nora Chegodayeva, una veterana de la guerra civil española.

Además de Pavlichenko, destacaron los nombres de Nina Alexeyevna Lobkovskaya, que comenzó a actuar con sólo 17 años, matando 89 alemanes; Roza Shánina, que eliminó a 54 alemanes, de ellos 12 francotiradores, o la filóloga y bailarina Ziba Ganibeya, que logró abatir 21 enemigos.

Se calcula que las 2.000 francotiradoras soviéticas que actuaron a lo largo de la guerra consiguieron matar a unos doce mil soldados alemanes. Por el contrario, sólo una de cada cuatro francotiradoras sobreviviría a la contienda.

Esperanza de vida: veinticuatro horas

Aunque es posible que la batalla de Stalingrado sea la batalla más conocida y más trascendental de la Segunda Guerra Mundial, resulta imposible saber cuántos soldados soviéticos murieron en ella. Durante la época soviética, a los historiadores rusos no se les permitió investigar las cifras de bajas, ya que las autoridades temían reconocer que el precio pagado por asestar a los alemanes aquella derrota tan decisiva para la suerte de ambos contendientes había sido demasiado alto.

De todos modos, aunque los historiadores hubieran podido dedicarse a hacer esos cálculos, la misión no hubiera sido fácil, ya que no existían registros fiables y muchos soldados muertos habían sido enterrados en lugares no identificados. Aun así, se cree que la épica victoria de Stalingrado costó a los soviéticos como mínimo medio millón de muertos entre sus tropas, a lo que habría que sumar un número indeterminado de fallecidos civiles, quizás un millón o más, debido a la tajante orden de Stalin de no abandonar la ciudad.

Hubo una gran cantidad de soldados soviéticos que murieron antes incluso de llegar a la ciudad, tratando de atravesar el Volga desde la orilla oriental, sometida continuamente al bombardeo aéreo y de artillería, además del fuego de las ametralladoras. Los que conseguían llegar a la orilla occidental, sobre la que se extendía la ciudad, debían pegarse al terreno y resistir a toda costa. Retirarse no era una opción; 13.000 soldados fueron ejecutados acusados de cobardía. La violencia de los combates en Stalingrado llevó a que la esperanza de vida de un soldado soviético en aquel sangriento escenario fuera de apenas veinticuatro horas.

Fiasco en las Aleutianas

La operación anfibia más desastrosa en términos relativos de la Segunda Guerra Mundial, pese a haber conseguido su objetivo, fue el que llevaron a cabo tropas estadounidenses y canadienses en Kiska, una isla perteneciente al archipiélago de las Aleutianas, en el norte del Pacífico.

En junio de 1942, los japoneses invadieron Kiska, donde estaba emplazada una estación meteorológica norteamericana, y establecieron una guarnición de 2.500 soldados. Un año después, los norteamericanos decidieron tomar la isla, para lo que procedieron a efectuar un intenso bombardeo naval. Para culminar la denominada Operación Cottage, el 15 de agosto de 1943, 35.000 soldados aliados desembarcaron en Kiska, pensando que todavía estaba en poder de los japoneses, cuando éstos la habían ya abandonado secretamente dos semanas antes.

A pesar de no contar con ninguna oposición, 21 soldados aliados morirían en la operación. Las tropas canadienses desembarcaron en la costa noroccidental de la pequeña isla, mientras los norteamericanos lo hicieron en la suroccidental; cuando ambas fuerzas se encontraron, acabaron disparándose entre sí, debido a la espesa niebla y el temor a un enemigo que se esperaba que luchara con fanática determinación. En los siguientes días, cuatro soldados más morirían debido a las bombas trampa dejadas por los japoneses.

Los aliados tuvieron que lamentar también la muerte de 71 tripulantes del destructor USS *Abner Read*, que topó con una mina nipona en la madrugada del 18 de agosto.

En la escuela y en el ejército

Según las estadísticas del ejército norteamericano durante la Segunda Guerra Mundial, quedó clara la relación existente la relación entre la falta de asistencia a clase durante la infancia y la deserción en tiempo de guerra.

Los cuestionarios a los que la tropa debía contestar reflejaban que un 27 por ciento de los hombres alistados recordaban haber faltado a clase en algunas ocasiones, mientras que un 5 por ciento confesaban haber faltado innumerables veces. Lo más significativo es que, en el caso de los desertores, este escaso 5 por ciento se disparaba hasta un espectacular 62 por ciento.

Ward, el héroe fracasado

En todas las guerras, los generales suelen permanecer alejados de donde silban las balas, y la Segunda Guerra Mundial no fue una excepción. Sin embargo, un general norteamericano, llevado por las circunstancias, tuvo que enfrentarse al enemigo encabezando un arriesgado ataque contra una colina.

El general Orlando Ward, destinado en Túnez al frente de la 1.ª División Acorazada, además de conducir a sus hombres a la victoria, debía soportar sobre sus hombros un gran peso: estar a las órdenes del inefable general George Patton. Hambriento de gloria en tierras africanas, Patton exigió durante esa campaña el máximo a sus oficiales, poniendo en riesgo sus vidas y la de sus hombres. Ward era un gran profesional, de inteligencia penetrante, pero eso no impresionaba lo más mínimo a Patton, quien exigía en todo momento que sus tropas avanzasen, a pesar de la feroz resistencia que ofrecían los alemanes. Patton seguía la máxima napoleónica de «primero atacar y luego ver».

En una ocasión en la que Ward comentó a Patton que habían tenido la suerte de cara al no haber perdido oficiales ese día en combate, Patton le espetó: «¡Maldito sea, Ward, eso no es tener suerte! Eso es malo para la moral de los reclutas, quiero que se te mueran más oficiales». Ward, perplejo, le preguntó si hablaba en serio. «Claro que hablo en serio —le respondió—. Quiero que envíes varios oficiales de observadores a primera línea de fuego y los dejes allí hasta que maten a un par de ellos».

El 22 de marzo de 1943, Ward, quien estaba al frente de 300 tanques, recibió órdenes de Patton de avanzar sobre los altos de Maknassy y ocuparlos esa misma noche, con el fin de irrumpir con su fuerza blindada en la retaguardia enemiga. Las tropas de Ward combatieron toda la noche y a lo largo del día siguiente, pero resultaba imposible desalojar a los alemanes, que incluso se defendían despeñando rocas para obstaculizar el avance de los tanques. Con el paso de las horas acudían nuevos refuerzos a los defensores germanos, incluyendo ocho temibles tanques Tiger.

Ward lanzó un potente ataque la noche del 23 de marzo, pero los soldados que trataban de alcanzar la colina eran diezmados por los alemanes. Varios ataques envolventes por los flancos fracasaron también. La tarde del 24 de marzo, Patton preguntó por teléfono a Ward por qué no había tomado ya Maknassy. Sin dejar que Ward le diera explicaciones, le dijo: «No quiero ninguna excusa. Quiero que vayas allí y ocupes esa colina. Encabeza el ataque personalmente. No regreses con las manos vacías». Antes de que Ward pudiera balbucear algo, Patton colgó el auricular.

El general Ward, consciente de que no tenía otra opción que encabezar el ataque a las posiciones alemanas, debió sentirse como un condenado a muerte. A las ocho de la tarde, se puso el casco, cogió un fusil y acudió a primera línea, a tomar el mando del 2.º Batallón, el encargado de tomar la colina. Sus hombres se sorprendieron al verle allí, intuyendo que algo grave debía haber pasado para que todo un general de 51 años estuviera dispuesto a participar en el siguiente ataque, que tendría lugar a medianoche.

Así fue. Sin preparación artillera previa para sorprender al enemigo, Ward, al frente de sus hombres, comenzó a correr colina arriba, a pesar del intenso fuego de ametralladora procedente de las posiciones germanas. Una ráfaga hirió a Ward en un ojo y en el puente de la nariz; rápidamente la sangre le cubrió todo el rostro y parte del uniforme, pero eso no le impidió después dirigir el fuego de sus tanques.

Los hombres del 2.º Batallón, animados por el ejemplo de su general, trataron a lo largo de toda la noche de tomar la colina. Unos pocos hombres lograron llegar a la cima, pero fueron rápidamente desalojados por el fuego de los obuses alemanes. A las ocho de la mañana del 25 de marzo, los agotados asaltantes comenzaron a bajar y se dispusieron a cavar trincheras. Ward dio la orden de suspender el ataque; el asalto había fracasado.

Cuando Ward llegó al puesto de mando y se encontró allí con otros dos generales, Paul Robinett y Omar Bradley, éstos se quedaron consternados ante el terrible aspecto que presentaba. Además de tener un ojo herido y la cara cubierta de sangre seca, presentaba rasguños y moretones en las piernas y las manos. Además, una bala de ametralladora le había rozado milagrosamente a lo largo de toda la espalda, trazando una raya en la espalda del uniforme.

Cuando Patton se enteró del fracasado asalto, así como del heroico comportamiento de su subordinado, se sintió muy decepcionado, pero al mismo tiempo sabía que no podía reprocharle nada a Ward. El 27 de marzo, Patton se presentó en el puesto de mando y condecoró a Ward con la Estrella de Plata, pero antes, en una reunión privada, le acusó de indolencia y de haber perdido una gran oportunidad de romper por fin las defensas del Eje. Ward era consciente de que, a pesar de la condecoración que recompensaba su arrojo en el campo de batalla, estaba sentenciado.

Pero Orlando Ward debía también de ser consciente de que no iba a ser defenestrado sólo por no haber logrado tomar los altos de Maknassy. A esas alturas de la campaña, ésta no se estaba desarrollando como los norteamericanos esperaban. A pesar de la enorme superioridad en tropas y material sobre las fuerzas del Eje, el avance era lento y difícil. Las bisoñas fuerzas estadounidenses tenían enfrente un rival fogueado en el teatro africano y el voluntarismo de Patton no era suficiente para derrotarlo. Hacía tiempo que se estaba buscando un cabeza de turco y Ward acababa de comprar todos los números para serlo.

El general Bradley recibió el encargo de Patton de cesar a Ward. A mediados de abril, el héroe fracasado de Maknassy se encontraba ya en su casa de Denver. Pero el destino no sería demasiado cruel con Ward; dirigió las escuelas de antitanques y artillería de campaña del ejército y luego regresó al frente, en este caso como jefe de otra división acorazada que conquistaría Múnich en abril de 1945, lo que debió de servirle para superar el mal trago vivido en la campaña tunecina dos años antes.

Que disparen los demás

Aunque resulte sorprendente, muchos soldados no llegan a disparar un solo tiro durante un enfrentamiento con el enemigo, debido a la gran tensión nerviosa y el deseo de permanecer a cubierto para no resultar herido o muerto. En 1943, durante la campaña de Italia, el Ejército británico hizo un estudio y descubrió que, de un pelotón de treinta hombres, sólo tres o cuatro combatían; los demás no llegaban a disparar.

Por tanto, el general Eisenhower quizás era demasiado generoso cuando afirmó durante la invasión de Sicilia que «en cualquier ejército un tercio de los soldados son luchadores y valientes por naturaleza, mientras que los otros dos tercios son cobardes y remolones».

El Ejército Rojo también detectó reacciones similares a las advertidas por los británicos en Italia, por lo que los oficiales ordenaban la revisión de los fusiles de los soldados después de cada batalla. El que no había llegado a disparar su arma, era fusilado.

Un auténtico héroe

Durante la Segunda Guerra Mundial se dieron innumerables ejemplos de sacrificio, pero pocos serían tan heroicos como el del soldado fijiano Sefanaia Sukanaivalu (1918-1944). En junio de 1944, la Compañía E del 3.er Batallón Fijiano estaba combatiendo a los japoneses en la isla de Bougainville. Esta unidad, que había sido entrenada en Nueva Zelanda y que luchaba bajo el mando norteamericano, había demostrado ya su eficacia en las islas Salomón.

Durante esa misión en Bougainville, el cabo Sukanaivalu y sus compañeros habían penetrado una distancia importante en la jungla, detrás de las líneas niponas. Pero el 23 de junio encontraron una inesperada resistencia. Mientras los fijianos avanzaban por un terreno de hierba alta, una ametralladora japonesa comenzó a dispararles, hiriendo a varios hombres. Los restantes quedaron inmovilizados. Pero Sukanaivalu no dudó en ayudar a los compañeros heridos. Se arrastró hasta donde se encontraba uno de ellos y consiguió trasladarlo a un lugar seguro. Seguidamente, volvió a arrastrarse hasta llegar a otro y logró rescatarle. Pero al salir por tercera vez, fue herido por el fuego de ametralladora y quedó tendido en el suelo.

Los hombres de Sukanaivalu intentaron entonces rescatarle también. En varias ocasiones trataron de arrastrarse para llegar hasta él, pero cada vez que lo intentaban eran repelidos por las balas niponas. El propio Sukanaivalu les ordenaba que lo abandonaran, para evitar así que continuaran corriendo riesgos. Como vio que ellos no estaban dispuestos a hacerle caso, el héroe fijiano decidió afrontar el supremo sacrificio: se levantó deliberadamente y dejó que los japoneses le ametrallaran.

Su acto de valor sin precedentes sería recompensado póstumamente con la Cruz Victoria, que sería la primera concedida a un soldado colonial en la Segunda Guerra Mundial. La concesión de la medalla, firmada por monarca británico, Jorge VI, sería publicada en *The London Gazette* el 2 de noviembre de 1944.

El desayuno se convirtió en su enemigo

Los soldados norteamericanos que participaron en el desembarco de Normandía tuvieron que enfrentarse a un inesperado enemigo antes de llegar a las playas francesas, un enemigo que había surgido de sus propias filas.

Los encargados de preparar el desembarco habían tenido la idea de proporcionar a los soldados un abundante desayuno, consistente en emparedados fríos, tortitas, huevos fritos, salchichas y carne de buey enlatada de Uruguay, en la cantidad que deseasen. De este modo, creían que, además de tomar fuerzas para la lucha, aumentaría su moral para enfrentarse a los alemanes. Por su parte, los soldados, acostumbrados a desayunos más frugales, acogieron con entusiasmo esa iniciativa, y dieron buena cuenta de todo.

Sin embargo, esa decisión se demostraría enormemente perjudicial. El oleaje que había la madrugada del 6 de junio de 1944 en el canal de la Mancha hizo que el balanceo de las lanchas de desembarco, lanzadas al agua demasiado lejos de la costa, provocase mareos entre los soldados. Muchos de ellos acabarían vomitando el desayuno; los que se encontraban cerca de la borda pudieron hacerlo directamente en el mar pero, los que no, tuvieron que hacerlo en sus cascos. A la debilidad física causada por el vómito se unió la desmoralización causada por el malestar físico de la mayoría de los soldados, demostrándose que ofrecerles tan abundante desayuno no había sido una buena idea.

De todos modos, en Normandía no fue el único lugar en el que los soldados eran enviados al combate tras un opíparo desayuno. En el Pacífico, los marines norteamericanos encargados de asaltar las islas defendidas por los japones sabían que en el desayuno podrían comer todos los filetes de carne y huevos que quisieran. Aunque los médicos y cirujanos de la Marina desaconsejaban comer justo antes de la batalla, ya que eso dificultaba el tratamiento de las heridas en el estómago, se prefería alimentar la moral de los soldados, conscientes de que ése podía ser su último desayuno.

Corta esperanza de vida

Durante la batalla de Normandía, un subalterno enviado como reemplazo al Regimiento de Infantería Ligera Somerset, del Ejército británico, aseguró que un bigotudo comandante se dirigía a los nuevos oficiales en su campamento de refuerzos instalado cerca de Bayeux en los siguientes términos: «Caballeros, su esperanza de vida desde el momento en que se unan a su batallón es exactamente de tres semanas».

Fatiga de combate

En el ejército norteamericano se dieron un total de 929.307 casos de fatiga de combate durante la guerra, un término acuñado durante la campaña de Túnez. Este trastorno psicológico, también llamado neurosis de guerra, se caracteriza por ataques de histeria, pasividad o incluso parálisis, y es provocado por el estrés del combate en primera línea.

En la campaña tunecina, los psiquiatras norteamericanos diagnosticaron 1.700 casos que requirieron ingreso en un hospital, aunque hubo miles de casos más. El principal psiquiatra del ejército describió así a un paciente tipo: «Parece un hombre abatido, cansado y sucio. La expresión facial es de depresión y al borde de las lágrimas. Con frecuencia, le tiemblan las manos». En aquella campaña se observaron casos terribles, como el de un soldado de la 1.ª División que «se golpeó la cabeza contra el muro de la trinchera hasta que la piel de la frente le colgaba en tiras, echando espuma por la boca como un demente». A veces la pesadilla no acababa con el traslado al hospital; algunos soldados gemían y lloraban en sus camas asegurando que los alemanes andaban por la sala.

Sólo en junio de 1944, en Normandía, diez mil soldados norteamericanos fueron tratados de esta afección. Entre junio y noviembre de 1944, el 26 por ciento de las bajas era debido a la fatiga de combate. El tratamiento para los casos más graves consistía en la administración de las potentes cápsulas «Azules 88», de amital sódico o sembutal, que provocaban al paciente un profundo sueño que a veces duraba días.

Los soldados norteamericanos no afectados por la fatiga de combate también acusaban el desgaste provocado por la guerra. La mayoría de expertos consideraba que los soldados se agotaban para siempre tras vivir de 200 a 240 días de combate. Sin embargo, la realidad podía ser peor; un estudio psicológico reveló que las habilidades de combate de un soldado empezaban a disminuir después de un mes de lucha y que muchos quedaban «cercanos a un estado vegetativo» tras cuarenta y cinco días. El general cirujano del Ejército recomendó que los hombres de infantería de primera línea fueran relevados durante seis meses después de haber completado doscientos días de combate, pero esta medida no era posible aplicarse ante la carencia de reemplazos suficientes.

Por el contrario, se desconoce el número de casos de fatiga de combate que se dieron entre las tropas alemanas, ya que este trastorno no estaba reconocido como una enfermedad. Si los soldados se disparaban a sí mismos en una mano o en un pie como recurso desesperado para forzar el traslado a la retaguardia, eran ejecutados. Aun así, se cree que en 1942 hasta un seis por ciento de las bajas estaban provocadas por neurosis de guerra. En los dos últimos años de la guerra, este porcentaje pudo llegar a elevarse hasta un tercio del total.

De todos modos, durante la batalla de Normandía, a los psiquiatras estadounidenses y británicos les impresionó el hecho de que, excepto en la última fase de la misma, pocos prisioneros alemanes sufrían fatiga de combate a pesar de haber estado sometidos a fuego de artillería y bombardeos mucho más intensos que los soldados aliados. Estos especialistas llegaron a la conclusión de que, en parte, se debía a los efectos de la propaganda nazi a lo largo de los últimos años. Esta propaganda instaba a los soldados a salvar a su patria, depositando en ellos toda la responsabilidad de su supervivencia, incluyendo sus familias, lo que les ayudó a soportar mejor los sacrificios y contribuyendo así a limitar el número de víctimas neuropsiquiátricas, en una inesperada consecuencia positiva de la perversa propaganda nazi.

Las bengalas, de cualquier color menos amarillo

Durante los combates en la bolsa de Falaise, entre el 12 y el 21 de agosto de 1944, los Aliados sufrieron una inexplicable descoordinación entre fuerzas aéreas y terrestres, que tendría fatales consecuencias.

Las tropas canadienses y polacas tenían establecido que las granadas de humo de color amarillo identificaban las posiciones amigas, siendo utilizadas para alertar de su posición a la aviación propia. En cambio, entre los británicos, el Mando de Bombarderos solía utilizar bengalas precisamente de ese color para señalar los objetivos.

Así, en la tarde del martes 15 de agosto, cuando 811 bombarderos británicos medianos atacaron las posiciones alemanas, los soldados canadienses encendieron botes de humo amarillo para evitar ser objetivo de las bombas. Lo que ocurrió entonces es fácil de imaginar. Según se puede leer en la historia oficial británica, «cuantas más granadas de humo amarillo encendían los soldados canadienses para señalar sus posiciones, con más fuerza los bombardeaba la aviación despistada».

Los canadienses y polacos sufrirían 391 bajas a consecuencia de esa trágica confusión. Pero lo más grave es que una semana antes se había producido otro incidente similar, sin que se tomaran las medidas pertinentes para que no se repitiera en el futuro. El 8 de agosto de 1944, una formación de bombarderos norteamericanos B-17 llevó a cabo una misión al sur de Caen, en el marco de la Operación Totalize, utilizando también bengalas amarillas como marcadores. Los soldados canadienses y polacos que trataron de alertarles de su presencia con granadas de humo amarillo se convirtieron en objetivo de las bombas norteamericanas. Un total de 315 hombres perecieron o resultaron heridos en esa acción. Los polacos se mostrarían contenidos en su informe al referirse al suceso como «una ayuda funesta de nuestra propia aviación».

El fanatismo de las Waffen-SS

Los integrantes de las Waffen-SS solían ser tropas adoctrinadas y fanáticas, como demostraron durante la batalla de Normandía, en donde presentaron una resistencia encarnizada al avance aliado.

Un insólito ejemplo de fanatismo se dio en un hospital de campaña cercano a Bayeux. Allí, el coronel Fraser, el oficial médico de más rango, estaba reconociendo a un soldado de las Waffen-SS malherido que necesitaba una transfusión de sangre. Según explicaría Fraser, «cuando la aguja ya estaba dentro de su brazo, el apasionado joven nazi preguntó de repente si era sangre inglesa. Cuando le dijeron que sí, se la arrancó proclamando "Muero por Hitler". Y, efectivamente, eso fue lo que hizo», aseguró el médico.

Héroes caninos en Guam

En la batalla por la isla de Guam, en el Pacífico, en julio y agosto de 1944, los perros tuvieron una intervención destacada auxiliando a las fuerzas norteamericanas en un teatro bélico que presentaba muchas dificultades para la invasión.

Durante la campaña, los Marines encargados de capturar la isla recurrieron a 72 canes, la mayoría doberman y pastores alemanes, para abrir las marchas por la selva, ya que eran capaces de detectar a los japoneses ocultos, ayudando así a evitar las emboscadas. Los perros participaron en cerca de medio millar de patrullas. También actuaron como centinelas y mensajeros, o para enviar rápidamente medicamentos a algún punto en donde se necesitaban con urgencia.

En una ocasión, un doberman llamado *Kurt* salvó a un grupo de 250 marines de resultar aniquilado, advirtiéndolos con antelación de la presencia de una fuerza japonesa que pretendía rodearles. Los nombres de otros de aquellos héroes caninos son *Cappy*, *Pepper*, *Arno*, *Karp*, *Skipper*, *Poncho* o *Yonnie*. Al acabar la batalla con la expulsión de los japoneses, 25 perros habían sacrificado su vida.

En 1994, con ocasión del 50.° aniversario de la batalla, se inauguró en la base naval de Guam un Memorial de granito negro en el que figuran los nombres de los canes caídos en combate —entre ellos, *Kurt*—, para reconocer su contribución a la liberación de la isla.

Desactivadores de minas

En una ocasión en la que se encontraron el comandante supremo de las fuerzas aliadas en Europa, el general Eisenhower, y el general soviético Gueorgui Zhukov, éste último le explicó el método que ellos seguían para limpiar un campo de minas.

«Cuando llegamos a un campo de minas, nuestros soldados atacan exactamente igual que como si no las hubiera. Las pérdidas que sufrimos por las minas entre nuestros hombres las consideramos equivalentes a las que hubiéramos sufrido por las ametralladoras y la artillería si los alemanes hubieran decidido defender aquella zona con sus tropas en lugar de con minas».

Eisenhower debió de quedar horrorizado, ya que, entre las tropas aliadas occidentales, utilizar ese método para abrirse paso en un campo de minas era absolutamente impensable. Pero Zhukov no explicó toda la verdad al general norteamericano, ya que en realidad los soviéticos solían emplear para ese menester a los hombres que habían sido destinados a batallones de castigo. El motivo por el que habían sido enviados ahí podía variar, pero muchos cumplían penas por razones políticas.

El soldado norteamericano más valiente

Es difícil determinar quién fue el soldado norteamericano que desplegó más valor en el campo de batalla, pero, si nos atenemos a las condecoraciones recibidas, sin duda este honor corresponde al texano Audie Murphy (1925-1971). Quedó acreditado que él solo envió al otro mundo a un total de 240 soldados alemanes, capturando a un número de prisioneros aún mayor.

Sus valerosas acciones fueron recompensadas con, entre otras, las siguientes condecoraciones: Estrella de Bronce, Cruz de Servicios Distinguidos, Estrella de Plata, Legión del Mérito, Medalla de Operaciones en Europa con siete estrellas de batalla, Insignia de Unidad Distinguida, Insignia de Combate de Infantería, Insignia de Experto de Infantería y cuatro Corazones Púrpura.

Además, los franceses honraron a Murphy con la Cruz de Guerra y con la máxima condecoración gala: la Cruz de Caballero de la Legión de Honor, mientras que los belgas le premiaron con una Cruz de Guerra.

Riesgo de muerte

El hecho de ser llamado a filas durante la Segunda Guerra Mundial no implicó, al contrario de lo que pueda parecer, un claro riesgo de perder la vida. Aunque es poco científico unificar estadísticas, si tomamos en consideración los ejércitos de todos los contendientes se podría decir que sólo uno de cada catorce soldados participantes resultó muerto o gravemente herido. En general, el destino más peligroso era la infantería, pero aún así, en las unidades que sufrieron un mayor castigo, la mitad de sus integrantes sobrevivieron.

Otro *trabajo* arriesgado era el de tripulante de los aviones que bombardeaban Alemania, tal como quedó referido en el capítulo dedicado a la guerra en el aire. Durante la primera mitad de esta campaña, que fue la más peligrosa para las tripulaciones aliadas porque los alemanes todavía conservaban capacidad de respuesta, un aviador tenía en cada misión una posibilidad entre veinte de ser derribado. Las misiones de bombardeo se convertían así en una lotería mortal, o más bien una ruleta rusa.

Pero si se pudiera elegir, el último Cuerpo en donde uno desearía servir sería el de los submarinos alemanes. Pese al halo de aventura y heroicidad que emanaba de este destino, el precio a pagar era devastador: de los 39.000 tripulantes de los U-Boote, 28.000 acabaron sus días en el fondo del mar, es decir, casi tres cuartas partes de la fuerza total.

Ser tripulante de un submarino norteamericano tampoco llevaba a disfrutar de una larga vida: por cada marinero de superficie fallecido, murieron seis destinados en los sumergibles. Las posibilidades de no ver el final de la guerra en un submarino eran de un catorce por ciento, lo que superaba incluso a la *ratio* que sufrían los Marines. En total, 3.505 tripulantes perdieron la vida.

Pero los que piensen que hubiera resultado más relajado formar parte, por ejemplo, de la marina mercante británica están equivocados. El sacrificio de aquellos marineros, gracias al cual Gran Bretaña pudo ser abastecida en los peores momentos de la batalla del Atlántico, fue tan abnegado como admirable: de los 55.800 tripulantes, más de 25.000 murieron ahogados, en un porcentaje cercano a las de las unidades de infantería de primera línea.

Unas cifras similares se dieron en la marina mercante nipona: un 30 por ciento de los marineros murieron víctimas de los ataques de la US Navy. En cambio, la Armada Imperial japonesa ofreció unos datos más amables para sus integrantes: las víctimas mortales no llegaron al 20 por ciento.

Así pues, si al lector se le plantea algún día la posibilidad de retroceder en el tiempo y participar en la contienda de 1939-45, no debe dudar un momento en alistarse en el Ejército de Estados Unidos, puesto que demostró ser el menos peligroso para la integridad física de sus componentes. Tan sólo uno de cada 56 soldados norteamericanos falleció en combate (un 1,8 por ciento, en total 291.557), mientras que cerca de uno de cada 25 (un 4,1 por ciento) resultó herido pero logró recuperarse. Por último, uno de cada 143 (un 0,7 por ciento) murió a consecuencia de un accidente o de enfermedad[1].

Por el contrario, el ejército más peligroso para militar en él era, sin duda, el soviético: un soldado ruso tenía treinta veces más posibilidades de morir en combate que uno norteamericano.

Los mejores soldados

Hay una pregunta que suelen hacerse invariablemente los estudiosos de la Segunda Guerra Mundial: ¿quiénes fueron los mejores soldados?

Para unos, los mejores combatientes fueron los bien pertrechados norteamericanos, para otros los arrolladores soviéticos, aunque no faltan los que admiran la perseverancia de los británicos o el empuje

---

[1] La seguridad que proporcionó el Ejército estadounidense a sus soldados en la Segunda Guerra Mundial tenía un precedente en la Primera Guerra Mundial, en la que tan sólo uno de cada 89 soldados resultó muerto en combate. En los conflictos posteriores, la proporción de bajas disminuiría. Así, en la guerra de Vietnam el porcentaje de fallecidos sería de uno por cada 185 combatientes. La primera guerra del Golfo (1991) resultaría todavía menos mortífera, ya que apenas registró la muerte de uno por cada 3.162 soldados.

suicida de los japoneses, mientras que son muchos los que valoran los combates desesperados que llevaron a cabo las baqueteadas tropas germanas en los últimos compases de la guerra. También hay incluso quien destaca el arrojo y la valentía de los hombres-torpedo italianos o el espíritu de resistencia de los franceses libres en Bir-Hackeim. Por lo tanto, decantarse por unos soldados en detrimento de otros resulta tan difícil como injusto.

La solución a este dilema sería encontrar un baremo que cuantifique con exactitud el valor demostrado por unos soldados. Este reto, que se presenta como inabordable, fue afrontado por un historiador norteamericano, Trevor N. Dupuy. Tras estudiar docenas de batallas de la Segunda Guerra Mundial, Dupuy estableció en 1979 un sistema de medición que denominó *Quantified Judgment Model* ('sistema cuantificado de valoración'). Teniendo en cuenta una serie de variables, desarrolló un modelo matemático capaz de trasladar al universo de los números el valor de los soldados en el campo de batalla. Las conclusiones de la aplicación de sus fórmulas matemáticas fueron criticadas por otros historiadores, pero aún así resulta interesante conocerlas.

Para Dupuy, los mejores soldados fueron los alemanes. En los primeros meses de la Operación Barbarroja, por la que se iniciaba la invasión de la Unión Soviética, el valor de los soldados de Hitler era un 200 por ciento superior al de sus oponentes. Es decir que, sobre el papel, un grupo de alemanes podía enfrentarse en un plano de igualdad a otro de rusos con el doble de efectivos.

Estas cifras irían variando a lo largo de la contienda, descendiendo progresivamente el coeficiente del lado alemán. Aun así, la superioridad teutona sobre los soviéticos se mantendría hasta el final. Incluso en los peores momentos, los soldados germanos presentaban un índice de superioridad sobre el Ejército Rojo del 58 por ciento.

En el frente occidental, pese al abrumador despliegue de la fuerza anglo-norteamericana, los alemanes consiguieron colocar a los Aliados en frecuentes aprietos, como sucedió durante la frustrada Operación Market Garden de septiembre de 1944 o, poco después, en las escaramuzas del bosque de Hürtgen o incluso en los momentos iniciales de la batalla de las Ardenas, en diciembre de ese año. La razón de esta resistencia a ultranza puede estribar en el índice de superioridad de las tropas germanas, que —siempre según Dupuy— presentaba un 26 por ciento; es decir, que cuatro alemanes podían luchar de forma igualada contra cinco aliados.

Los testimonios recogidos durante la batalla de Normandía, por ejemplo, parecen certificar las conclusiones de Dupuy. Un corresponsal de guerra, Bob Miller, que cubrió para la United Press esa campaña, escribió: «Si comparáramos el soldado americano, británico o canadiense medio con el soldado alemán medio, costaría mucho trabajo negar que el alemán era, con mucho, en la mayoría de los casos, un luchador superior». Durante esa misma batalla, el general norteamericano Raymond Barton aseguró: «Los alemanes aguantan ahí simplemente por las agallas que tienen sus soldados. Los superamos en número en una proporción de diez a uno en infantería, de cincuenta a uno en artillería y en una cantidad absolutamente infinita en aviación». La admiración que sentía Barton por el valor desplegado por los soldados germanos era tal que quería que los comandantes de sus unidades convencieran a sus hombres de que «tenemos que pelear por nuestro país con tanto denuedo como los alemanes pelean por el suyo».

Un veterano en la lucha contra el ejército alemán, que se convertiría en un historiador militar de reconocido prestigio, el inglés Michael Howard, admitió, guiado por una gran sinceridad, que «las fuerzas terrestres británicas y estadounidenses fueron muy conscientes de que, de enfrentrarse con las tropas alemanas en cualquier situación cercana a la igualdad de condiciones, era muy probable que sus propias tropas sufriesen una rotunda derrota». Howard no tenía reparos en admitir la superioridad individual de los soldados germanos: «Ellos eran mejores que nosotros, nunca haremos demasiado hincapié en esto. Todo soldado aliado que se enfrentaba a ellos lo sabía, y no lo consideraba un hecho humillante». Para el historiador inglés, ese hecho se explicaba porque «nosotros no pasábamos de ser aficionados, sacados de pacíficas sociedades industriales dotada de evidentes prejuicios culturales ante todo lo militar, luchando contra los mejores profesionales del ramo».

Si convenimos en que, tal como lo evidencian todos los testimonios, el valor de las tropas germanas era superior al de sus adversarios, en el escenario del Pacífico prevalecía el de los Aliados. En este caso, los norteamericanos presentaban un índice del 30 por ciento de superioridad sobre los japoneses, rompiendo así el mito firmemente establecido de la excepcional combatividad del soldado nipón. Así pues, si el Ejército del Sol Naciente quería luchar con alguna probabilidad de éxito contra un millar de estadounidenses era necesario presentar a la batalla 1.300 soldados.

Aunque el planteamiento de Dupuy puede ser objeto de discusión, la realidad es que sus fórmulas han gozado de utilidad práctica. Los programadores de videojuegos bélicos han tenido una gran ayuda en las conclusiones de este historiador, puesto que se han ayudado de ellas para adjudicar el diverso potencial de las fuerzas contendientes y acercar el desarrollo de las situaciones creadas por estos juegos a la realidad histórica.

Las «esposas de campaña»

Durante la guerra, en el frente, muchas veces las normas sociales se disolvían. La omnipresencia de la muerte, que obligaba a vivir y disfrutar el presente, hizo que las costumbres propias de la vida civil se adaptasen a ese medio tan hostil, desapareciendo muchas barreras.

En el Ejército Rojo, entre los oficiales era habitual contar con una o varias asistentes que formalmente eran secretarias de la unidad, pero que a nadie se le escapaba su auténtica función. Las mujeres accedían a adoptar este papel, además de por el referido ingrediente *carpe diem*, por una clara cuestión de conveniencia, ya que alcanzaban así una posición que les proporcionaba seguridad, en un ámbito en el que ésta escaseaba. Estas asistentes eran conocidas como «esposas de campaña» o *Pokhodno-Polevye Zheny* (PPZh)[2].

Era normal que un oficial tuviera cinco o más «esposas de campaña». Pero el general Gueorgui Zhukov tenía sólo una, a su propia doctora, la teniente Lidia Zakharova. Esta relación se mantendría una vez terminada la guerra, sin que su esposa Alexandra —con quien tenía dos hijas, Ella y Era—, pudiera hacer nada por impedirlo, pero finalizaría a principios de los cincuenta.

Otra oficial del Cuerpo Médico, la también teniente Galina Talanova, sería la auxiliar de otro importante general del Ejército Rojo, Konstantin Rokossovski. Esta relación duraría toda la guerra e incluso tendrían una hija en común, Nadezhda, nacida en enero de 1945. Al acabar la contienda, Rokossovski regresaría junto a su esposa, pero se mantendría en contacto con Galina hasta el fallecimiento de éste en 1968.

Víctimas de la «Luftwaffe americana»

A mediados de julio de 1944, las tropas aliadas que habían desembarcado en Normandía cinco semanas antes se encontraban estancadas en

[2] Véase MERRIDALE, Catherine, *Ivan's War: The Red Army at War 1939-45*, Faber & Faber, Londres, 2006, págs. 340-341.

su avance hacia el interior. La resistencia germana era feroz y los estrategas aliados comenzaban a perder los nervios. El general británico Bernard Montgomery había intentado romper el frente en el sector oeste lanzando la ambiciosa Operación Goodwood; aunque se logró un avance a un alto precio, no se logró la ruptura buscada.

Ahora era el turno de los norteamericanos de intentarlo en el sector occidental, y no podían fallar. Para aplanar el terreno al avance de sus tropas, se decidió aplastar la resistencia germana de primera línea bajo un intenso bombardeo aéreo. Para lograrlo, debían efectuar un bombardeo de precisión que no pusiera en peligro a las tropas estadounidenses. Con ese fin, Omar Bradley, el general que estaba al frente de la ofensiva, que sería conocida como Operación Cobra, estableció la absoluta necesidad de que los aviones bombardeasen paralelos a la línea del frente.

La ofensiva se inició en la mañana del lunes 25 de julio con el masivo bombardeo previsto. Unos trescientos cincuenta bombarderos pesados soltaron casi mil toneladas de bombas, pero la consigna señalada por Bradley no fue respetada. Los aviones volaron perpendiculares a la línea del frente, por lo que muchas bombas cayeron sobre las posiciones norteamericanas. Esa mañana, 25 soldados perdieron la vida y 131 resultaron heridos.

Al conocer lo que había ocurrido, y teniendo en cuenta que al día siguiente debía realizarse una nueva misión aérea de mayor envergadura, Bradley montó en cólera e insistió en que los aparatos debían volar paralelos para evitar que el bombardeo alcanzase a las propias tropas. Desde la fuerza aérea se le respondió que las limitaciones de tiempo y espacio impuestas por la operación, así como por el tiempo meteorológico, obligaban a efectuar el bombardeo siguiendo la ruta perpendicular desde el norte. Bradley aceptó a regañadientes, pero dio instrucciones para que el bombardeo fuera lo más preciso posible.

A la mañana siguiente, alrededor de dos mil quinientos bombarderos —de ellos, 1.500 pesados— arrojaron 5.000 toneladas de bombas sobre la línea de frente, además de fósforo blanco y el novedoso napalm. A pesar de las prevenciones expresadas por Bradley, el resultado sería todavía peor. Cerca de ochenta bombarderos dejaron caer sus bombas sobre las posiciones norteamericanas. Las fuertes rachas de viento y las nubes bajas dificultaron la localización de los objetivos, y las densas nubes de humo provocadas por la explosión de las bombas contribuyeron a aumentar la confusión. En total, 111 hombres murieron y 490 resultaron heridos, unas bajas que había que sumarlas a las del día anterior. No es de extrañar que los soldados norteamericanos del sector atacado pasasen a llamar a sus propias fuerzas aéreas la «Luftwaffe americana».

Los aviones norteamericanos tuvieron el dudoso honor de segar ese día la vida del militar estadounidense de mayor graduación muerto en Europa en toda la guerra. El teniente general Lesley J. McNair había llegado desde Washington para visitar la zona. En el lugar en el que fue visto por última vez durante el bombardeo había un cráter humeante, que se inspeccionó sin resultado; al final, sus restos fueron encontrados a veinte metros de ese punto, pero sólo pudo ser identificado por los galones de las hombreras.

Lo que un veterano no contaría nunca a su nieto

En 1948, un psiquiatra norteamericano, William Claire Menninger, publicó un estudio titulado *Psychiatry in a Troubled World*, en el que analizaba la experiencia de los soldados que participaron en la Segunda Guerra Mundial[3].

En su análisis, Menninger señaló los síntomas más comunes que los hombres experimentaron durante los combates. El 50 por ciento sentía palpitaciones, el cuarenta por ciento náuseas, el veinticinco por ciento vomitaba, entre un veinte y un veinticinco por ciento escalofríos o sudoración y —el dato más sorprendente— entre un cinco y un diez por ciento se hacían sus necesidades en los pantalones.

Este último dato constituye uno de los tabúes entre los veteranos de la contienda. *The American Soldier*, el estudio oficial sobre el rendimiento de las tropas estadounidenses durante la Segunda Guerra Mundial, menciona una encuesta según la cual una cuarta parte de los soldados estadounidenses habían perdido el control de sus vejigas y una octava parte admitía haberse defecado encima. Pero si nos centramos solamente en los individuos que experimentaron el combate intenso, el porcentaje asciende al doble: el 50 por ciento reconocía haber mojado los pantalones y casi el 25 haberlos ensuciado.

No obstante, esas cifras corresponden a los que lo admitieron, así que probablemente el número real sea mayor. La humillación y el estigma social que conlleva hacérselo en los pantalones provocó seguramente que muchos no estuvieran dispuestos a reconocer la verdad.

---

[3] Véase MENNINGER, W. C., *Psychiatry in a Troubled World,* Literary Licensing LLC, Whitefish, 2012.

Respecto a esta vergonzante reacción fisiológica, hay que señalar que es perfectamente normal. En una situación de supervivencia altamente estresante, el cuerpo reacciona «soltando lastre», lo que implica levantar el control de la vejiga y el esfínter. Un dato muy poco conocido es que la mayoría de los supervivientes de los ataques del 11 de septiembre de 2001 perdieron el control del vientre y de la vejiga, e incluso un buen número de bomberos o agentes de policía[4].

Aun así, a pesar de que esa embarazosa reacción no resta un ápice de heroísmo a todos los que estuvieron en primera línea de fuego durante la guerra, a ningún veterano de la Segunda Guerra Mundial, cuando su nieto, sentado en sus rodillas, le preguntaba: «Abuelo, ¿qué hiciste en la guerra?», se le ocurría responder: «Me lo hice en los pantalones».

[4] Para conocer más detalles sobre esta reacción fisiológica en situaciones de estrés, véase GROSSMAN, Dave, *Sobre el combate,* Editorial Melusina, Santa Cruz de Tenerife, 2014, págs. 39-44.

VIII
LOS OTROS PROTAGONISTAS

No temo a un ejército de leones liderado por una oveja, pero sí a un ejército de ovejas liderado por un león.

ALEJANDRO MAGNO (356-323 a. C.),
conquistador macedonio

Hitler, Stalin, Churchill, Roosevelt... ellos fueron, sin duda, los grandes protagonistas de la Segunda Guerra Mundial. Aunque muchos historiadores creen que la historia acaba fluyendo por los cauces que marcan las condiciones económicas o sociales, es innegable que el factor humano es decisivo. Así pues, la contienda discurrió a golpe de decisiones de estos personajes mayúsculos e irrepetibles, para bien o para mal, de cuyas órdenes acertadas o desafortunadas dependería el destino de decenas de países y millones de personas.

Pero hubo otros hombres, mucho menos conocidos, que merecieron pasar a la pequeña historia del conflicto, ya fuera porque llevaron a cabo actos valientes, heroicos e inauditos o, por el contrario, infames e ignominiosos. En otros casos, hubo soldados que se ganaron esa distinción por una característica física, o por motivos simplemente anecdóticos. Todos ellos conforman un heterogéneo elenco que refleja las diversas facetas del ser humano, capaz de lo mejor y de lo peor, o de destacar por cualidades que le hacen único entre tantos otros.

Koukidis, el mártir griego

Los alemanes invadieron Grecia, a la vez que Yugoslavia, el 6 de abril de 1941. Las columnas germanas irrumpieron desde territorio búlgaro. Aunque los griegos trataron de resistir valientemente con la ayuda de tropas británicas, nada pudieron hacer ante la superioridad germana.

El 27 de abril, tropas alemanas en motocicleta entraron en Atenas, seguidas por vehículos blindados, carros e infantería. La población ateniense ya esperaba la llegada de los alemanes desde hacía varios días y permaneció encerrada en sus casas manteniendo bien cerradas las ventanas. Radio Atenas hizo un llamamiento a no ofrecer resistencia al invasor. A partir de ese día, la bandera del Tercer Reich ondearía triunfante sobre la emblemática Acrópolis.

Durante los días siguientes, entre la población ateniense corrió una inspiradora historia a propósito de la bandera nazi de la Acrópolis. Al parecer, los primeros alemanes que llegaron al histórico lugar exigieron al soldado que en ese momento estaba encargado de la custodia de la bandera griega, el evzón Konstantinos Koukidis, que arriase la bandera griega de su mástil y la reemplazase por la esvástica. El joven soldado obedeció y arrió la enseña de su país, pero rehusó entregarla a los alemanes; Koukidis se enrolló en su interior y se arrojó desde lo alto de la Acrópolis, lo que provocó su muerte, convirtiéndose así en un mártir para los griegos.

Aunque esta historia fue publicada por el *Daily Mail* londinense, pasando desde ahí a toda la prensa internacional, los intentos posteriores de comprobar la veracidad de la historia, o incluso de demostrar la existencia del propio Koukidis, han resultado infructuosos, por lo que es probable que fuera un episodio inventado, destinado a mantener la moral de resistencia de los griegos. Sea cierta o no la historia, Koukidis cuenta con una placa en su honor en el lugar en el que supuestamente se despeñó por defender el honor de su país.

Todavía habría lugar para otro episodio heroico, aunque en este caso su veracidad está comprobada. El 30 de mayo de 1941, la bandera nazi que ondeaba en la Acrópolis fue robada por dos griegos, Manolis Glezos y Apostolos Santas, en la primera gran acción, aunque fuera meramente propagandística, de la resistencia griega contra los invasores alemanes. Esta hazaña obtendría un gran eco en la prensa aliada, por lo que suponía de desafío a la hegemonía germana en la Europa ocupada, inspirando otros hechos posteriores. Glezos y Santas serían condenados a muerte por los alemanes *in absentia*. Santas no llegaría a ser atrapado, pero Glezos sí. Tras ser sometido a torturas, logró huir. En abril de 1943 fue capturado por los italianos, pasando tres meses en la cárcel. Una vez libre, fue detenido nuevamente, aunque consiguió huir definitivamente en septiembre de 1944.

El general más incompetente

Resulta difícil determinar quién fue el general más incompetente de la Segunda Guerra Mundial, pero de lo que no hay duda es que entre los candidatos figuraría con total seguridad el ruso Semion Budionni (1883-1973).

A pesar de que Budionni demostraría su manifiesta incapacidad para las altas responsabilidades que se le encomendaron, sorprendentemente eludiría los castigos de Stalin, quien solía defenestrar sin piedad a todos aquellos que no lograsen sus objetivos. La razón sería su vieja amistad con el zar rojo y que no era percibido por éste como un peligro. Su aspecto, panzudo y con bigote, le hacía parecer más un anunciador de pista de circo que un mariscal, y él mismo procuraba pasar por estulto, como hábil táctica de supervivencia.

Durante la guerra, no hubo desastre para las armas soviéticas en el que Budionni no estuviera implicado. Su escasa previsión en cuanto a transportes y aprovisionamiento tuvo resultados nefastos durante la guerra contra Finlandia de 1939-1940. La Operación Barbarroja, lanzada por Hitler el 22 de junio de 1941, también contempló su ineficacia; encargado de la defensa de Ucrania, sus tropas fueron embolsadas en Uman y Kiev, perdiéndose un millón y medio de hombres. En 1942, Budionni fue destinado al Cáucaso, en donde no supo hacer frente al avance germano, hasta que fue relevado y puesto al frente de la obsoleta caballería.

Aunque Budionni y catástrofe habían llegado a ser términos inseparables, Stalin no sólo no tomaría represalias contra él, sino que le permitiría jubilarse como Héroe de la Unión Soviética.

El soldado estadounidense más joven

El soldado estadounidense más joven de la Segunda Guerra Mundial, y quizás de todos los contendientes, fue Calvin Graham, nacido el 3 de abril de 1930. Cuando se alistó voluntario en la Marina, en mayo de 1942, tenía por tanto apenas doce años recién cumplidos, pero mintió en la oficina de reclutamiento, afirmando que tenía diecisiete.

Graham fue destinado al acorazado USS *South Dakota*. Durante la batalla de Guadalcanal, el 14 de noviembre de 1942, el barco fue atacado por los japoneses; a pesar de su extrema juventud, Graham tuvo una participación destacada en la extinción de un incendio, lo que le valió la Estrella de Bronce, además del Corazón Púrpura, al resultar herido en el ataque.

Mientras Graham se convertía en un héroe, su madre debió echarle de menos, ya que decidió a acudir a las autoridades militares para revelar su auténtica edad y forzar su regreso a casa. Así, tras ser descubierto, Graham fue arrestado durante tres meses, pero fue liberado cuando su astuta hermana amenazó con contar el hecho a la prensa; sin duda, alguien tendría que explicar cómo había sido posible que un niño de doce años hubiera conseguido alistarse. El valeroso chico, aunque quedó libre, fue finalmente licenciado en mayo de 1943 «con deshonor» por haber mentido sobre su edad y le fueron retiradas las condecoraciones, además de la paga que le correspondía por las heridas sufridas.

A pesar de todo, Graham no debía albergar rencor hacia la Marina, porque cuando cumplió diecisiete años, en 1947, volvió a alistarse en ese cuerpo. Pero su experiencia en esta nueva etapa iba a ser todavía peor; cuando llevaba tres años de servicio, sufrió un desgraciado accidente, cayéndose desde un muelle y rompiéndose la columna vertebral. Pese a que era un veterano de guerra, la Marina le abandonaría a su suerte.

Graham pasaría el resto de su vida luchando por obtener ayudas médicas y la limpieza de su expediente militar. Tras una incansable lucha de décadas, en 1978 consiguió ser licenciado «con honor» y que se le devolviesen las condecoraciones, aunque con la excepción del Corazón Púrpura.

Pero Graham no ganaría su batalla por completo hasta 1988, cuando su caso llegó al gran público gracias a una película para la televisión. El entonces presidente Ronald Reagan accedió a que se le abonasen todos los gastos médicos que había tenido a consecuencia de su accidente; sin embargo, Graham ya no disponía de las facturas médicas correspondientes, lo que redujo la indemnización a apenas dos mil dólares.

A Graham no le sería devuelto el Corazón Púrpura hasta casi dos años después de su muerte, producida el 6 de noviembre de 1992 por un ataque cardíaco, siéndole entregado a su viuda.

Un soldado de altura

El soldado más alto de la Segunda Guerra Mundial, y probablemente de toda la historia, fue el finlandés Vaino Myllyrine. Nacido en Helsinki en 1909, padecía de acromegalia. Al ser tallado con 21 años para cumplir con el servicio militar medía 2,22 metros y pesaba 197 kilos. Fue asignado a un regimiento de artillería.

Durante los años treinta, Myllyrine actuó por toda Europa como luchador profesional y atracción de circo. Su crecimiento, aunque más lento, no se detendría. Myllyrine regresó a su país al comenzar la invasión soviética, el 30 de noviembre de 1939, para servir en las filas del ejército finlandés. Por supuesto, se le tuvo que hacer un uniforme a medida.

Tras la muerte en 1940 de un gigante norteamericano de 2,73 metros, Robert Wadlow, Myllyrine se convertiría, ya rondando los 2,40 metros, en el hombre más alto del mundo, una distinción que le acompañaría hasta 1957.

Tras la guerra, en 1946, Myllyrine se hizo granjero. Durante esa época, el finlandés experimentaría una nueva fase de crecimiento, alcanzando los 2,51 metros. Myllyrine falleció en 1963.

«El nazi más grande»

En agosto de 1944, una curiosa fotografía fue profusamente reproducida por la prensa estadounidense. En ella, un bajito soldado canadiense registraba a un prisionero alemán, de enorme estatura, tras ser capturado cerca de Calais. Aunque en ese momento ambos eran anónimos, posteriormente se pudo determinar la identidad de cada uno. El canadiense era el cabo Bob Roberts, de 1,65 metros, y el alemán era Jakob Nacken, un gigante de 2,22 metros. El llamativo contraste entre ambos explicaba el éxito de la fotografía. El soldado germano fue calificado por la prensa como *The Biggest Nazi*, el nazi más grande, ya que Nacken era el soldado alemán de mayor estatura.

Nacido en Düsseldorf en 1906, el crecimiento desmesurado del joven Jakob le llevó a convertirse en una atracción circense, con el nombre artístico de Uranus. Una de sus giras le llevaría en 1939 a Nueva York. Al estallar la Segunda Guerra Mundial, se incorporó al ejército germano, en el que combatiría hasta su captura en Calais. Allí, los soldados aliados se quedaron atónitos al ver a Nacken salir con las manos en alto del nido de ametralladoras en el que trataba de resistir junto a sus compañeros. Los soldados que se congregaron rápidamente a su alrededor también se sorprendieron de que supiera hablar un aceptable inglés, aprendido durante su gira norteamericana. El gigante alemán fue trasladado a Gran Bretaña como prisionero de guerra.

Al acabar la contienda, Nacken fue liberado y pudo regresar a Alemania. En 1949, se trasladó a Estados Unidos, en donde actuaría en espectáculos de segunda fila, presentándose como el Santa Claus más alto del mundo, disfrazado de ese personaje navideño. Su momento álgido llegó en 1959, cuando participó en un espectáculo de Broadway. El gigante germano acabó regresando a su país, en donde falleció en 1987.

Darnand, vergüenza de Francia

La colaboración de la Francia de Vichy con la Alemania de Hitler generó episodios vergonzosos, que han arrojado una mancha indeleble en la historia del país galo. Hubo franceses que no se limitaron a obedecer las consignas de las autoridades germanas de ocupación, sino que emprendieron con entusiasmo las acciones criminales que les habían encargado llevar a cabo. Por ejemplo, la tristemente célebre redada del Velódromo de Invierno, de julio de 1942, por la que unos doce mil judíos parisinos fueron enviados a Auschwitz, incluyendo 4.000 niños, no hubiera sido posible sin la participación activa de la policía francesa.

Uno de los máximos colaboradores de los nazis fue Joseph Darnand, nacido en 1897. Veterano de la Primera Guerra Mundial, en la que recibió siete citaciones de honor por valentía en la lucha, militaría después en grupos ultraderechistas violentos, cometiendo varios atentados. Durante la invasión alemana de 1940, Darnand estaba destinado en la Línea Maginot. Al finalizar la campaña fue apresado por los alemanes, pero logró huir. En Niza lideró a un grupo de exsoldados anticomunistas que apoyaría abiertamente al gobierno colaboracionista de Vichy.

En 1941, Darnand fundó, con el apoyo de Vichy, el Servicio de Orden Legionario (*Service d' Ordre Légionnaire*), para combatir a la Resistencia, que él consideraba una amalgama de comunistas y de subordinados a Gran Bretaña. En 1942 decidió unirse a las Waffen-SS para luchar contra la Unión Soviética, pero los alemanes consideraron que Darlan sería más útil dirigiendo la represión en su propio país.

El 1 de enero de 1943, con el visto bueno de Alemania, el Servicio de Orden Legionario se convirtió en la Milicia Francesa, una fuerza paramilitar con la que Darland ejecutaría asesinatos políticos, efectuaría operaciones contra el maquis y de represalia contra la población civil que los apoyaba, y participaría activamente en la captura y deportación de los judíos. La Milicia cometería tantas atrocidades que el mariscal Pétain acabaría después renegando públicamente de sus actuaciones.

En diciembre de 1943, Darnand sería nombrado ministro del Interior y jefe máximo de la policía, puestos desde los que continuaría con su política de represión, recurriendo sistemáticamente a la tortura y el asesinato. Darnand lanzaría esas operaciones de acuerdo a las directrices marcadas por los jefes alemanes de las SS.

Tras la liberación de París, en agosto de 1944, Darnand buscó refugio en Alemania, junto a 6.000 hombres de la Milicia. Ante el avance aliado, en abril de 1945 huyó al norte de Italia junto a un pequeño grupo de combatientes. Capturado por los norteamericanos, fue entregado a los franceses en julio de 1945 y juzgado. Acusado de traición, fue condenado a muerte, siendo fusilado el 10 de octubre de 1945.

Arthur Harris, bombardero y carnicero

Entre los Aliados, uno de los personajes más controvertidos sería Arthur Harris, quien estuvo al frente de la estrategia de bombardeos británica. Nacido en 1892 en el seno de una familia aristocrática y piloto veterano en la Primera Guerra Mundial, el inglés Arthur Harris fue el encargado de diseñar y poner en práctica la política de bombardeos masivos sobre las ciudades alemanas que tuvo lugar en la segunda mitad de la guerra, y que acabaría reduciendo a la mayoría de ellas a un montón de ruinas.

Harris, apodado *Bomber*, 'bombardero', por la prensa británica, fue nombrado en febrero de 1942 Comandante Supremo de Bombarderos. Desde su alta responsabilidad aseguró ser capaz de derrotar a Alemania arrasando sus ciudades de forma sistemática. El modo como esa destrucción sería llevada a cabo la fijaría el jefe de Estado Mayor del Aire, Charles Portal, quien creía también que Alemania podía ser vencida desde el aire, un criterio que era compartido por Churchill. Así, en una infame directiva que se dictó al Mando de Bombarderos, se designaba como objetivos las ciudades más densamente construidas: «Se ha resuelto que el objetivo primordial de su operación sea minar la moral de la población enemiga, en especial de los trabajadores industriales». En un acta aclaratoria se insistía en que «los objetivos serán los núcleos de población y no, por ejemplo, los astilleros o la industria».

Así, siguiendo las directrices marcadas en último término por Churchill, Harris dirigió sus aviones contra los barrios obreros más populosos, y adoptó los métodos más eficaces para crear devastadoras tormentas de fuego, como la utilización de bombas de fósforo. Su política de bombardeo indiscriminado arrasó casi por completo Hamburgo, Colonia o Dresde.

Pero la estrategia radical de Harris, que debía conducir indefectiblemente a la derrota germana, no obtendría los éxitos esperados. A pesar de los graves daños causados por las miles de toneladas de bombas arrojadas sobre la geografía alemana, ni la industria de guerra ni la moral de la población se resintieron de forma decisiva. Además, se perdieron más de mil bombarderos y gran parte de sus tripulaciones ante su aparente indiferencia, lo que hizo que en la propia RAF fuera conocido como Arthur *Butcher*, 'carnicero', Harris.

Tras la guerra, Harris se convirtió en un personaje incómodo, ya que personificaba la controvertida política de los bombardeos de saturación. El que se hubieran arrojado más bombas sobre las ciudades germanas en los últimos meses de la guerra, con una Alemania virtualmente derrotada, que en toda la contienda, resultaba un hecho de difícil justificación histórica. Incluso Churchill dejó entrever que se había ido demasiado lejos en esa espiral de bombardeos indiscriminados, aunque debía de haber olvidado que él había sido su impulsor.

Para justificar su controvertida actuación, Harris escribiría, sin que le faltase razón, que eran sus superiores los que le habían indicado la estrategia, los objetivos y el método. Sin embargo, mientras Charles Portal estaba destinado a recoger las mieles del triunfo, siendo elevado a la dignidad de vizconde y obteniendo una colección de condecoraciones y reconocimientos, Harris aparecía como el más indicado para convertirse en chivo expiatorio[1].

Para darle una salida honorable, *Bomber* Harris fue ascendido a mariscal de la RAF, siendo licenciado en 1946. Aunque en los años cincuenta se le otorgarían más honores, la figura de Harris sería mantenida discretamente al margen de las páginas gloriosas de la historia militar británica. Falleció en 1984.

---

[1] Para conocer en detalle el origen y las características de esta política de bombardeo, véase FRIEDRICH, Jörg, *El incendio. Alemania bajo los bombardeos 1940-1945,* Taurus, Madrid, 2003, págs. 76-80.

Borghese, el «Príncipe Negro»

Pocos personajes de la Segunda Guerra Mundial están envueltos en tanta oscuridad como el italiano Junio Valero Borghese, quien sería conocido precisamente como el «Príncipe Negro».

Borghese nació en 1906 en una familia noble que contaba con tres cardenales y un papa, emparentada incluso con Napoleón, y fue educado en Londres. En 1923 ingresó en la Marina militar, destacando por su valía. En la Segunda Guerra Mundial dirigiría el comando que el 18 de diciembre de 1941 atacó a la flota británica en el puerto de Alejandría, una operación que despertaría la admiración de todo el mundo por su osadía. Borghese llegó a planificar un ataque al puerto de Nueva York, pero la falta de colaboración de los alemanes impidió que pudiera llevarlo a cabo.

Si Borghese pudo haber pasado a la historia como un héroe, su actuación tras la caída de Mussolini y la instauración de la República fascista de Saló en el norte de Italia le acabaría situando en la categoría de criminal de guerra. Fascista convencido, creó una unidad a partir del núcleo de los marineros que tenía a sus órdenes, y que se encargó de la lucha antipartisana. Esta unidad, que llegaría a tener más de cincuenta mil hombres, extendió el terror en el norte de Italia, recurriendo al uso sistemático de la tortura y la ejecución de civiles italianos como lección a los partisanos. A la vez, Borghese mantenía contactos con los servicios secretos británicos y norteamericanos, nunca aclarados.

Tras la guerra, fue capturado por los partisanos, pero fue rescatado por agentes estadounidenses. Aunque estaba acusado de crímenes de guerra, los Aliados consiguieron que sólo fuera condenado a doce años por colaboración con los alemanes, de los que apenas cumplió cuatro.

Borghese murió en España en 1974, después de una larga carrera de dirigente neofascista que incluyó un confuso intento de golpe de Estado en 1970 y que le obligó a huir de Italia.

Göth, el verdugo de Plaszow

El citado *film* de Steven Spielberg *La lista de Schindler* dio a conocer al gran público la figura de Amon Göth, interpretado de forma magistral por Ralph Fiennes. La película mostraba con un espeluznante realismo cómo Göth, desde su puesto de comandante del campo de concentración de Plaszow, disfrutó de un poder absoluto sobre la vida y la muerte de los aterrorizados prisioneros que tenía bajo su mando. Excepto por algunos detalles menores[2], la descripción del personaje en la película de Spielberg se ajustaría bastante a la realidad.

Amon Göth nació en 1908 en Viena. De joven ya destacaba por su imponente presencia física. A los 17 años se unió a los nazis, tomando parte en actividades clandestinas en su país, que le llevarían a exiliarse. A partir de 1938, tras la anexión de Austria, inició una fructífera carrera en las SS. Su progresiva escalada en esa organización le llevaría, ya durante la contienda, a encargarse de la liquidación de varios guetos. Por esa brillante carrera fue nombrado comandante del campo de concentración de Plaszow, emplazado al sur de la ciudad polaca de Cracovia.

En ese campo, Göth instauró un reinado del terror, en el que las vidas de los internos no tenían ningún valor, siendo conocido como el «Verdugo de Plaszow». Göth destacó por su fría brutalidad, mostrándose capaz de enviar a cualquiera a la muerte, sin mostrar ninguna emoción. Tras el desayuno, solía disparar con su fusil de precisión a los prisioneros que no trabajaban al ritmo deseado. Como un sátrapa oriental, consideraba que los internos eran sus esclavos y que sus vidas le pertenecían.

Las atrocidades llevadas a cabo por Göth son innumerables, pero lo que más aterrorizaba a los internos era que podían ser castigados con la muerte por cualquier fruslería. Por ejemplo, un día encontró a una chica encargada de la limpieza en el garaje dentro de un coche y mirándose en el espejo retrovisor, mientras las ventanillas que le habían ordenado limpiar estaban sucias. Göth ordenó que la matasen de inmediato. En otra ocasión, Göth vio que en la cocina una madre y una hija mondaban patatas con demasiada lentitud para su gusto; también ordenó que las mataran. Otro día, desde la ventana del baño advirtió que un muchacho estaba orinando sobre unos troncos; Göth fue a por su rifle de precisión y, desde la misma ventana, acabó con su vida de un certero disparo.

---

[2] Según el *film*, cuando Amon Göth salía al balcón de su villa, emplazada en un altozano que dominaba la extensión del campo, podía disparar tranquilamente contra cualquiera de los prisioneros gracias a su posición elevada y despejada. Sin embargo, el emplazamiento real de la villa hace que esa escena sea imposible. La casa de Göth no se encontraba en un promontorio, dominando desde ese punto la totalidad del campo, como aparece en la película, sino en un pequeño valle. Por tanto, el que Göth pudiera disparar a cualquier interno del campo desde el balcón de su casa es una efectista licencia del guionista. Los disparos sólo podían dirigirse, por fuerza, hacia los grupos de trabajadores que iban o venían de la cantera próxima a su casa.

Un empresario que fue invitado a comer a la villa de Göth fue testigo de un horripilante episodio. Durante la comida, su anfitrión consideró que la sopa estaba demasiado caliente y llamó al cocinero judío que tenía a su servicio para que le diese una explicación. El cocinero no lo oyó, y Göth, fuera de sí, saltó de la silla y gritó aún más fuerte para que el cocinero se presentase. Cuando éste acudió por fin raudo a su llamada, Göth lo agarró y se lo llevó fuera de la casa. El empresario, que asistía incrédulo a la escena, escuchó el disparo de pistola que acabó con la vida del desafortunado cocinero.

Corrupto y alcohólico, Göth acabó cayendo en desgracia, siendo arrestado por las SS en septiembre de 1944 y enviado a prisión al aflorar el producto de sus latrocinios. Detenido después por los Aliados, fue sometido a juicio en Cracovia, mostrándose desafiante y no dando ninguna muestra de arrepentimiento. Sentenciado a muerte, la ejecución en la horca, que tuvo lugar el 13 de septiembre de 1946, falló en dos ocasiones al romperse la cuerda, muriendo al tercer intento[3].

Una ilustre mecánica

En febrero de 1945, la futura reina Isabel II de Inglaterra, que entonces contaba con 18 años, ingresó en el Servicio Territorial Auxiliar, en el que recibió formación como conductora y mecánica.

Para poner a prueba sus conocimientos, su padre, el rey Jorge VI, pidió a Lilibet —como era llamada por su familia— que echase un vistazo a uno de sus coches, que no podía arrancar. La futura monarca, después de hacer todo tipo de pruebas, se mostró también incapaz de poner en marcha el vehículo y le pidió disculpas por no haber sabido encontrar el origen de la avería.

Jorge VI, entre risas, reveló a su hija la causa de ese fallo mecánico: él mismo había quitado el distribuidor, por lo que era imposible que el coche pudiera arrancar.

El «Flautista de Saipán»

Entre el 15 de junio y el 9 de julio de 1944 se dirimió una dura batalla por la isla de Saipán, en el archipiélago de las Marianas. Saipán forma-

[3] Para conocer en detalle la vida de Amon Göth, véase HERNÁNDEZ, Jesús. *Bestias nazis. Los verdugos de las SS,* Melusina, Santa Cruz de Tenerife, 2013, págs. 25-108.

ba parte ya del perímetro defensivo de Japón, por lo que había que defenderla a toda costa. Si los norteamericanos conseguían hacerse con ella, las ciudades niponas quedarían expuestas a sus bombarderos de largo alcance.

Aunque la isla había sido fuertemente fortificada, los Marines y la infantería estadounidense lograrían aplastar la resistencia nipona, pero a un alto precio. A pesar de que los soldados norteamericanos se enfrentaban cada día a visiones terribles, les quedaba por ver la más espantosa de todas.

Debido a la propaganda a la que los japoneses habían sometido a los habitantes de la isla, éstos estaban convencidos de que iban a sufrir torturas, violaciones y asesinatos a manos de los invasores. Por ejemplo, creían que los norteamericanos iban a asar y comerse a sus hijos. Desesperados, muchos decidieron poner fin a sus vidas saltando desde los acantilados de la isla. Los padres despeñaban a sus hijos, luego el hombre empujaba a su mujer y finalmente él mismo se arrojaba contra las rocas.

Los esfuerzos de los norteamericanos por detener los suicidios masivos fueron en su mayoría infructuosos. En total, se calcula que unos veintidós mil habitantes de Saipán se suicidaron. Además, nueve mil soldados japoneses prefirieron quitarse la vida antes que entregarse.

No obstante, un marine de origen mexicano de sólo 18 años, Guy Louis Gabaldón, logró convencer a más de un millar de soldados nipones y habitantes de Saipán de que no debían suicidarse. Lo consiguió gracias que sabía hablar japonés, aprendido durante su infancia con los Nakano, la familia californiana de origen nipón que lo había acogido a los 12 años en Los Ángeles. Con ellos, además del idioma, aprendería sus costumbres y su cultura. Cuando su familia de adopción fue conducida a un campo de internamiento debido a las medidas impuestas a consecuencia de la guerra, se fue a trabajar a Alaska, pero en cuanto cumplió los 17 años se alistó en los Marines.

En Saipán, Gabaldón asistió al terrible espectáculo de los civiles saltando desde los acantilados. En su libro autobiográfico *Saipan: Suicide Island*, escrito en 1990, describiría una de esas escenas:

> —Hurley, ¡mira a toda esa gente que se alinea en el borde del acantilado! Están saltando. ¡Dios mío! Tenemos que detenerlos. ¡Vamos!
>
> El grupo se encontraba a unos 200 metros de distancia de nosotros. Yo les gritaba mientras corríamos. Les pedía que dejasen de

> matar a sus hijos, pero a medida que nos acercábamos a ellos, más eran los que saltaban. Así que le dije a mi compañero:
>
> —Hurley, detente, si nos acercamos más todos van a saltar, voy a tratar de hablar con ellos.
>
> Cuando nos detuvimos ya habían lanzado a cuatro niños. Los demás pedían a sus padres que no los mataran. Parece ser que los pequeños tenían más fe en nosotros que en sus padres.
>
> Contamos alrededor de cincuenta personas en el grupo. Uno que parecía ser el líder gritaba a los demás, no podía entender lo que estaba diciendo, pero resultaba obvio que los incitaba a no rendirse. La gente miraba hacia abajo y veía a sus amigos gimiendo. En ese momento, uno tomó un bebé y lo lanzó. Eso pareció haber sido una señal, porque todos comenzaron a saltar. En unos minutos todo terminó. Todos se encontraban debajo, muertos o moribundos…

Decidido a que los japoneses terminasen con su resistencia inútil, Gabaldón actuó por sí mismo. Una noche se aventuró en territorio enemigo, se encontró con tres soldados nipones y les conminó a que se rindiesen. Uno de ellos trató de dispararle, pero el marine fue más rápido y le mató. Los otros dos se rindieron, tras ser convencidos de que iban a ser bien tratados. Al regresar al campamento, Gabaldón fue reprendido y amenazado con formarle un consejo de guerra por abandonar su puesto. Pero el valeroso marine no hizo caso, así que a la noche siguiente, en una nueva excursión, regresó con una docena de prisioneros. Sus superiores ya no tuvieron otro remedio que felicitarle.

Gabaldón actuaba siempre en solitario; se dirigía a alguna de las cuevas en las que resistían los irreductibles soldados nipones y les convencía de que se entregasen, asegurándoles que iban a ser tratados bien. En una ocasión regresó a sus filas con medio centenar de prisioneros; desde entonces sería conocido como el «Flautista de Saipán», recordando el famoso cuento del flautista de Hamelín.

Pero su gran hazaña llegaría el 8 de julio de 1944, cuando se dirigió él solo a una cueva en la que resistía un numeroso grupo de soldados, junto a un acantilado. Gabaldón consiguió convencer al oficial que estaba al mando de que se rindiesen, prometiendo agua, comida y asistencia médica, pero cuál sería su sorpresa cuando de la cueva comenzaron a salir, además de los soldados, varios cientos de civiles, que habían buscado refugio allí. Aunque Gabaldón se vio superado de inmediato por la situación, al estar rodeado de cientos de personas que le preguntaban en donde estaba el agua y la comida, pudo mantener la calma del grupo hasta que llegaron sus compañeros para hacerse cargo de él. Sin duda, aquellos hombres, mujeres y niños hubieran acabado suicidándose en el acantilado sin la intervención del joven marine.

Ante el éxito de sus iniciativas, Gabaldón fue destinado a otra isla, Tinián, donde también consiguió que muchos soldados nipones depusiesen sus armas. Se desconoce el número total de soldados que se entregaron al «Flautista de Saipán»; aunque él aseguraba que ascendía a mil quinientos, los investigadores han considerado que la cifra real fue menor y que incluso pudo rondar la mitad. Se cree que, para acrecentar su mito, se anotó una cifra mayor de militares cuando en realidad eran civiles.

Sea como fuere, Gabaldón sería condecorado con la Estrella de Plata, aunque fue propuesto para la Medalla de Honor, la máxima distinción militar. En los años siguientes, el héroe de Saipán llevaría una vida anónima, hasta que en 1957 un popular programa de televisión dio a conocer su historia, convirtiéndole en un personaje famoso. En 1960 recibiría la Cruz de la Armada. Ese mismo año, Hollywood produciría una película basada en su vida, *Hell to eternity*, dirigida por Phil Carlson e interpretada en su papel protagonista por Jeffery Hunter.

En 1970 Gabaldón se fue a vivir a Saipán junto a su segunda mujer, de origen japonés, en donde residiría las siguientes dos décadas, impulsando programas de atención a la juventud. A su regreso a California, recibiría frecuentes homenajes, hasta que falleció en 2006, siendo enterrado con honores militares en el Cementerio Nacional de Arlington.

Ishii, el Mengele japonés

Japón dispuso de una unidad destinada a la experimentación con humanos, conocida como la Unidad 731. Al frente estaba Shiro Ishii, considerado el Mengele nipón, por el médico alemán Josef Mengele, quien llevó a cabo prácticas similares en el campo de concentración de Auschwitz.

Ishii, nacido en 1892, destacó en sus estudios de medicina. Como médico militar, inició en 1932 sus experimentos sobre guerra biológica. En 1936 impulsó la construcción en la China ocupada de un ambicioso centro secreto de experimentación para el que contaría con grandes medios materiales.

En ese terrorífico centro se llevarían a cabo todo tipo de atrocidades con prisioneros chinos, como vivisecciones, amputaciones, congelaciones e incluso reimplantaciones de miembros al revés. También se observó en ellos el efecto a diferentes distancias de las explosiones de granadas o de los lanzallamas. Se calcula que unas diez mil personas, incluyendo mujeres y niños, fueron empleadas como cobayas humanas por Shiro Ishii. Durante la guerra se hicieron también pruebas de campo con la población civil china, muriendo miles de personas víctimas del cólera, el ántrax o la peste bubónica, propagados por campos y aldeas. Ante la inminente derrota, los japoneses demolieron el centro[4].

Una vez acabada la guerra, y en lo que constituye un episodio vergonzoso para los Aliados, Shiro Ishii obtuvo la inmunidad para sus crímenes a cambio de proporcionar a los norteamericanos la información que había recopilado en sus experimentos con armas biológicas. Gracias a esa protección, ni siquiera fue juzgado. Quizás para compensar el mal que había causado a la humanidad, Ishii abrió una clínica en la que atendía gratuitamente a sus pacientes y se convirtió al cristianismo, falleciendo en 1959.

El último arquero

Si a alguien le preguntan qué guerra fue la última en la que se empleó el arco y la flecha, seguramente nadie responderá que la Segunda Guerra Mundial. Pero en realidad así fue, ya que hubo un tan anacrónico como excéntrico soldado inglés que mató a un enemigo utilizando este arma de otro tiempo.

Su nombre era John Malcolm Churchill —sin relación con el primer ministro británico—, nacido en la colonia británica de Hong Kong en 1906, más conocido como Jack. Tras sus años escolares ingresó en la academia de oficiales de Sandhurst, siendo destinado en 1926 a Birmania, quedando encuadrado en el Regimiento Manchester. Desde el principio ya dio muestras de su carácter excéntrico; por ejemplo, aprendió a tocar la gaita, pero practicando a las tres de la madrugada, lo que no era bien aceptado por sus compañeros. No es de extrañar que Churchill fuera pronto conocido por *Mad Jack* ('el loco Jack').

---

[4] Para conocer estremecedores testimonios de este execrable programa de investigación, véase GOLD, Hal, *Unit 731 Testimony*, Tuttle Publishing, North Clarendon, 2004, y WILLIAMS, Peter y WALLACE, David, *Unit 731: Japan's secret biological warfare in World War II*, The Free Press, Nueva York, 1989.

De carácter aventurero, en 1927 se propuso recorrer toda la India en motocicleta, aunque se vio obligado a abandonar después de sufrir un accidente, al atropellar a un búfalo de agua. En 1936, Churchill abandonó el Ejército y se trasladó a Kenia, en donde editó un periódico, pero en 1938 ya estaba de nuevo en Inglaterra. En 1939 participó en el Campeonato Mundial de Tiro con Arco, celebrado en Oslo.

Cuando estalló la Segunda Guerra Mundial, Churchill se reincorporó al Ejército, dispuesto a matar enemigos con un arco de cien libras esterlinas fabricado al estilo medieval, que compró especialmente para la ocasión. El arquero marchó a la guerra pertrechado también de una espada escocesa de la época napoleónica, aunque el mito posterior diría que se trataba de una espada inglesa de la Edad Media.

Su leyenda comenzaría a forjarse en mayo de 1940, en Francia. Tras tender una emboscada a una patrulla alemana en la localidad de L'Epinette, Churchill disparó una flecha con su arco antes de que comenzasen a disparar sus compañeros, matando a un sargento germano desde una distancia de 30 metros.

A su regreso a Inglaterra, tras ser evacuado desde Dunkerque, el inquieto Churchill se alistó en los comandos de operaciones especiales. En diciembre de 1941 participó en el asalto a una guarnición germana en la costa de Noruega; fue el primero en descender por la rampa de la lancha de desembarco, encabezando el ataque de sus compañeros a los sones de su gaita. Fue condecorado con la Cruz Militar.

En 1943, *Mad Jack* desembarcó en Salerno, Italia, con su espada escocesa, su arco y sus flechas. Con la ayuda de un cabo, consiguió capturar 42 prisioneros alemanes, mereciendo la concesión de la Orden de Servicios Distinguidos.

Al año siguiente, en una operación de apoyo a los partisanos yugoslavos, Churchill fue capturado por los alemanes y trasladado a Berlín para ser interrogado. De ahí fue enviado al campo de concentración de Sachsenhausen.

Pero estaba claro que el aventurero Churchill no podía esperar pacientemente el final de la guerra en su triste cautiverio. Junto a un compañero, en septiembre de 1944 consiguió huir del campo y llegar hasta la costa del Báltico, aunque allí fue capturado de nuevo. En abril de 1945, ante el avance de las tropas aliadas, *Mad Jack* y otros 140 prisioneros fueron trasladados al Tirol, custodiados por soldados de las Waffen-SS. Una vez allí, temiendo ser ejecutados en cualquier momento, un grupo de prisioneros logró reclamar la atención de un oficial de la Wehrmacht, que intervino para garantizar su seguridad. Los hombres de las Waffen-SS, que estaban dispuestos a cumplir la orden de

Hitler de ejecutar a todos los prisioneros de guerra, acabaron liberando a Churchill y sus compañeros, quienes se dirigieron hacia las líneas aliadas, que se encontraban en la ciudad italiana de Verona.

Tras el final de la contienda en Europa, el belicoso Churchill no estaba dispuesto a colgar el arco y la espada. Pidió ser destinado a Birmania, en donde los británicos estaban todavía combatiendo a las fuerzas japonesas. La posterior victoria aliada en Oriente entristeció al inefable *Mad Jack*: «Si no hubieran intervenido los malditos yanquis, la guerra hubiera durado otros diez años», se lamentó.

Con la llegada de la paz, Churchill, que contaba ya con cuarenta años, decidió hacerse paracaidista y acudió a una escuela de salto. Tras su preparación, fue destinado a Palestina, en donde protagonizaría nuevos episodios en los que demostró de nuevo su valor, protegiendo convoyes judíos de los combatientes árabes. Parece ser que su experiencia en Palestina sació para siempre sus ansias guerreras, ya que *Mad Jack* decidió emprender nuevas aventuras, pasando un tiempo en Australia, en donde se aficionó al surf.

Cuando regresó a Gran Bretaña se reincorporó al Ejército en tareas burocráticas. Su dominio con el arco le llevaría en 1952 a interpretar un pequeño papel en la película *Ivanhoe*. Aunque estaba lejos de Australia, Churchill no renunció a seguir practicando el surf; en 1955 se convirtió en el primer surfista en cabalgar las olas de dos metros que se producen a diario en el estuario del río Severn debido al flujo de las mareas, e incluso diseñó su propia tabla.

En 1959 se retiró del Ejército, siendo condecorado de nuevo en reconocimiento a su brillante carrera militar. Pero *Mad Jack* hizo honor a su apodo y continuó siendo un personaje excéntrico. Por ejemplo, cuando regresaba a su casa en tren, arrojaba su maleta por la ventanilla, para sorpresa de los otros viajeros; cada vez debía explicar que la había lanzado sobre su propio jardín, y que lo hacía para no tener después que cargar con la maleta desde la estación.

En sus últimos años, a Churchill se le podía ver en la orilla del Támesis, maniobrando pequeños barcos de guerra dirigidos por radiocontrol. El último arquero falleció en Surrey, tras una vida intensa y rebosante de aventuras, en 1996.

Veteranos de guerra en la Casa Blanca

Entre los soldados que combatieron en la Segunda Guerra Mundial, hubo ocho que estaban destinados a ocupar la Casa Blanca. Seguramente, ninguno de ellos podía soñar en esos momentos en que algún día tomarían posesión del despacho que en esos años ocupaba Franklin D. Roosevelt.

Tras la presidencia del general Eisenhower entre 1953 y 1961, aupado por su protagonismo en la victoria aliada en Europa, le llegó el turno a John F. Kennedy, quien marcaría toda una época pese a estar en la Casa Blanca tan sólo entre 1961 y 1963. Unos meses antes de que Estados Unidos entrase en guerra, en la primavera de 1941, Kennedy se ofreció como voluntario, pero fue rechazado por sus problemas de columna, aunque logró alistarse en septiembre de ese año gracias a las influencias de su familia. Tras el ataque a Pearl Harbor, Kennedy fue destinado al Pacífico.

El 2 de agosto de 1943, siendo alférez de navío, Kennedy padeció un dramático naufragio en aguas de las islas Salomón, cuando su lancha, la PT-109, fue abordada por un destructor japonés. Aunque Kennedy resultó herido, ayudó a diez compañeros supervivientes a ponerse a salvo, llegando hasta un atolón. Tras ser rescatado gracias a un mensaje que escribió en un coco y que un nativo trasladó hasta una base norteamericana, fue condecorado con la Medalla de la Marina y del Cuerpo de Marines por «su conducta extremadamente heroica» y «su valor sobresaliente, entereza y liderazgo». A principios de 1945 fue repatriado por recomendación médica. Al llegar a la presidencia, ese episodio fue popularizado y la PT-109, cuyos restos no serían localizados hasta 2002, se convertiría en una embarcación famosa. Sin embargo, Kennedy aseguraba no sentirse merecedor de aquellos reconocimientos, lamentando además la muerte de dos miembros de su tripulación.

El sucesor de Kennedy en la Casa Blanca, el texano Lyndon B. Johnson, sería presidente de 1963 a 1969. Durante la guerra, Johnson había tenido el honor de ser el primer congresista en alistarse, enrolándose en la Marina, en donde realizaría labores de inspección en el Pacífico. En una ocasión estuvo a punto de perder la vida, cuando, en una gira de inspección encargada por el presidente Roosevelt, participó como observador en una misión de bombardeo sobre una base japonesa en Nueva Guinea. Johnson tenía asignada una plaza en uno de los bombarderos, pero en el último momento se le cambió de aparato; el que tenía asignado en primer lugar sería derribado y no habría supervivientes. Pero, en esa misma misión, Johnson protagonizaría un hecho controvertido; su avión tuvo que regresar antes de tiempo porque, supuestamente, había sido atacado por aparatos japoneses. El haber sobrevivido a ese ataque le supuso a Johnson la concesión de la

Estrella de Plata por parte del general Douglas MacArthur. Sin embargo, varios testimonios asegurarían que el regreso precipitado fue en realidad a consecuencia de una avería y que el avión de Johnson nunca estuvo bajo fuego enemigo, una versión de los hechos que se vería apoyada por los registros oficiales de la Marina.

Richard M. Nixon, en la Casa Blanca entre 1969 y 1974, era un oscuro abogado en Los Ángeles cuando los japoneses atacaron Pearl Harbor. Se alistó en la Marina en agosto de 1942, aunque los primeros meses no pasó de ser el encargado de servir hamburguesas y refrescos en la cantina de una base aérea de Iowa. Después pidió ser destinado al Pacífico, pero allí tampoco vería mucha acción, ya que se dedicó a tareas burocráticas. En octubre de 1943 alcanzaría la graduación de teniente, aunque siempre se mantuvo lejos de los combates. La guerra no le fue mal a quien luego sería conocido como *Tricky* ('tramposo') *Dick*, puesto que gracias a sus habilidades en el póquer logró reunir la nada despreciable cantidad de 10.000 dólares de 1945.

Curiosamente, los candidatos que se habían enfrentado en las urnas con Johnson y Nixon, Barry Goldwater en 1964 y George MacGovern en 1972, habían servido como pilotos de bombardero en las Fuerzas Aéreas. Así pues, ambos fueron derrotados por veteranos de la Marina.

Los trucos de Nixon pudieron servirle durante la guerra para ganar al póquer, pero no serían suficientes para esquivar las consecuencias del escándalo del Watergate, lo que le acabaría costando la presidencia. Su sustituto, Gerald R. Ford, que desempeñaría el cargo hasta 1977, también había servido en la Marina. Ford fue director de educación física en el portaaviones USS *Monterey*. Su buque no llegó a ser atacado por los japoneses, pero sufrió un grave incendio en diciembre de 1944 a consecuencia de un tifón. Durante las labores de extinción, Ford resbaló y estuvo a punto de caer al agua, en lo que fue el momento de mayor peligro que vivió durante la contienda.

Jimmy E. Carter, máximo mandatario de 1977 a 1981, entró en la Academia Naval de Annápolis en el verano de 1943, no llegando a ser destinado al frente. Se graduó como oficial en 1946, cuando el conflicto ya había terminado, obteniendo el puesto 59.º de los 820 alumnos de su promoción.

El actor Ronald Reagan, presidente de 1981 a 1989, se incorporó a filas el 18 de abril de 1942. Debido a su miopía, fue clasificado como apto sólo para servicios limitados, lo que excluía el servicio en el exterior. Aunque llegó a capitán del Ejército, su cometido estaría lejos de los campos de batalla, dedicándose a protagonizar películas de propaganda. De hecho, durante toda la guerra no pasó ni una noche en un cuartel, pudiendo dormir siempre en casa.

El último presidente norteamericano que tomó parte en los combates de la Segunda Guerra Mundial sería el sucesor de Reagan, George Bush padre, que alcanzaría la presidencia en el 2000 y no repetiría mandato. Tras el ataque a Pearl Harbor, Bush decidió unirse a la Armada, con apenas 17 años. Tras completar su formación, se convirtió en piloto de aviación naval cuando le faltaban tres días para cumplir 19 años, siendo en ese momento el aviador naval más joven. El futuro presidente tuvo una actuación heroica durante la contienda, participando en junio de 1944 en la batalla del mar de Filipinas. En septiembre de 1944, su Grumman Avenger fue alcanzado por fuego antiaéreo pero aun así pudo completar su misión, hasta que saltó en paracaídas, siendo rescatado por un submarino. Por ésta y otras acciones, fue distinguido con varias condecoraciones.

Finalmente, el último veterano que intentó llegar a la Casa Blanca fue el republicano Robert Dole, soldado de infantería en la campaña de Italia, en donde resultó gravemente herido por fuego de ametralladora. Dole cayó en las elecciones de 1992 ante Bill Clinton, nacido al año siguiente del fin de la contienda, en 1946.

IX
HISTORIAS DE INGENIO

No se puede decir que la civilización no progrese; en cada guerra descubren nuevas formas de matarnos.

WILLIAM P. ROGERS (1913-2001),
político estadounidense

La guerra es el ámbito ideal para plantear y desarrollar las ideas más ingeniosas. Las oportunidades son innumerables. Por un lado, los contendientes están dispuestos a apostar por cualquier idea novedosa que pueda suponer un atajo en el largo y costoso camino a la deseada y a veces esquiva victoria. Por el otro, abundan los oportunistas dispuestos a aprovecharse de esa desesperada demanda.

Pero en una guerra el ingenio también es un requisito indispensable para sobrevivir. En un mundo que se viene abajo, es necesario exprimir la imaginación, ideando la manera de sortear los peligros que acechan en todo momento. Como veremos, la imaginación no tuvo límites durante la contienda, convirtiéndose en una herramienta de supervivencia y, en algunos casos, en un arma muy valiosa.

El alquimista de Himmler

En 1937, un metalúrgico alemán llamado Karl Malchus entró en contacto con el jefe de las SS, Heinrich Himmler, para hacerle una propuesta irrechazable. Malchus aseguraba conocer el secreto de la fabricación del oro, utilizando para ello la grava que se podía extraer del lecho del río Isar a su paso por Múnich.

El alquimista, que al parecer trabajaba en secreto para los británicos, sabía que esa propuesta iba a ser vista con muy buenos ojos por Himmler, ya que Alemania precisaba de oro para comprar armamento y materias primas en el extranjero, con el objetivo seguir preparando la contienda que ya se vislumbraba en el horizonte.

Himmler, que seguramente consideró que no tenía nada que perder, aceptó el prometedor ofrecimiento de Malchus, a pesar de que poco antes había tenido una decepción con un químico que le había asegurado poder convertir el agua en petróleo, y que acabó preso en cuanto se comprobó que era un farsante.

Para facilitar el trabajo de Malchus, Himmler dispuso para él un laboratorio completo en el campo de concentración de Dachau, cercano a Múnich. Durante un tiempo, Malchus consiguió engañar a Himmler, mostrándole pepitas de oro que supuestamente fabricaba él, cuando en realidad las introducía en el campo escondidas en cigarrillos.

Pese a la astucia desplegada por Malchus, fue descubierto y confinado en el mismo campo. Finalmente, el alquimista de pacotilla fue liberado, pero con la amenaza de ser ejecutado si alguna vez revelaba que había conocido a Himmler.

El topo mecánico de Churchill

En 1988 salió a la luz un plan ideado por los británicos durante la Segunda Guerra Mundial, y que se había mantenido en secreto hasta entonces. El proyecto, que había sido propuesto por Winston Churchill tras el estallido de la guerra, consistía en construir una máquina capaz de abrir trincheras para penetrar en la línea del frente enemigo. Churchill, que todavía no había sido nombrado primer ministro, creía que el nuevo conflicto se desarrollaría con características similares a la Primera Guerra Mundial, por lo que consideraba que ese artefacto iba a resultar de gran utilidad para romper el estancamiento inherente a la guerra de trincheras.

Este «topo mecánico» recibió el nombre de Cultivator n.° 6, como si de maquinaria agrícola se tratase, pero Churchill lo bautizó *Nellie* por las iniciales con las que era también conocido el artefacto, N. L. E. (*Naval Landing Equipment*). *Nellie* iba a tener unos 25 metros de largo y pesar 140 toneladas. Su motor movería una potencia de 600 caballos. Estaría tripulado por tres hombres; el piloto dispondría de una pequeña torreta situada en la parte superior, dotada de una ventanilla desde la que dirigiría al conductor, quien permanecería estirado a lo largo del tubo. Por último, un ingeniero se encontraría en la misma posición, pero en la «sala de máquinas» del ingenio.

Estaba previsto que *Nellie* entrase en acción por la noche. Para que el topo no fuera advertido por el enemigo, al mismo tiempo se llevaría a cabo un bombardeo, con el fin de enmascarar el sonido del motor. Cuando el topo se pusiera en marcha, abriría una trinchera de dos metros de ancho y otros dos metros de profundidad, a una velocidad de unos 600 metros a la hora. Tras *Nellie* marcharían los soldados, procediendo a ocupar la posición; por la mañana, el enemigo se llevaría la sorpresa de ver una nueva trinchera recién excavada a pocos metros, perfectamente guarnecida. El proyecto contemplaba también la posibilidad de crear un topo más ancho, que permitiese el paso de vehículos, para que estos irrumpiesen también justo delante de las líneas enemigas.

La extravagante propuesta de Churchill fue rechazada, pero en febrero de 1940 ya no debió parecer tan estrafalaria, puesto que se destinaron fondos al proyecto. El nombramiento de Churchill como primer ministro, en mayo de ese año, supuso el impulso definitivo al plan, consistente en la construcción de doscientos de estos topos mecánicos, aunque la rápida derrota aliada en Francia, en una campaña que nada tuvo que ver con los frentes estáticos de la Gran Guerra, dejó el proyecto en suspenso.

El desarrollo del plan se retomó en junio de 1941, pero las pruebas llevadas a cabo con prototipos resultaron un fracaso. *Nellie*, por ejemplo, se mostró incapaz de superar las raíces de un árbol que se interponían en su camino. Aunque se intentó mejorar el diseño original, el proyecto no daba sus frutos. Las pruebas se suspendieron en enero de 1942 y el plan se canceló definitivamente en mayo de 1943. Los topos mecánicos utilizados en las pruebas acabaron vendiéndose como chatarra.

El peligro de usar bigote

Los francotiradores alemanes solían disparar de forma selectiva a los oficiales británicos para sembrar el pánico entre los mandos. El número de bajas entre ellos sería tan alto que los oficiales que se encontraban en zonas de riesgo llegaron a prescindir de los distintivos de rango en sus uniformes.

Sin embargo, eso no sirvió para dejar ser objetivo de los francotiradores germanos; éstos, inesperadamente, seguían disparando contra ellos, a pesar de que utilizaban el mismo uniforme que los soldados rasos.

La solución al enigma la proporcionaría un francotirador capturado. En el interrogatorio admitió que disparaban a los soldados con bigote. En efecto, era tradición que los oficiales británicos se dejasen bigote, teniendo como origen la Orden n.º 1695 del Reglamento Real de 1860, que dictaba que los oficiales debían «mantener el pelo de la cabeza corto, y que el mentón y la parte inferior del labio se debía afeitar, pero no la parte superior».

Durante la Primera Guerra Mundial, esa orden fue derogada, ya que el bigote impedía que la máscara antigás se pudiera ajustar, pero tras la contienda se recuperó esa tradición, una costumbre que para algunos oficiales británicos les resultaría letal, debido a la perspicacia de los francotiradores germanos.

Bocadillos envenenados

Alois Elias fue un militar checoslovaco que desempeñó el cargo de primer ministro del Protectorado de Bohemia y Moravia, bajo control alemán. Aunque Elias debía obedecer las directrices germanas, en realidad mantenía contacto con el gobierno checo en el exilio de Londres y actuaba de manera encubierta en favor de la resistencia.

Su acción más destacada y original fue un plan para envenenar a diecisiete periodistas checos que servían a los intereses nazis. Él mismo sería el encargado de llevarlo a cabo. Para ello, compró bocadillos en una pastelería y los llevó a un médico amigo suyo para que les inoculase un cóctel letal de bacterias del tifus y de la tuberculosis, así como una dosis de toxina botulínica.

Los bocadillos, preparados con esos ponzoñosos ingredientes, fueron servidos en una recepción que Elias celebró en la sede del Gobierno, con la excusa de una reunión para hablar de la inminente invasión de la Unión Soviética.

Aunque Elias había cuidado todos los detalles, el plan no funcionó como estaba previsto. En primer lugar, de los diecisiete periodistas señalados como objetivo, tan sólo se presentaron siete. De esos siete, sólo cuatro cayeron enfermos a consecuencia de la ingesta de los bocadillos envenenados, y de ellos, únicamente uno, Karel Laznovsky, fallecería.

Finalmente, el doble juego de Alois Elias sería descubierto por los alemanes. El 27 de septiembre de 1941 fue detenido. Tras ser condenado a muerte, fue ajusticiado el 27 de mayo de 1942. No obstante, la labor de Elias a favor de la resistencia checa sería reconocida en 2006, siendo homenajeado en un funeral de Estado.

Operaciones para salvar la vida

Muchos judíos pudieron librarse de una muerte cierta a manos de los nazis gracias a las pequeñas operaciones que les realizaron dos doctores, uno checoslovaco y otro polaco.

El urólogo checo Josef Jaksy se limitaba a practicar una pequeña incisión en el miembro viril de sus pacientes judíos, y les extendía un certificado en el que se aseguraba que habían sido recientemente operados de fimosis, por lo que la circuncisión que presentaban era debida exclusivamente a razones médicas.

Por su parte, el cirujano polaco Feliks Kanabus, con la ayuda de otros dos doctores, llevó a cabo 140 operaciones, por las que se implantaba en el mismo lugar piel procedente de otra parte del cuerpo, para revertir así la circuncisión, logrando de este modo salvar a otros tantos judíos de ser enviados a los campos de exterminio.

Los ciegos de Leningrado

Durante el cerco alemán a la ciudad rusa de Leningrado, la defensa antiaérea disponía de unos primitivos detectores de sonido para captar la presencia de los aviones germanos. Consistían en unos tubos kilométricos por los que los soldados aguzaban el oído para descubrir la llegada de los aparatos. Cuando esto sucedía, se ponían en marcha los reflectores, pero en muchas ocasiones los aviones aparecían antes de que las luces se hubieran encendido.

Para mejorar el sistema de detección, un oficial propuso utilizar personas ciegas, al imaginar que podrían captar con mayor antelación el ruido producido por los aeroplanos debido a que tienen el sentido del oído más desarrollado.

Las pruebas que se llevaron a cabo fueron un éxito y, a partir de enero de 1942, un grupo de invidentes se encargaría de alertar de la presencia de la Luftwaffe cuando ésta se aproximaba a Leningrado.

Cómo despertar a un volcán

La isla de Nueva Bretaña, cercana a Nueva Guinea, poseía un gran valor estratégico tanto para los japoneses como para los australianos, que temían que fuera utilizada por las tropas niponas para atacar a su país.

La guarnición australiana que se encontraba en la localidad de Rabaul fue derrotada por los japoneses, que se apoderaron de la isla el 23 de enero de 1942. Rabaul se convirtió en una fortaleza inexpugnable, en la que se construyeron unos quinientos kilómetros de túneles, cavados por nativos y prisioneros indios capturados en Singapur. También se construyeron cinco aeródromos, un puerto y una base de submarinos. Desde allí se enviarían suministros a toda la región, incluyendo el apoyo a las tropas que combatían en Bougainville, Guadalcanal o el mar del Coral. Además, los quince hospitales subterráneos con los que contaban los japoneses en Rabaul servían para atender a los heridos que llegaban desde estos lugares. El más grande era uno que tenía cuatro kilómetros de largo y podía atender a 2.500 pacientes. En total, unos 200.000 japoneses estaban destinados en Rabaul, protegiendo este valioso enclave.

En ese mismo año, el volcán Tavurvur, situado en la cercana isla de Matupi, entraría en erupción, provocando algunos daños en las instalaciones de las fuerzas niponas. Esa noticia estimuló la imaginación de los norteamericanos, que vieron en el Tavurvur un inesperado aliado. Pero era necesario despertarlo para que los daños ocasionados a los japoneses fueran aún mayores, como había sucedido por ejemplo en 1937, cuando una erupción causó la muerte de medio millar de personas. Para ello se ideó un insólito plan: se decidió lanzar dos bombas de gran potencia en el interior de la boca del volcán, con el fin de provocar una nueva y catastrófica erupción.

Así pues, dos de estas bombas fueron lanzadas sobre el volcán. Sin embargo, los aviadores norteamericanos no estuvieron muy acertados, puesto que no sólo no acertaron con la boca del volcán, sino que ni tan siquiera hicieron explosión, al caer sobre la gruesa capa de arena de la ladera, quedando allí enterradas. Vista la poca puntería exhibida en la misión, se optó por cancelar el plan y no se intentó de nuevo.

En 1970, las dos bombas fueron localizadas. La Armada australiana sería la encargada de detonarlas.

El barco que se camufló de isla tropical

Las Indias Orientales Holandesas, la actual Indonesia, fueron invadidas por los japoneses en 1941. Las fuerzas holandesas trataron de hacer frente a los nipones, pero nada pudieron hacer ante el empuje de las tropas del país del Sol Naciente.

Así, el dragaminas *Abraham Crijnssen*, fondeado en Surabaya, en la isla de Java, recibió en febrero de 1942 la orden de poner rumbo a Australia, para evitar caer en manos japonesas. Sin embargo, el viaje entrañaba mucho peligro, ya que podía ser detectado y bombardeado desde el aire. Para evitarlo, su capitán decidió camuflar el buque, transformándolo en una isla tropical. De este modo, el barco podría confundirse con las numerosas islas cubiertas de vegetación que había en el área que debían atravesar.

Así pues, la tripulación del dragaminas holandés procedió a cubrir por completo la cubierta con ramas, hasta convertir al *Abraham Crijnssen* en una frondosa isla. Durante el día, el barco permanecía inmóvil junto a la costa, navegando sólo por la noche. El truco dio resultado y los japoneses no pudieron detectarlo. El dragaminas sería el último barco holandés en escapar de Java y el único de su clase en conseguirlo.

El barco llegó finalmente al puerto australiano de Fremantle el 22 de marzo de 1942, llevando a cabo misiones en aguas australianas durante el resto de la contienda. Desde 1995, el *Abraham Crijnssen* está preservado como barco museo en el puerto holandés de Den Helder.

La utilidad del Monopoly

Los alemanes permitían a la Cruz Roja entregar paquetes a los prisioneros de guerra aliados. Estos paquetes debían contener comida y artículos de higiene. También se permitían barajas de cartas o juegos de mesa para hacer más llevadera la estancia en el campo de prisioneros, lo que sería utilizado por las autoridades militares norteamericanas y británicas para facilitar los planes de fuga de sus compatriotas.

Así pues, las cajas del popular juego de mesa Monopoly fueron utilizadas para enviar valioso material a los prisioneros que tenían planeado escapar. Por ejemplo, las fichas escondían en su interior una brújula, las piezas que representaban a los hoteles camuflaban en su interior mapas de la región impresos en fina seda, perfectamente plegados, y el dinero utilizado en el juego ocultaba auténticos billetes alemanes, franceses o italianos, necesarios para la fuga.

Pero hubo quien encontró otra utilidad al dinero de juguete del Monopoly. Los soldados aliados que liberaron Nápoles consiguieron convencer a las mujeres que se prostituían para poder comer de que esos billetes, con los que pagaban sus servicios, eran vales de ocupación. Sin embargo, a algunos la artimaña para engañar a aquellas mujeres les acabaría saliendo bastante cara, ya que contraerían un nuevo tipo de gonorrea, llamada napolitana, especialmente virulenta.

El juego de los excrementos de camello

Durante la guerra en el norte de África, los alemanes solían hacer pasar sus tanques sobre los excrementos de camello porque creían que eso les daba suerte. Conocedores de ese hecho, los británicos confeccionaron minas explosivas camufladas como deposiciones de camello, en la confianza de que los alemanes pasarían sobre ellas, saltando así por los aires.

Cuando los alemanes detectaron esa estratagema, tan sólo pasaban por encima de los excrementos cuando se advertía que antes había pasado ya otro tanque. En respuesta ese particular juego, los ingeniosos británicos crearon unas minas camufladas de excrementos de camello con la huella dejada por un tanque.

Esquivando la censura

Tras el desembarco de las tropas aliadas en el norte de África el 8 de noviembre de 1942, el general Eisenhower impuso una férrea censura sobre las crónicas de los corresponsales, para evitar todo aquello que pudiera apenar a las familias de los soldados.

Igualmente, la censura afectaría a las cartas de los soldados a sus familias, en este caso para impedir que pudiera llegar información sensible a oídos del enemigo. Pero, según relataría el *New York Herald Tribune* el 3 de julio de 1943, hubo un soldado norteamericano que no estaba dispuesto a que la censura tachase ninguna de sus frases.

Éste es el contenido de la carta que envió a su familia:

> Después de irnos de donde antes estábamos para venir aquí, no podíamos decir que habíamos llegado aquí. De cualquier manera, aho-

ra estamos aquí y no allí. El tiempo aquí es como siempre ha sido en estas fechas del año. La gente de aquí es exactamente como el aspecto que tiene.

Cuando el censor leyó estas líneas que contenían información que de bien poco iba a servir al enemigo, se tomó la libertad de anotar un lacónico «Amén», quizás como un reconocimiento al ingenio burlón de su autor.

Otros usos del café

Los soldados de todos los bandos apreciaban mucho el café, al ser una bebida a la vez estimulante y reconfortante, pero los británicos de la 56.ª División de Infantería le encontraron una insólita utilidad.

Tras su llegada a Italia, procedentes del norte de África, los soldados británicos se dieron cuenta de que sus uniformes de color claro, ideales para la lucha en el desierto, resultaban demasiado visibles en aquel terreno. En ese nuevo escenario era fundamental permanecer bien camuflados. Todas las cosas blancas se escondían para evitar que atrajeran la atención de los aviones germanos; al primer amago de ataque aéreo, incluso los que estaban afeitándose se limpiaban las jabonaduras con la toalla.

Los soldados comprendieron que debían hacer algo para no seguir llamando la atención de la Luftwaffe con sus uniformes de color arena. Entonces, a alguien se le ocurrió usar el café para que los uniformes adquiriesen un tono más oscuro.

Así lo hicieron; pusieron a hervir café en grandes calderos, sumergiendo los uniformes en ellos. El truco dio resultado y los uniformes se oscurecieron, tal como deseaban, adquiriendo además un estimulante aroma. Además, aunque se había utilizado para hervir ropa, eso no fue obstáculo para que los soldados se bebieran el café.

La Operación Tse-Tse

A pesar de las adversas condiciones en las que debía actuar, la resistencia polaca no se dejaría aplastar por la máquina represiva nazi. Las iniciativas más originales serían las que llevaría a cabo la sección de Información y Propaganda de la Armia Krajowa ('ejército nacional'), el principal movimiento de resistencia polaco. Las acciones de esta unidad, consistentes sobre todo en el sabotaje y la guerra psicológica, recibirían el enigmático nombre de Organización N. Aunque la N no significaba nada, pensaron que resultaba suficientemente intrigante como para que los alemanes pensasen que había algo muy importante detrás.

Entre las iniciativas de este grupo, que llegaría a contar con cerca de un millar de miembros, destacan las que tenían como objetivo golpear la moral de los alemanes que residían en Polonia, pero también los que vivían en el Reich. Para ello, hacían uso de falsificaciones de excelente factura que copiaban los periódicos y documentos oficiales germanos.

Así, por ejemplo, eran capaces de editar periódicos y revistas cuyas portadas eran idénticas a los auténticos, pero en el interior publicaban artículos y dibujos antinazis. Esos ejemplares llegaban a Alemania gracias a la colaboración de voluntarios, y allí corrían de mano en mano.

La Organización N también remitió, en una ocasión, cartas con membrete oficial a todas las familias alemanas de Varsovia, conminándoles a que se presentasen en el ayuntamiento con un paquete de comida para los soldados heridos de la Wehrmacht, todos el mismo día y a la misma hora. El día fijado se congregó allí una desconcertada muchedumbre, ante unos no menos confundidos funcionarios, que decían desconocer ese decreto. Muchos alemanes regresaron enojados a sus casas, convencidos de la incompetencia de las autoridades, mientras los funcionarios se quejaban a su vez a sus sorprendidos superiores de que no se les hubiera informado de esa iniciativa.

En otra ocasión, la Organización N envió también falsas cartas oficiales a todos los granjeros alemanes de los alrededores de Varsovia, sugiriéndoles que para celebrar el cumpleaños de Hitler se presentasen en la oficina local del Partido con un regalo para el Führer: dos gallinas y veinte huevos. Para acrecentar la confusión, todas las cartas señalaban también el mismo día y la misma hora. Ese día, cerca de trescientos granjeros acudieron a la oficina en sus carros, con sus respectivas gallinas y huevos, ante el estupor de los funcionarios del Partido, que tuvieron que soportar las airadas quejas de los convocados.

Esas acciones podían tener más tintes de broma pesada que de auténticas acciones de resistencia, pero otra similar sí que afectó al esfuerzo de guerra germano. En 1942, la Organización N envió falsas cartas oficiales a todos los directores de fábrica del distrito de Varsovia comunicándoles que el 1 de mayo era el Día del Trabajo Nazi, por lo que era festivo. Las cartas se enviaron en el último momento, para que los directores no tuvieran tiempo de efectuar las comprobaciones oportunas. Así, la mayoría de fábricas de Varsovia y alrededores cerró ese día. Las pérdidas de producción en esa jornada serían comparables a las sufridas a consecuencia de un ataque aéreo de la RAF.

Los miembros de la Organización N contaban con unos jóvenes y entusiastas colaboradores, un grupo de *Boy Scouts* que había decidido pasar a la clandestinidad para combatir también al ocupante, escogiendo el nombre de guerra de *Szare Szeregi* ('filas grises'). Esos valerosos muchachos se dedicaban sobre todo a la propaganda callejera, pegando carteles o haciendo pintadas, aunque los más veteranos podían llegar a realizar grandes sabotajes o acciones armadas. Entre las operaciones más destacadas figuraría el asesinato de cuatro altos oficiales de las SS entre mayo de 1943 y febrero de 1944.

No obstante, la mayoría de miembros de las «filas grises» se dedicarían al pequeño sabotaje. La principal misión en la que se embarcaron sería la conocida como Operación Tse-Tse, en referencia a la mosca africana que provoca la enfermedad del sueño.

La relación de ese nombre con la naturaleza de la misión no está clara, aunque lo más probable es que quería ser tan molesta para sus víctimas como las picaduras de esa mosca. Los miembros de las «filas grises» se comprometían a dar dos «picotazos» a cada alemán de Polonia, de entre un amplio catálogo de acciones irritantes.

Así, a las víctimas de estas acciones se les hacían llamadas telefónicas amenazantes o insultantes, se les enviaban cartas del mismo tipo, se les obstruían las cerraduras con pegamento, se les untaba los pomos de la puerta con alquitrán o se les rompían las ventanas a pedradas. Los *Szare Szeregi* demostraron también poseer imaginación, por ejemplo mandando a las casas de los alemanes a los empleados de las empresas de pompas fúnebres.

Estación meteorológica alemana en Canadá

La previsión del tiempo meteorológico era un aspecto fundamental en la planificación de las operaciones militares, ya que podía suponer la diferencia entre la victoria y la derrota. Así, la guerra de dilucidó también en el frente meteorológico.

Alemania llevó a cabo un gran esfuerzo para disponer de unos pronósticos fiables. Teniendo en cuenta que las perturbaciones climáticas se mueven de oeste a este, los alemanes necesitaban conocer los datos meteorológicos del Atlántico norte para avanzarse al tiempo que haría en el continente europeo. Lo intentaron mediante barcos, aviones o submarinos, pero los resultados no serían los esperados.

Fruto de este esfuerzo sería el desarrollo por parte de la empresa Siemens de un sistema de monitorización meteorológica automático, la estación Wetter-Funkgerät-Land 26 (WFL 26). Este ingenio era una maravilla tecnológica, muy avanzada a su época. Consistía en varios contenedores cilíndricos de unos cien kilos de peso cada uno, conteniendo medidores de temperatura, presión y humedad, así como la velocidad y dirección del viento. A través de una antena de radio, se transmitían cada tres horas, durante unos dos minutos, los datos obtenidos a lo largo del día. Para alimentar la estación, Siemens había creado una revolucionaria batería de níquel-cadmio, que debía durar unos seis meses. De las 26 unidades que se fabricaron, 19 serían instaladas en distintos puntos de las regiones árticas y subárticas, como Groenlandia, isla del Oso, Spitzbergen, Tierra de Francisco José o el mar de Barents. Pero otra de ellas tenía como destino territorio enemigo: Canadá.

El 18 de septiembre de 1943, el submarino alemán U-537, capitaneado por Peter Schrewe, zarpó de Kiel hacia el puerto noruego de Bergen con una WFL 26 en su bodega, compuesta de diez contenedores. Su misión era instalarla en un inhóspito punto de la costa de la península del Labrador, en Canadá, aunque en ese momento pertenecía al Dominio de Terranova, gobernado desde Londres. La estación recibió el nombre de Kurt en honor del científico encargado de instalarla, Kurt Sommermeyer.

Cuando el 22 de octubre el U-Boot llegó al lugar señalado, situado en la bahía de Martin y cerca del cabo Chidley, Sommermeyer y su equipo de colaboradores procedieron a activar la estación meteorológica. Ésta quedó emplazada a unos cuatrocientos metros de la costa, sobre una colina. Como maniobra de engaño en caso de ser descubierta casualmente, alrededor de la estación se esparcieron varios paquetes vacíos de tabaco norteamericano y se marcaron los contenedores como propiedad de un inexistente «Servicio Meteorológico Canadiense». Tras completar su trabajo, para lo que emplearon dos días, embarcaron de nuevo en el U-537, poniendo rumbo hacia la base de Lorient, en la Francia ocupada, a donde llegaron el 8 de diciembre.

Aunque la misión se había completado con éxito y los datos transmitidos por la estación Kurt llegaban a Alemania con claridad, al cabo de unos días las emisiones de la estación meteorológica se vieron afectadas por unas interferencias de origen desconocido. Ante el riesgo que entrañaba poner en marcha una nueva misión para reactivar la estación, ya que cabía la posibilidad de que los Aliados la hubieran localizado, se la dio por perdida. En septiembre de 1944 habría un nuevo intento para instalar una WFL 26 en la península del Labrador, pero el submarino que la transportaba, el U-867, fue hundido por aviones británicos al noroeste de Bergen.

Al terminar la guerra, la existencia de la WFL 26 instalada en Canadá cayó en el olvido. No sería hasta finales de los años setenta cuando un ingeniero de Siemens recién jubilado, Franz Selinger, decidió escribir un libro técnico sobre un tema *a priori* tan poco apasionante como el de las estaciones meteorológicas que la empresa había fabricado a lo largo de su historia.

Pero, durante el proceso de documentación en los archivos de Siemens, Selinger se sorprendió al descubrir los planos, fotografías e informes redactados en su día por Kurt Sommermeyer, que revelaban la existencia de la estación Kurt. Sin embargo, no aparecía la localización de la estación; eso sólo fue posible tras identificar el submarino que aparecía en las fotos, el U-537. Una vez encontrado el cuaderno de bitácora del U-Boot en los archivos de la Kriegsmarine en Friburgo, se pudo señalar el lugar en el que quizás se encontrase todavía la WFL 26.

Selinger su puso entonces en contacto con un historiador del Departamento de Defensa canadiense, W. A. B. Douglas, quien en 1981 acudió al lugar con un equipo de investigadores. Allí estaba todavía el artefacto germano, prácticamente intacto; aunque los contenedores habían sido abiertos, la mayoría de sus componentes se encontraban todavía en el lugar. Al parecer, la estación Kurt había sido descubierta en 1977 por un geólogo, quien había supuesto que se trataba de una instalación militar canadiense.

La WFL 26, que había resistido el paso del tiempo y el clima adverso, fue desmontada y trasladada al Canadian War Museum de Ottawa, en donde quedó expuesta al público.

Cómo conseguir que Japón estalle

En enero de 1944, una popular revista norteamericana de ciencia publicó un artículo titulado «¿Podemos hacer estallar Japón desde abajo?». El autor, el profesor Harold O. Whitnall, aseguraba en él que era posible conseguir que los volcanes que se encontraban en territorio japonés entrasen en erupción, quizás inspirándose en el referido intento frustrado de despertar al volcán Tavurvur. También, durante la invasión de Sicilia en julio de 1943, se había extendido el rumor de que los norteamericanos querían hacer estallar el volcán Etna arrojando bombas en su cráter, pero en este caso el rumor era infundado.

Según el profesor, conseguir que los volcanes japoneses entrasen en erupción era posible convirtiéndolos en objetivo de los bombardeos aéreos. Además, Whitnall afirmaba que esa operación tendría efectos decisivos sobre la moral de la población nipona, ya que «la tradición japonesa considera que los volcanes tienen un carácter divino, y el miedo a los volcanes está firmemente arraigado en la mentalidad nipona».

Aunque la idea del profesor Whitnall puede parecer excéntrica, podía haber funcionado, al menos en teoría, ya que si un volcán está próximo a entrar en erupción, una bomba puede acelerar el proceso. La propuesta fue presentada al presidente Roosevelt, pero el mandatario no la tuvo en consideración.

Operación Jericó

Según la Biblia, los israelitas conquistaron la rica ciudad de Jericó haciendo sonar unas trompetas, lo que, al parecer, fue suficiente para derribar los muros. Durante la Segunda Guerra Mundial, esta historia inspiró a los aliados un plan para liberar a 700 miembros de la resistencia que estaban confinados en la prisión de Amiens. El plan, denominado adecuadamente Operación Jericó, consistía en derribar los muros del edificio para permitir una fuga masiva.

El 18 de febrero de 1944, 18 cazabombarderos británicos Mosquito partieron desde un aeródromo inglés rumbo a Amiens. Allí llegaron a las doce del mediodía y comenzaron a bombardear los muros de la prisión, mientras que otros dos Mosquito atacaban la estación ferroviaria como maniobra de distracción.

En total, 258 prisioneros lograron escapar, pero el precio de esa fuga fue demasiado alto. Un total de 102 prisioneros resultaron muertos en la operación, mientras que 155 fueron capturados. Sólo dos aviones fueron abatidos durante el ataque.

Las «gracias de Hobart»

En los meses previos al desembarco de Normandía, se hizo evidente que no iba a ser fácil para las tropas aliadas superar el sistema defensivo que conformaba la denominada «muralla del Atlántico», dispuesta por Hitler para rechazar la invasión aliada. Con el fin de vencer esos obstáculos, surgió la necesitad de desarrollar una serie de vehículos especiales que ayudasen a superarlos. La tarea fue asignada al veterano general Percy Hobart (1885-1957), conocido por sus hombres como *Hobo*, que había abandonado el servicio activo en 1940.

Esos vehículos, que por su aspecto estrambótico serían conocidos como *Hobart's Funnies* (traducible como las 'gracias de Hobart'), tenían como base mecánica un tanque Churchill, cuyo bajo centro de gravedad y su interior espacioso lo hacían ideal para introducir todo tipo de modificaciones.

El más famoso de esos vehículos sería el «cocodrilo lanzallamas», del que se esperaba que asustase tanto a los soldados alemanes que hiciera que se rindieran. Otro de ellos avanzaba por la playa dejando una gruesa estera, para permitir el paso de los vehículos que le siguieran sin hundirse en la arena. También se emplearon modificaciones del tanque norteamericano Sherman, incluyendo uno flotante para ser lanzado en aguas profundas, aunque este diseño, que funcionó a la perfección en aguas tranquilas durante los experimentos previos, resultó un sonoro fracaso cuando tuvo que enfrentarse el oleaje de alta mar.

Las «gracias de Hobart» salvaron muchas vidas en las playas en las que desembarcaron los británicos, lo que fue reconocido por el general Eisenwoher. Muchos de los vehículos modificados por el imaginativo *Hobo* siguieron empleándose en el ejército británico hasta los años sesenta, e incluso algunos de esos diseños son la base de vehículos militares especiales utilizados en la actualidad.

Un fusil de cañón curvo

A lo largo de toda la guerra, los alemanes figuraron a la vanguardia en el diseño de armamento. Un ejemplo sería el Sturmgewher 44 ('fusil de asalto', en alemán). De poco más de cinco kilos de peso, estaba dotado de un cargador extraíble de 30 proyectiles y ofrecía una cadencia de fuego de 500 disparos por minuto.

Este revolucionario fusil de asalto ligero, que comenzó a desarrollarse en 1942, no vería la luz hasta finales de 1944, en la batalla de las Ardenas, llegando demasiado tarde para tener alguna incidencia en el curso de la guerra. Hasta el final de la contienda, los alemanes llegarían a fabricar 400.000 unidades. Su diseño, avanzado para su tiempo, se vería reflejado en el celebérrimo fusil de asalto soviético Kalashnikov AK-47.

Si el concepto plasmado en el Sturmgewher tuvo éxito, el que no lo tuvo fue un insólito accesorio destinado a este fusil: el Krummlauf ('cañón curvo'). Este cañón permitía al tirador disparar desde detrás de una esquina, apuntando mediante un visor periscopio, sin exponerse así a la respuesta del enemigo.

Del Krummlauf se fabricaron varias versiones: una para la infantería y otra destinada a la tripulación de los tanques, para poder despejar los puntos muertos. También se produjeron con diferentes ángulos: 30°, 45°, 60° y 90°. No obstante, este cañón no dejó de ser un arma experimental y no llegó a fabricarse a gran escala.

El principal problema del Krummlauf era que su vida útil era muy corta. La versión de 30° sólo soportaba 300 disparos, mientras que la de 45° apenas llegaba a 160. Igualmente, el roce interno provocaba que muchas veces las balas acabasen fragmentándose antes de salir del cañón. También existía el riesgo de explosión por acumulación de gases, lo que se trataba de minimizar con dos aperturas laterales que servían como válvulas de escape.

Operación Periwig

Una de las operaciones secretas más controvertidas que pusieron en marcha los británicos fue una que se denominó Periwig. El objetivo era crear a los alemanes la impresión de que los aliados estaban en contacto con la resistencia interior alemana, y que ésta estaba dispuesta a colaborar con ellos.

Con esta operación se quería convencer a la Gestapo de la existencia de un importante grupo de resistentes; como eso era falso, los sabuesos de Himmler se enzarzarían en pesquisas inútiles y llevarían a cabo detenciones en masa que les conducirían a callejones sin salida, con el consiguiente dispendio de tiempo y medios. Se esperaba también que ese aumento indiscriminado de la represión hiciera crecer el descontento de la población con el régimen. Además, ese despliegue podría convencer de paso a la propia población de que realmente existían esos grupos, lo que quizás podía alentar el surgimiento de una auténtica resistencia.

Para conseguir crear ese efecto caótico en el aparato represor nazi, el Ejecutivo de Guerra Política (*Political Warfare Executive*, PWE), dirigido por un imaginativo periodista, Sefton Delmer, ideó en noviembre de 1944 un plan que consistía en enviar a Alemania varios agentes con material y mensajes en código para esos imaginarios grupos de la resistencia interior. Cuando los agentes fueran detenidos por la Gestapo y se les interviniese el material, ya que ése había sido el destino que habían sufrido los agentes que hasta entonces se habían tratado de infiltrar, los alemanes se tragarían el anzuelo.

Pero era necesario encontrar los agentes que se prestasen a esa misión casi suicida. Para ello, los británicos engañarían a prisioneros de guerra alemanes antinazis, que se ofrecerían voluntarios creyendo que realmente iban a contactar con esos grupos de resistentes. Está claro que el PWE, para conseguir el objetivo buscado, no dudaba en dejar aparcado cualquier escrúpulo.

Al plantearse la operación, el Servicio Secreto de Inteligencia británico, el MI6, puso objeciones, pero no por motivos éticos, sino porque ponía en peligro a los agentes y colaboradores que trabajaban en Alemania, que podían caer víctimas de las detenciones masivas que iba a provocar la puesta en marcha del plan. Los obstáculos del MI6 provocarían algún retraso, aunque Periwig seguiría adelante.

Para dar cobertura a la historia de la resistencia interior en Alemania, el PWE tuvo la idea de lanzar previamente en paracaídas algunos contenedores con material de sabotaje, aparatos de radio o mapas, teniendo como destino a esos imaginarios combatientes. Al ser encontrados, la policía germana pensaría que sus destinatarios no pudieron acudir al lugar de la cita por cualquier motivo, pero concluirían que los Aliados estaban proporcionando medios materiales a esos grupos. Los aviones británicos harían cuatro lanzamientos de dicho material, entre el 21 de febrero y el 13 de marzo de 1945.

Puede sorprender que se llevase a cabo una iniciativa de este tipo en la fase final de la guerra, cuando la derrota germana parecía inminente. No obstante, por entonces se temía que el avance a través de Alemania fuera enormemente costoso, por lo que cualquier plan para debilitar la fanática resistencia nazi era bienvenido.

Mientras tanto, media docena de prisioneros alemanes antinazis, ignorantes del sórdido engaño del que eran víctimas, estaban siendo entrenados para participar en la operación. El lanzamiento en paracaídas de la primera pareja de agentes se realizó la noche del 2 al 3 de abril de 1945, en el área de Bremen. Uno de ellos, Gerhardt Bienecke, debía llegar a Berlín para entregar a un supuesto oficial de las SS un paquete de café que contenía códigos secretos. Bienecke consiguió llegar a la capital y trató infructuosamente de encontrar a su inexistente contacto; acabó ocultándose y sobrevivió al final de la guerra. El otro voluntario, Leonhardt Kick, debía contactar con una supuesta célula resistente en Bremen y proporcionarle una emisora de radio; según afirmaría después, fue interceptado por dos agentes de la Gestapo, pero pudo escapar después de disparar a uno de ellos. Kick huyó a Delmenhorst, en donde esperaría escondido la llegada de las tropas aliadas.

La segunda pareja de voluntarios antinazis, formada por Otto Heinrich y Franz Lengnick, fue lanzada sobre Alemania la noche del 18 al 19 de abril, al oeste del lago Chiem, en Baviera. La misión de ambos era entrar en contacto con los imaginarios grupos de resistentes que se refugiaban en los Alpes bávaros. Heinrich y Lengnick sobrevivieron a la misión; más tarde asegurarían que habían contactado con pequeños grupos antinazis y que habían realizado con ellos acciones de sabotaje, aunque esta historia no se pudo comprobar.

La guerra terminaría antes de que le llegase el turno a los otros dos voluntarios. La Operación Periwig no había dado el resultado que esperaban los británicos, que tuvieron que sentirse muy decepcionados al ver que sus agentes no se habían dejado atrapar. En todo caso, aunque la misión hubiera marchado según lo previsto, el final de la guerra estaba demasiado cercano como para poder producir algún efecto apreciable.

X
HECHOS INSÓLITOS

La guerra es un asunto demasiado serio como para dejarlo en manos de los militares.

GEORGES CLEMENCEAU (1841-1929),
político francés

La Segunda Guerra Mundial fue el caldo de cultivo ideal para que se dieran todo tipo de hechos insólitos. Desde extrañas coincidencias a propuestas inauditas, pasando por episodios paradójicos o sucesos improbables, todo parece tener lugar en el infinito mosaico de la mayor conflagración de la historia.

La mayoría de esas historias apenas son conocidas, debido al alud de acontecimientos que se dieron en esos seis años de lucha total. Eclipsados por las grandes batallas, los movimientos de los ejércitos, las decisiones de los dirigentes y, desgraciadamente, las tragedias que provocaron millones de víctimas, esos hechos anecdóticos permanecen en muchas ocasiones agazapados, esperando para poner a prueba nuestra capacidad de sorpresa. Algunos de ellos pueden parecer el producto de la imaginación de un novelista, pero lo sucedido en la contienda demuestra que la realidad supera siempre a la ficción.

Yo, yo y yo...

En 1939, un diario estadounidense encargó un curioso estudio. Se trataba de contar las veces que un destacado político pronunciaba la primera persona del singular, «yo», en sus discursos y manifestaciones públicas.

Los que menos se referían a sí mismos en sus declaraciones eran el, por entonces, primer ministro británico, Neville Chamberlain, que la pronunciaba una de cada 249 palabras, y el primer ministro francés, Édouard Daladier, en una de cada 234 ocasiones.

En cambio, el presidente norteamericano, Franklin D. Roosevelt, parece ser que tenía el ego más acentuado, puesto que una de cada 100 palabras era «yo».

En el otro lado, en el del Eje, las conclusiones del estudio no por más esperadas eran menos significativas. El dictador italiano Benito Mussolini hablaba en primera persona en una de cada 83 palabras, pero Adolf Hitler era el que más a menudo empleaba la palabra «yo»: una vez cada 53 veces.

En el momento en el que se publicó el informe, faltaba un año para que Winston Churchill alcanzara la responsabilidad de liderar el Gobierno británico, por lo que sus discursos no se sometieron a ese minucioso estudio. No obstante, si analizamos su célebre discurso en el que sólo podía prometer «sangre, esfuerzo, lágrimas y sudor», llegaremos a una conclusión sorprendente: podemos encontrar la primera persona del singular en una de cada 35 palabras, es decir, por encima incluso del récord de Hitler.

Las tres fechas de Mussolini

Las ínfulas de grandeza del dictador italiano Benito Mussolini le llevarían a instaurar una nueva datación, que llegaría a ser doble, y que coexistiría con la fecha de la era cristiana.

Tanto en los documentos oficiales como en la prensa, era obligatoria la datación de la «era fascista», tomando como referencia el ascenso al poder de Mussolini, el 28 de octubre de 1922. Esa fecha debía colocarse en números romanos tras la fecha de la era cristiana. Por tanto, 1935 figuraría como «Año 1935, XIII de la era fascista».

Sin embargo, para complicarlo más, el 9 de mayo de 1936 se incorporaría una datación nueva, tomando como referencia el final victorioso de la guerra en Etiopía y la proclamación del Imperio, asumiendo el rey de Italia, Victor Manuel III, el título de emperador de Abisinia. Por tanto, ese año debía figurar como «Año 1936, XIV de la era fascista, I del Imperio».

Afortunadamente, a pesar de las disposiciones legales que obligaban a utilizar esta triple datación, la mayor parte de la prensa hizo caso omiso de esta orden.

El ejército secreto de Churchill

Tras la desastrosa campaña del Ejército británico en la campaña de Francia de 1940, los restos de las fuerzas aliadas que habían podido rescatarse del continente sufrían una carencia casi total de equipos, vehículos y munición. Ante la dificultad de defender las islas británicas con esas fuerzas tan castigadas, Churchill confiaba en la aportación de los civiles, a través de la Home Guard.

Pero el primer ministro británico, consciente de lo que se jugaba, decidió poner toda la carne en el asador para resistir la que parecía inminente invasión alemana. Así, Churchill decidió la creación de un ejército secreto, formado por 3.500 civiles especialmente entrenados, que tendría como misión combatir a las tropas germanas siguiendo las tácticas de guerrilla. Esta fuerza irregular, disimulada tras el inofensivo nombre de Auxiliary Units ('unidades auxiliares'), sería adiestrada en el uso de explosivos, robo de material, combate sin armas y acciones de sabotaje.

Las bases de operaciones serían unos reductos subterráneos con capacidad para una docena de hombres, con víveres y suministros para resistir varias semanas. La idea era permanecer en ellos después de que el territorio fuera tomado por los alemanes; así, desde esas bases, los guerrilleros podrían atacar en la retaguardia germana y luego ocultarse. Los objetivos de esas acciones serían las líneas de comunicación del enemigo, los ferrocarriles, los aeródromos o los depósitos de combustible. También se fijó la consigna de eliminar físicamente a los oficiales germanos. La meta era que las tropas de ocupación estuvieran sometidas a un acoso continuo, lo que debía suponer una desagradable sorpresa para los alemanes, que esperaban doblegar en poco tiempo la voluntad británica de resistir.

El aspecto más controvertido de estas Auxiliary Units, según la documentación desclasificada en los años noventa, era que entre sus objetivos tenían el de atentar contra los británicos que estuvieran dispuestos a colaborar con las tropas invasoras.

Finalmente, el ejército secreto de Churchill no tuvo que llegar a ponerse en acción, pero su existencia refleja la firme voluntad del líder británico de defender su país de los planes de invasión de Hitler.

Recompensa por Hitler

En 1940, un industrial norteamericano llamado Samuel H. Church ofreció un millón de dólares a quien fuera capaz de capturar a Adolf Hitler, en lo que constituyó, hasta ese momento, la recompensa más alta ofrecida nunca por un criminal.

En este caso no era válido el tópico del «vivo o muerto», puesto que Church sólo estaba dispuesto a pagar esa suma a quien lo capturase con vida; su objetivo no era eliminarlo físicamente, sino que el dictador nazi fuera juzgado por un tribunal internacional.

El industrial falleció en 1943, sin ver cumplido su deseo de entregar la recompensa prometida, aunque al menos pudo tener el consuelo de que el dictador alemán apenas le sobreviviría dos años.

La letra nacional alemana era de origen hebreo

El 3 de enero de 1941, una circular firmada por el secretario de Hitler, Martin Bormann, ordenaba que a partir de entonces dejase de utilizarse en la prensa y las imprentas la letra gótica, la *Frakturschrift*, que hasta ese momento era considerada la letra nacional alemana.

Desde su ascenso al poder, los nazis habían impuesto en Alemania el uso de esa tipografía, que había sido promovida por el emperador Maximiliano II (1527-1576) y utilizada por Lutero. Para pequeños textos o escritos marginales estaba permitido usar la letra romana, o *Antiquaschrift*.

Sin embargo, a finales de 1940 los nazis descubrieron que la letra *Frakturschrift* era en realidad una transposición de la tipografía *Schwabacher*, de origen hebreo, lo que provocó un inmediato cambio de criterio. A partir de la circular de Bormann, los periódicos y revistas tuvieron que cambiar sus cajas de imprenta a la mayor brevedad, sustituyéndolas por la letra romana, que a partir de entonces pasaría a ser denominada «letra normal» o *Normalschrift*.

No obstante, ese descubrimiento resultó muy oportuno. Para entonces eran ya una decena los países ocupados por el Tercer Reich, en donde resultaba difícil para la población entender la antigua y abigarrada letra gótica que utilizaban los alemanes en su documentación o en los indicadores de las carreteras. El supuesto origen hebreo de la *Frakturschrift* fue la excusa perfecta para proceder a la modernización de la escritura empleada por los nazis en su imperio.

Barcos y aviones pintados de rosa

Durante la Segunda Guerra Mundial se utilizaron muchos colores diferentes para camuflar barcos y aviones; entre ellos, aunque resulte insólito, figuraría el rosa.

El origen del uso de este color tuvo su origen en 1940, cuando el ilustre marino y aristócrata Louis Francis Mountbatten, conocido como Lord Mountbatten, que acabaría siendo gobernador de la India, se encontraba a bordo de un buque que estaba realizando tareas de escolta en un convoy. En un momento de la travesía, advirtió cómo uno de los mercantes, de color malva, parecía desaparecer de la vista antes que los demás, especialmente al amanecer y al atardecer, los momentos en que los barcos corrían mayor peligro. Lord Mountbatten tomó buena nota y ordenó después que se llevaran a cabo ensayos de camuflaje a partir de ese color, llegando a la conclusión de que el color perfecto para ese propósito era uno resultado de la mezcla de gris y rojo veneciano, dando lugar al llamado *Mountbatten Pink* ('rosa Mountbatten').

A principios de 1941, varias unidades de la Royal Navy fueron pintadas con este nuevo color. Uno de los barcos que estuvieron agradecidos al rosa Mountbatten fue el crucero HMS *Kenya*, apodado *The Pink Lady* ('la dama rosa'); sus tripulantes estaban convencidos de que el camuflaje había impedido que una batería alemana lograse hundirlo cuando se encontraba frente a la costa noruega.

Pese a las expectativas depositadas en este camuflaje, el rosa Mountbatten se revelaba demasiado visible en las horas centrales del día, por lo que fue progresivamente abandonado en favor del gris, aunque algunos barcos menores lo conservarían hasta 1944. A pesar de que el uso de ese llamativo color pueda parecer una excentricidad, tanto norteamericanos como alemanes consideraron también la posibilidad de recurrir a distintos tonos de rosa para camuflar sus buques.

Durante la Segunda Guerra Mundial, el rosa no sólo pudo verse en el mar, sino también en el aire. La RAF pintó de ese color algunos cazas Spitfire, para que resultasen menos visibles entre las nubes rojizas del amanecer y el atardecer. No obstante, el tono utilizado por la RAF, rosa pálido, difería del rosa Mountbatten, mas cercano al gris.

Se comprobó que los aviones pintados de este color, volando a baja altura, eran más difíciles de detectar por un enemigo que volara por encima de ellos, al reflejar menos la luz del sol. Varios Spitfire rosas pertenecientes al 16.º Escuadrón de la RAF llevaron a cabo misiones de reconocimiento fotográfico previas y posteriores al Día D.

Encontrar barcos con un péndulo

A finales de 1941, la marina de guerra alemana, la Kriegsmarine, era consciente de su papel decisivo en el conflicto: si conseguía cortar las líneas de suministro de Gran Bretaña, Londres no tardaría en pedir la paz. Pero eso no era sencillo. Aunque Alemania había llevado a cabo un costoso esfuerzo para dotarse de una potente flota de superficie, la Royal Navy seguía siendo muy superior. Por tanto, la Kriegsmarine se mostró receptiva a la hora de aceptar propuestas ingeniosas, por descabelladas que pudieran ser, que le permitieran retar el dominio británico de los mares.

La manifiesta inferioridad de la flota de superficie germana provocaba que cualquier desplazamiento de ésta entrañase correr un grave riesgo. Para evitar un enfrentamiento no deseado con la armada británica era fundamental conocer la posición de sus barcos. Los alemanes necesitaban también saber la posición de los convoyes aliados para dirigir directamente hacia ellos sus flotillas de submarinos y evitar así que tuvieran que patrullar a ciegas por el océano.

Con el objetivo de encontrar un método para señalar la situación de los barcos británicos, el instituto de investigación de la Kriegsmarine en Berlín creyó encontrar la solución en la radiestesia. El origen de este método de adivinación se remonta a la antigüedad, cuando la tarea de encontrar corrientes de agua subterránea era encomendada a los zahoríes, que decían ser capaces de lograr este propósito utilizando unas varillas o una horquilla. Del mismo modo, los radiestesistas se atribuyen la capacidad de encontrar objetos, ya sea en el mismo lugar físico o sobre un plano, interpretando las oscilaciones de un péndulo.

A pesar de la carencia total de rigor científico de este método de localización, la marina vio en el péndulo el arma secreta que podía decantar la batalla del Atlántico del lado germano. Así, el instituto de investigación se dispuso a reunir un equipo de radiestesistas, que estaría dirigido por el capitán de la marina Hans A. Roeder[1].

Cuando se inició la búsqueda de especialistas, de inmediato surgió el nombre de Ludwig Straniak, un arquitecto jubilado de Salzburgo,

---

[1] El funcionamiento detallado de este equipo de trabajo viene descrito en WULFF, Wilhelm, *Zodiac and Swastika. How astrology guided Hitler's Germany,* Coward, McCann & Georghegan, Londres, 1973. Véase también HOWE, Ellic, *Astrology and the Third Reich,* The Aquarian Press, Wellingborough, 1984, págs. 219-235, y HERNÁNDEZ, Jesús, *Los magos de Hitler,* Melusina, Santa Cruz de Tenerife, 2014, págs. 197-215.

que gozaba de un gran reconocimiento en el campo de la radiestesia. Straniak poseía supuestamente una insólita habilidad para encontrar objetos mediante el uso del péndulo. Así, varios oficiales de la armada se desplazaron a la ciudad austriaca para convencerle de que participase en el proyecto.

Straniak aceptó el reto de localizar barcos con un péndulo. Para ello, pidió ver una fotografía del barco que tenía que buscar. Así, los oficiales le mostraron una imagen del crucero pesado *Prinz Eugen*, que en esos momentos se encontraba en las costas noruegas, en misión secreta. Sorprendentemente, Straniak logró, gracias al péndulo, señalar su localización en un mapa, dejando impresionados a los presentes.

El arquitecto se trasladó de inmediato a Berlín, dispuesto a descubrir flotas enemigas en el Atlántico pertrechado de su péndulo. Antes de iniciar su labor, fue sometido a nuevas pruebas, en las que fueron analizadas exhaustivamente sus capacidades. Por ejemplo, se situaba un objeto metálico sobre un mapa, y Straniak, en otra sala, debía localizar su posición. Al parecer, los resultados fueron alentadores, por lo que los responsables del instituto de investigación acrecentaron sus esperanzas de ofrecer una solución mágica a los problemas de la marina.

Straniak, junto a los otros expertos en el uso del péndulo, se afanaron en la misión de localizar los barcos enemigos en el océano. La marina exigía resultados, por lo que el grupo se veía obligado a trabajar sin descanso en jornadas interminables. Debido a la extraordinaria presión que debían soportar, todos ellos padecían malestar físico y mental, volviéndose nerviosos e irritables. Straniak acabó cayendo enfermo. Como era de esperar, los resultados de los experimentos fueron decepcionantes.

Los responsables del instituto concluyeron que la pesada atmósfera de Berlín no favorecía el afloramiento de las supuestas dotes adivinatorias del grupo, por lo que decidieron proporcionarles un cambio de aires. Straniak y su equipo fueron entonces trasladados a la isla de Sylt, al norte del país. Se esperaba que la brisa marina despejase las mentes de los adivinos, permitiéndoles intuir mejor en dónde podían encontrarse los barcos ingleses. Además, se redujeron las horas de trabajo para disminuir la presión. Sin embargo, como también era de prever, los resultados fueron tan descorazonadores como los que se habían producido en Berlín.

Finalmente, se llegó a la poco sorprendente conclusión de que no era posible localizar barcos mediante un péndulo y un mapa. El grupo de trabajo fue disuelto y Straniak regresó a Salzburgo a seguir disfrutando de su jubilación.

Los eficientes cacos australianos

En el capítulo dedicado al esfuerzo de guerra, quedó acreditado que la contienda proporcionó inmejorables oportunidades a los amigos de lo ajeno. El incesante tráfico de material militar, que debía pasar por innumerables manos, suponía para muchos una tentación irresistible.

Si aproximadamente un 20 por ciento del material de guerra llegado a Europa acababa en el mercado negro, en Australia los ladrones no tendrían ningún tipo de consideración, tal como tuvieron oportunidad de comprobar los norteamericanos.

Ante la amenaza japonesa, Estados Unidos construyó bases y pistas de aterrizaje en el norte de Australia. Esta vasta zona era prácticamente salvaje, con una presencia mínima de población que, acostumbrada a llevar una vida de supervivencia y solucionar sus propios asuntos sin esperar la intervención de las lejanas autoridades, se regía por códigos de conducta propios del *Far West*.

Aunque al principio los temores de los militares norteamericanos se centraban en la posibilidad de ser atacados desde el aire por los japoneses o sufrir algún sabotaje, muy pronto comprobaron que la principal amenaza a la que tendrían que hacer frente era la de los ladrones de la región. Desde el primer momento se produjo el hurto indiscriminado de cualquier objeto, fuera o no de utilidad.

Por ejemplo, en mayo de 1942, desapareció ni más ni menos que una base militar completa, recién construida en una zona desértica, cuando estaba a punto de entrar en servicio. Los cacos tuvieron bastante con un fin de semana, cuando no había vigilancia, para desmontar todas las instalaciones y llevársela. Ni tan siquiera dejaron las letrinas. Las indagaciones posteriores no sirvieron de nada, al toparse con la ley del silencio que reinaba en la región.

Pero las víctimas de estos robos no eran solamente los militares norteamericanos. Un oficial australiano que estaba sirviendo fuera del país regresó a su casa en Darwin durante un permiso, en agosto de 1942, para llevarse la monumental sorpresa de que la casa entera había desaparecido; en su ausencia habían desmontado la casa por completo y se la habían llevado. Como era de prever, al oficial le fue imposible encontrar ningún testigo que le pudiera proporcionar alguna pista sobre los ladrones.

Un túnel bajo el canal de la Mancha

En el verano de 1942, la posibilidad de invadir la fortaleza europea de Hitler aparecía lejana. Stalin presionaba insistentemente para que se abriese un segundo frente, con el fin de aliviar la presión alemana, pero los aliados occidentales no disponían todavía de los medios suficientes para lanzar una invasión a través del canal de la Mancha con alguna garantía de éxito.

Así pues, el Departamento de Guerra de Estados Unidos estudió un plan alternativo al del desembarco, planteándose la idea de abrir un túnel por debajo del canal de la Mancha. Un memorándum del 21 de agosto de 1942 calificaría el proyecto de «factible», siempre y cuando «se dispusiese de un año de tiempo y de quince mil hombres para excavar la galería y extraer cincuenta y cinco mil toneladas de tierra».

Aunque técnicamente parecía posible, algunos expertos cuestionaron «sus complejidades estratégicas y funcionales», como, por ejemplo, la probabilidad de que todo el VII Ejército alemán estuviera allí esperando a que asomara la cabeza el primer excavador. El estudio fue finalmente archivado.

Una insignia poco afortunada

La llegada de los nazis al poder en 1933 tuvo enormes consecuencias. Aunque la mayor parte fueron trágicas, una de ellas fue ciertamente tan insólita como impredecible: el obligado cambio de la ancestral simbología de los indios norteamericanos.

El origen de esta inesperada alteración sería la contradictoria existencia de una insignia militar en el Ejército norteamericano, en la que se mostraba una esvástica. La 45.ª División de Infantería, constituida en 1920 por la Guardia Nacional de varios estados del suroeste del país —Oklahoma, Colorado, Arizona y Nuevo México— tenía como insignia oficial un cuadrado apoyado sobre uno de sus vértices, mostrando una cruz gamada en el centro.

Para los indios norteamericanos, al igual que en muchas otras culturas, la esvástica era un símbolo solar que atraía la buena suerte, tal como también ha quedado referido en el caso de la aviación finlandesa. Por ello, desde tiempo inmemorial, la cruz de la que más tarde se apropiarían los nazis aparecía dibujada en telas y objetos de los nativos. Al haber un buen número de ellos alistados en esa División, se escogió ese signo para identificarla.

Los colores de la insignia tampoco habían sido elegidos al azar. La esvástica aparecía en color dorado, mientras que el cuadrado era de color rojo. Con ello se quería recordar la histórica presencia española en estos estados, con los colores de su bandera.

En los años treinta, la coincidencia entre la esvástica de la 45.ª División y la del régimen nazi se observó simplemente como un hecho curioso. No obstante, la expansión del Tercer Reich y su enfrentamiento diplomático con las potencias occidentales llevó a pensar que, más pronto que tarde, el régimen de Hitler podía representar una amenaza para Estados Unidos.

Este hecho llevó en 1939 a que Washington cursase una petición a la 45.ª División de Infantería para que modificase su insignia. Esta solicitud no fue bien acogida; artesanos indios de todo el país firmaron peticiones para que se mantuviera el polémico símbolo, argumentando que éste ya existía mucho antes de que los nazis irrumpieran con estrépito en la historia.

Aun así, las autoridades militares norteamericanas no dieron su brazo a torcer y decidieron modificar la insignia. A partir de entonces, la esvástica sería sustituida por el dibujo de un ave emplumada —un animal sagrado para los nativos—, respetándose los colores amarillo y rojo. Debido al nuevo símbolo identificativo, a partir de entonces a sus integrantes se les llamaría *Thunderbirds*.

El hecho de que una división estadounidense luciese la esvástica durante el período de entreguerras no deja de ser una anécdota. Sin embargo, para los coleccionistas de insignias, la de la 45.ª División de Infantería se ha convertido en un objeto de deseo. Por una de ella se pagan grandes sumas de dinero, siendo así la insignia más valorada de todo el Ejército norteamericano.

Si en un primer momento los indios soportaron con desagrado la sustitución de su símbolo ancestral, el desarrollo de los acontecimientos de la Segunda Guerra Mundial vino a demostrar que la decisión de eliminar la esvástica había sido una medida acertada.

La trayectoria de la 45.ª División de Infantería en la contienda comenzó con el desembarco en las playas de Sicilia del 10 de julio de 1943 y acabó en Alemania, después de haber pasado por la península italiana y Francia. En total, sus hombres sirvieron en batalla 511 días y participaron en ocho campañas.

Una vez finalizado el conflicto, representantes de varias tribus norteamericanas, como los navajos o los apaches, hicieron público un manifiesto por el que se renunciaba definitivamente a la representación de la esvástica. La razón era que ese signo de buena suerte se había convertido en un símbolo del mal.

En su declaración, los nativos afirmaban: «Pese a que este signo ha simbolizado la amistad desde los tiempos de nuestros antepasados, recientemente ha sido denigrado por otra nación. Por lo tanto, resolvemos desde hoy y para siempre que nuestras tribus renuncien al uso de este emblema conocido como esvástica en la elaboración de mantas, cestos, vestidos y objetos artísticos»[2].

Cinco británicos toman Vatomandry

Una de las operaciones bélicas de la Segunda Guerra Mundial que hizo necesario emplear un menor número de soldados fue la toma de Vatomandry, en Madagascar, en septiembre de 1942.

La isla de Madagascar se encontraba entonces en manos de la Francia de Vichy, colaboradora del Eje. Para evitar una posible ocupación por parte de los japoneses, tal como había sucedido con las colonias francesas en Indochina, Churchill decidió tomar la isla mediante una operación anfibia llamada Ironclad ('acorazado'). Para ello se emplearían dos portaaviones, el *Illustrious* y el *Indomitable*, además de un acorazado, dos cruceros, nueve destructores, seis corbetas y seis dragaminas.

Pese a los medios empleados, la operación no podía ser más improvisada; antes de partir de los puertos ingleses, la mayor parte de las tropas no sabía que el objetivo final era llevar a cabo un desembarco. Ya en alta mar, los oficiales tuvieron que desempolvar los manuales que explicaban cómo llevar a cabo una acción anfibia para explicárselo a sus sorprendidos hombres. Las prácticas tuvieron que realizarse a lo largo del viaje, en la cubierta de los buques.

Tras doblar el cabo de Buena Esperanza, la fuerza británica atacó la base naval de Diego Suárez, en el norte de la isla, el 5 de mayo de 1942, rindiéndose la guarnición francesa dos días después, tras intensos combates. Los británicos perdieron un centenar de soldados mientras que los franceses tuvieron el doble de bajas. El resto de la isla no

---

[2] Desde 1976, en el Lincoln Park de Oklahoma City puede visitarse el Museo de la 45.ª División de Infantería. Además de los objetos de la propia División, el museo posee una amplia colección de armas y uniformes capturados a los alemanes. También se muestran varias pertenencias de Adolf Hitler, procedentes del apartamento que el dictador poseía en Múnich y en su casa alpina de Berchtesgaden. Pero, sin duda, el objeto que despierta más curiosidad es el espejo que Hitler tenía en su dormitorio del búnker de Berlín. Fue el teniente coronel Horace Calvert, natural de Oklahoma City, el que se apoderó de este objeto y el que lo cedió finalmente al museo de su ciudad. En el exterior del museo se puede visitar el Thunderbird Park, en el que se levanta un monumento a los hombres de esta División y se exhiben tanques y vehículos que participaron en la contienda.

caería hasta septiembre, cuando fue finalmente ocupada la capital, Antananarivo.

Pero poco antes de que cayese esa ciudad, los británicos fueron capaces de tomar una pequeña pero importante población de la costa oriental, de gran importancia estratégica: Vatomandry. La conquista de este pueblo no tendría mayor singularidad si no fuera porque para ello tan sólo fueron necesarios cinco soldados y unos cuantos porteadores locales.

La ruta seguida para llegar hasta llegar allí no fue nada fácil, puesto que tuvieron que atravesar una selva infestada de mosquitos y navegar por riachuelos bajo la amenaza constante de los cocodrilos. Cuando llegaron finalmente a las puertas de Vatomandry fueron recibidos por el jefe del distrito administrativo, que ya había sido avisado de que los soldados británicos se acercaban al pueblo; se trataba de un tal *monsieur* Feline, vestido con sus mejores galas para la inminente batalla.

Feline se acercó con bandera blanca al sorprendido grupo, advirtiendo de inmediato la escasa capacidad combativa de aquella unidad. Aunque los franceses poseían una guarnición completa, integrada por un centenar de soldados, el francés hizo ver que calculaba las posibilidades de sus hombres ante los cinco soldados británicos:

—Veo que todos sus hombres están armados —dijo Feline.

—En efecto, con armas automáticas —respondió un tanto perplejo el jefe del grupo.

—Como veo que tenemos pocas posibilidades de resistir, creo que lo más adecuado es que iniciemos conversaciones para fijar los términos una rendición honorable.

El británico no salía de su asombro, pero aceptó al momento la inesperada rendición de los franceses. La toma de Vatomandry no había podido ser menos incruenta.

Por su parte, Feline pidió permiso para enviar un último cable al Gobierno francés, en el que se podía leer: «Vatomandry está siendo ocupada por fuerzas británicas pertrechadas con armas automáticas. Creo que no podremos volver a comunicarnos. Feline».

La misteriosa desaparición de las medias de nailon

En octubre de 1942, las mujeres de la costa este norteamericana no conseguían encontrar medias de nailon en ninguna tienda. De esa repentina e inexplicable desaparición llegó a hacerse eco la prensa:

«No hay más medias de nailon por más que se quiera comprarlas o se pague lo que sea», decía el *New York Times* en su edición del 21 de octubre.

Los responsables de que no hubiera medias en las tiendas eran, al parecer, unos misteriosos compradores que, súbitamente, habían adquirido todas las existencias. Además, habían comprado también cantidades desmesuradas de lencería. Pero esa extraña acción no había sido llevada a cabo, como se podría pensar, por fetichistas compulsivos, sino por compradores clandestinos militares. Aquellos hombres, adquiriendo todas las existencias de medias y ropa interior de encaje, habían estado cumpliendo una misión secreta.

En esos momentos, el ejército norteamericano estaba preparando en el más estricto de los secretos la referida Operación Torch, el desembarco en el norte de África que tendría lugar el 8 de noviembre de 1942 en las costas de Marruecos y Argelia. Para garantizar el éxito de los desembarcos, era muy importante contar con el apoyo de los nativos, o al menos no ser recibidos con hostilidad. Los norteamericanos supieron que, curiosamente, las tribus bereberes concedían un valor inaudito a la lencería y las medias de nailon, por lo que se decidió transportar seis toneladas para comerciar con ellos, lo que obligó a poner en marcha ese insólito plan: vaciar todas las tiendas de lencería de la costa este.

De todos modos, por si había algún nativo que no estaba dispuesto a vender su voluntad tan sólo por un par de medias, la expedición norteamericana decidió también llevar consigo cien mil dólares en monedas de oro, que quedaron a cargo del general George Patton.

Pagar antes de invadir

La invasión del norte de África por las tropas anglonorteamericanas, llevada a cabo el 8 de noviembre de 1942, dio lugar a episodios inauditos. La naturaleza de la operación anfibia ya se prestaba a ello, puesto que las tropas aliadas desconocían el recibimiento que iban a tener.

El Protectorado Francés de Marruecos y Argelia estaban en manos del gobierno colaboracionista de Vichy, que tenía cerca de cien mil hombres destacados allí. Aunque las averiguaciones que se habían llevado a cabo en las semanas precedentes no habían arrojado resultados concluyentes, los Aliados esperaban que esas tropas no ofreciesen resistencia, pero en algunos sectores las fuerzas francesas se mostrarían dispuestas a defender tenazmente su territorio.

Uno de los lugares en donde la resistencia francesa resultó más dura fue en el puerto de Orán. Los Aliados idearon un arriesgado plan para hacerse con el control del puerto, que recibiría el escasamente motivador nombre de Operación Reservist ('reservista'). Consistía en penetrar en el puerto con dos patrulleros norteamericanos que habían servido para perseguir a los traficantes de alcohol en los Grandes Lagos durante la ley seca. Estos buques, tan poco indicados para la guerra naval, fueron blindados con planchas de acero y cedidos a la Royal Navy, siendo rebautizados como HMS *Wainey* y HMS *Hartland*. Los Aliados esperaban que los franceses entendiesen que acudían a liberarles de su gobierno colaboracionista y no levantasen sus armas contra ellos, aunque se alzó alguna voz, como la del contralmirante norteamericano Andrew Bennett, que aseguró que Reservist era un plan «suicida y absolutamente erróneo».

Los acontecimientos darían amargamente la razón a Bennet. Los defensores del puerto de Orán no actuaron como cándidamente esperaban los Aliados y abrieron fuego contra los buques, empleando cuatro baterías costeras. Esa reacción era previsible, ya que las fragatas eran de la Royal Navy y los franceses albergaban un fuerte resentimiento contra los británicos después de que éstos hubieran hundido en 1940 la flota gala fondeada en el puerto de Mers el-Kebir para que no acabase en manos germanas.

El efecto del fuego de las baterías costeras sobre los patrulleros fue devastador, causando un 90 por ciento de bajas entre las fuerzas invasoras. La desastrosa operación costó la vida de 194 estadounidenses y 113 británicos, mientras que los supervivientes fueron todos capturados.

Pero la humillación máxima llegaría unos días más tarde. Los franceses tuvieron el increíble descaro de enviar una factura a los Aliados por la entrada de los dos buques en el puerto, remitiéndose a una ley local que requería que todo navío que entrase en Orán debía pagar una tasa. Al parecer, el hecho de que el propósito de los barcos fuera invadir el puerto no les eximía de tener que pagarla.

Un pésame interminable

La presencia de las tropas aliadas en el norte de África dio lugar a más situaciones desconcertantes, sobre todo debido al choque cultural con la población autóctona.

El 16 de noviembre de 1942, medio millar de soldados británicos pertenecientes a la 1.ª Brigada Paracaidista se lanzaron sobre el pueblo tunecino de Souk el Arba para despejar el avance de las columnas aliadas hacia la capital. La operación fue un éxito, salvo porque cinco hombres resultaron heridos cuando se disparó accidentalmente un subfusil, así como por la muerte de otro soldado al estrangularse con las cuerdas de su propio paracaídas.

Todos los habitantes de Souk el Arba asistieron al funeral del desafortunado paracaidista y, siguiendo una costumbre local, las tres mil personas insistieron en estrechar la mano del oficial designado para presidir la ceremonia. El funeral no pudo darse por finalizado hasta que el último habitante le dio su pésame al oficial.

Tabla de indemnizaciones

Como se puede apreciar, la campaña del norte de África es una fuente inagotable de episodios insólitos. Uno de ellos, representativo del referido choque cultural, es la tabla de indemnizaciones que elaboraron los mandos aliados ante los frecuentes atropellos que se producían al paso de los vehículos militares por las carreteras argelinas: 25.000 francos (500 dólares) por un camello muerto, 15.000 por un niño muerto, 10.000 por un burro muerto y 500 por una niña muerta.

Que no pare la música

Una de las principales orquestas alemanas de música, dirigida por Henry Zeisel, estaba de gira por el norte de África para entretener a las tropas del Afrika Korps del general Erwin Rommel cuando fue capturada por el Octavo Ejército británico. Los integrantes de la orquesta fueron conducidos a Gran Bretaña, pero durante su cautiverio se les ofrecería la posibilidad de seguir con su carrera profesional.

Los británicos disponían de una potente emisora, llamada *Atlantik*, que emitía en alemán, y que tenía como destinatarios a los soldados germanos, con las tripulaciones de los submarinos como objetivo principal. *Atlantik* funcionaba desde las seis y media de la tarde a las ocho de la mañana y, a semejanza de las emisoras militares alemanas, ofrecía noticias en directo —obviamente, las que convenían a los Aliados— y música ligera. Para retener a los oyentes, los responsables de la emisora recurrieron a la música más apreciada entonces por los jóvenes germanos, el *jazz* americano con letras en alemán. Aunque los soldados sabían que *Atlantik* era una falsa emisora militar alemana, la preferían a las auténticas, debido a que ofrecía una música de primera categoría.

Para interpretar en directo esas piezas, se le hizo la propuesta a Henry Zeisel y su banda, que aceptaron gustosamente. De ese modo, la orquesta de Zeisel pudo volver a tocar para su audiencia de siempre, la Wehrmacht, aunque fuera a través de una emisora enemiga.

Sinfonía inacabada

En 1943, la Orquesta Sinfónica de la Luftwaffe estaba interpretando un concierto en el auditorio de la ciudad de Kharkov, en el sur de Rusia. En plena actuación, los soviéticos lanzaron un ataque contra la ciudad. La orquesta finalizó abruptamente el concierto, los músicos salieron del auditorio, cargaron sus instrumentos en un autobús y se marcharon a toda velocidad.

Casualmente, la pieza que estaban interpretando en ese momento era la *Sinfonía inacabada,* de Schubert.

Un almirante en luna de miel

Durante la Segunda Guerra Mundial, los soldados italianos no destacaron por su valentía, lo que es comprensible viendo el ejemplo de sus oficiales. Uno de ellos, el almirante Gino Pavesi, protagonizaría un chusco episodio el 11 de junio de 1943, cuando las tropas aliadas se aprestaban a tomar la isla de Pantelaria, que constituía por su importancia estratégica, según Mussolini, el «rompeolas de Sicilia».

Pavesi contaba con una sólida fortificación constituida por sólidos muros y túneles subterráneos, defendida por una guarnición de más de once mil hombres, pertrechados de comida, armas y munición para resistir durante semanas los embates aliados. Además, disponía de un centenar de baterías costeras.

Sin embargo, ese día, cuando las lanchas de desembarco se dirigían ya hacia la costa, Pavesi presentó la rendición de la isla, sin llegar a disparar ni un solo tiro. El motivo aducido fue que la guarnición no disponía de agua, a pesar de que los británicos encontrarían cisternas repletas del líquido elemento.

El hecho de que el almirante, de setenta años, se acabase de casar con una joven de veinticinco, llevó a pensar que el veterano militar no estaba dispuesto a estropear su luna de miel, poniéndose al frente de una defensa enconada de la isla, de incierto resultado. La radio británica aseguró que «la ocupación de Pantelaria había sido una opereta». La emisora no se equivocó en su apreciación: el único contratiempo que padecieron los aliados en la toma de la isla fue el que sufrió en la playa un soldado inglés al ser mordido en la mano por un burro.

Una operación muy poco secreta

A principios de julio de 1943, las tropas aliadas se aprestaban a conquistar Sicilia, una acción que sería denominada Operación Husky. Una vez que Túnez había sido tomada, y habiendo sido expulsadas las tropas del Eje del norte de África, el objetivo siguiente más lógico era Sicilia, pero los Aliados pusieron en marcha varios planes de distracción para que los alemanes creyesen que en realidad el próximo paso podía ser un desembarco en Cerdeña o Grecia. Incluso desde Escocia se llevaron a cabo maniobras que apuntaban a una posible invasión de Noruega.

Para que el asalto anfibio a Sicilia tuviera éxito era fundamental contar con el factor sorpresa para que las defensas costeras no fueran reforzadas, lo que implicaba que el objetivo debía mantenerse en total secreto. Por ejemplo, en los barcos que iban a participar en la invasión, los mapas de Sicilia y demás documentos secretos debían permanecer guardados con llave hasta que la nave zarpase. Igualmente, los soldados no debían saber a dónde se dirigían hasta que ya se encontrasen en alta mar, rumbo a las playas sicilianas.

Pero, como suele suceder en estos casos, se produjeron indiscreciones clamorosas, que si no llegaron a oídos de los espías alemanes fue porque éstos nunca demostraron ser demasiado eficientes. Así, por ejemplo, mientras que los soldados aún se encontraban en los puertos, alguien comenzó a distribuir los ejemplares de la *Guía de Sicilia para soldados* que no podían ser entregados hasta una vez iniciado el viaje; por si había alguna duda, en la portada aparecía un gran mapa de la isla. La consecuencia fue que, a pesar del esfuerzo por mantener el objetivo en secreto, en los puertos norteafricanos todo el mundo sabía a dónde se dirigía la flota que se estaba preparando para partir.

No obstante, el fallo más esperpéntico fue el que se produjo en El Cairo. Allí, un oficial envió a la tintorería su uniforme, en el que imprudentemente se había olvidado un cuaderno que contenía los planes del desembarco de Sicilia. Cuando el oficial reparó en el fatal olvido, unos agentes de seguridad acudieron rápidamente a la tintorería, para descubrir que las páginas del cuaderno ultrasecreto habían sido arrancadas y se estaban utilizando por el personal de la tintorería para entregar la cuenta a los clientes.

Una botella de Coca-Cola de cuatro mil dólares

El famoso reportero de guerra estadounidense Ernie Pyle, que cubrió la campaña de Italia, gustaba de mezclarse con los soldados y conocer de primera mano sus historias. Así, en una de sus crónicas, relató una anécdota protagonizada por los hombres de la 13.ª Brigada de Artillería del ejército norteamericano, destinada en los alrededores de Nápoles[3].

Los integrantes de un regimiento de esta unidad decidieron organizar una lotería, cuyo primer premio sería una botella de Coca-Cola. Todo empezó cuando un soldado que había pertenecido al regimiento, y que ya había regresado a Estados Unidos, Frederick Williams, de Forida, envió dos botellas de ese popular refresco a dos de sus antiguos compañeros. El obsequio les hizo una especial ilusión, ya que nadie allí había visto una botella de Coca-Cola desde hacía un año. Los destinatarios se bebieron a medias una de las botellas y después empezaron a tener ideas sobre la otra. Finalmente, decidieron rifarla y utilizar las ganancias para el cuidado de los niños cuyos padres habían muerto sirviendo en el regimiento. Además, tenían la esperanza de que la empresa Coca-Cola igualaría la cantidad que consiguieran.

La lotería se anunció en el pequeño periódico ciclostilado de la unidad y las participaciones se pusieron a la venta a veinticinco centavos cada una. No había transcurrido la primera semana y en la caja ya había más de mil dólares. El dinero llegaba en cuartos de dólar, dólares, chelines, libras, francos y liras. Ante el vuelo que estaba adquiriendo la rifa, hubo que designar un comité que hiciera de administrador. Al final de la tercera semana, los fondos recaudados sobrepasaban los tres mil dólares. Para añadir alicientes al sorteo, el soldado Lamyl Yancey, de Kentucky, consiguió una botella en miniatura de Coca-Cola y la ofreció como segundo premio.

Justo antes del gran sorteo, los fondos llegaban a los cuatro mil dólares. El día señalado, se metieron todas las papeletas en una caja de proyectiles alemanes y el comandante de la brigada extrajo dos núme-

---

[3] Véase PYLE, Ernie, *Brave men,* University of Nebraska Press, 2001, págs. 121-122.

ros. El vencedor fue el sargento William Schneider, de Nueva Jersey. La botella en miniatura del segundo premio fue a parar al sargento Lawrence Presnell, de Carolina del Norte.

El sargento Schneider, en lugar de alegrarse por ser el afortunado ganador, estaba horrorizado por lo que le había ocurrido. Aquel refresco valía lo mismo que ocho mil botellas en Estados Unidos. «No creo que me interese beberme una botella de cuatro mil dólares», dijo. «Creo que la enviaré a casa y la guardaré unos cuantos años».

La anécdota llegó de algún modo a oídos del enemigo. La emisora de radio que emitía desde Roma, bajo control alemán, se hizo entonces eco de la historia, pero distorsionándola completamente y utilizándola en contra de las tropas norteamericanas. Tal como lo divulgaron los alemanes, los soldados iban tan cortos de suministros que estaban pagando hasta diez mil dólares por una sola botella de Coca-Cola, añadiendo de ese modo seis mil dólares más a la recaudación.

Pero la historia de aquella botella de Coca-Cola no puede darse todavía por concluida. En 1979, un periodista del *Washington Post*, Joseph Mastrangelo, leyó la anécdota relatada por Pyle y decidió lanzarse a la búsqueda del afortunado soldado al que le correspondió el primer premio, intrigado por saber cuál había sido el destino final de la preciadísima botella. No obstante, a pesar de sus esfuerzos, implicando en su pesquisa a las asociaciones de veteranos, no consiguió localizar al sargento Schneider. Al menos, y también como premio de consolación, fue capaz de encontrar al soldado al que le correspondió el segundo premio, la botella en miniatura.

Cuando Mastrangelo publicó el resultado de sus investigaciones, la compañía Coca-Cola lanzó una campaña por todo el país para tratar de encontrar al escurridizo sargento Schneider, con idéntico resultado. Así pues, el capítulo final de esta historia todavía está pendiente de ser escrito.

Al frente con una guía turística

En la planificación de una campaña militar, los generales centran su atención en las tropas, el armamento o la munición, pero pueden dejar de lado un aspecto tan fundamental como el de los mapas con el que sus hombres van a tener que orientarse a través del territorio por el que se deben desplazar.

Eso ocurriría, por ejemplo, en mayo de 1940, durante la retirada en dirección a las playas de Dunkerque del Cuerpo Expedicionario británico que había acudido al continente a socorrer a los franceses. Los soldados ingleses no disponían de mapas de carreteras de la región, por lo que se veían obligados a preguntar a los civiles, sufriendo los correspondientes retrasos. Los soldados pedían a sus superiores que les proporcionasen mapas, pero las peticiones quedaban siempre atascadas en la anquilosada burocracia militar.

Esta dificultad fue subsanada drásticamente por el mayor Cyril Barclay, que compró en una librería todas las guías de carreteras Michelin que tenían a la venta, pagándolas de su propio bolsillo, para que las tropas británicas pudieran encontrar así el mejor camino para llegar a Dunkerque. Curiosamente, cuando Barclay pidió posteriormente que le fuera reembolsado este gasto tan perentorio, el Ejército británico le comunicó que no era posible, puesto que no existía ninguna partida destinada a la compra privada de mapas de carreteras, al corresponder al Ejército la misión de proveer de ellos a las tropas.

Algo parecido sucedió en el otro bando; la guerra relámpago en el oeste se hizo también con la ayuda de los mapas Michelin, puesto que los oficiales germanos confiaban en ellos para orientarse por las carreteras francesas. En este caso, la casa francesa Michelin se impuso a las guías alemanas Baedeker que, a falta de buenos mapas militares, eran las que solía utilizar la Wehrmacht. Por ejemplo, en marzo de 1938, al no disponer el Ejército alemán de mapas de carreteras actualizados de Austria, la entrada de las unidades blindadas germanas en este país se hizo siguiendo las indicaciones de los mapas Baedeker.

Estas veteranas guías, que incluían numerosas anotaciones de tipo turístico, venían siendo editadas sin interrupción desde 1829. Habían sido creadas por Karl Baedeker (1801-1859) y eran los mapas de referencia en Alemania, del mismo modo que los mapas Michelin lo eran en Francia.

Tras el fracaso de la Luftwaffe en la Batalla de Inglaterra, Göring intentó vengarse de aquella humillación castigando el orgullo inglés, destruyendo los edificios más emblemáticos de sus ciudades. Fruto de este plan serían los conocidos como *Baedeker Raids*, al fijar como objetivos principales los edificios y monumentos que la guía turística calificaba con tres estrellas. La acción de castigo se inició el 24 de junio de 1942 con una operación contra Exeter y se prolongaría hasta junio, pero sus pobres resultados decepcionarían de nuevo a Hitler.

Por su parte, la Wehrmacht contaba ya con sus correspondientes mapas militares, pero acabó confiando en esas guías turísticas, que cubrían ampliamente las zonas que aparecían incompletas, especialmente en Europa Oriental. Para avanzar por las carreteras rusas, las columnas motorizadas germanas dejarían a un lado sus mapas y seguirían las indicaciones que aparecían reflejadas en las guías Baedeker.

El gobernador general de Polonia, Hans Franck, hizo preparar la guía Baedeker de la Polonia conquistada. Franck, que tenía rango de ministro, quería acoger al personal que acababa de llegar al este y familiarizarlo con los placeres y curiosidades del nuevo territorio. Y el propio editor de las guías, Hans Baedeker, nieto del primer Baedeker, se felicitaba por esta iniciativa, ya que, según afirmó, «las ciudades polacas han cambiado y se han embellecido, y la naturaleza del país es rica en sorpresas». Editada en 1943 con el nombre de *Baedekers Generalgouvernement*, la obra señalaba los balnearios, las estaciones de deportes de invierno, los restaurantes y los hoteles donde podían pasar la noche. No figuraban en la guía los campos de exterminio, instalados cerca de pequeños pueblos, como por ejemplo Treblinkla, cuya existencia debía permanecer oculta. En cambio, se incluía una breve nota sobre la pequeña ciudad germanizada de Auschwitz y otra, aún más breve, sobre Belzec. Por el contrario, sobre las grandes ciudades, como Katowice o Cracovia, a las que el personal de los campos de concentración podían dirigirse en coche, autocar e incluso en tren, se hablaba en textos largos y atractivos.

La importancia de las informaciones aportadas por las guías Baedeker no pasó desapercibida para los británicos. En la madrugada del 4 de diciembre de 1943, los aviones de la RAF bombardearon la sede central de la editorial, en Leipzig, destruyendo por completo la maquinaria de impresión. Lo más lamentable fue la pérdida de la práctica totalidad de sus valiosísimos archivos, que contenían información cartográfica detallada de toda Europa de más de un siglo de antigüedad.

Por su parte, los Aliados occidentales escarmentaron con la falta de previsión demostrada en 1940 y procuraron que eso no volviera a ocurrir, aunque también acabarían acudiendo, de todos modos, a las guías turísticas y otras fuentes de información incompletas y poco fiables. Para preparar el desembarco en el norte de África de noviembre de 1942, los norteamericanos recurrieron a una guía comercial Michelin de Marruecos, que una imprenta oficial en la afueras de Washington se encargó de reproducir en toneladas de mapas. Pero como la información que contenía la guía no era suficiente, se recopilaron guías turísticas Baedeker, viejos números de la revista *National Geographic*, guías francesas de turismo e incluso, sorprendentemente, el volumen «M» de varias enciclopedias.

Ese esfuerzo también se daría un año y medio después, en la preparación del desembarco de Normandía, aunque en este caso sería más fácil obtener buenos mapas de la geografía francesa. Sólo para preparar el Día D, desde Estados Unidos se enviarían 3.000 toneladas de mapas. En total, 210 millones de mapas serían distribuidos en Europa, la mayoría impresos a cinco colores.

Sin embargo, a pesar de contar con ese ingente material cartográfico, las tropas aliadas se verían nuevamente obligadas a recurrir a las incombustibles guías Baedeker. Durante los rápidos avances por Alemania de abril de 1945 tras haber cruzado el Rin, las unidades de vanguardia se encontraban en ocasiones con que su posición se encontraba ya fuera de los mapas que les habían proporcionado. En estos casos, cualquier plano de carreteras Baedeker, localizado en alguna librería que aún se mantuviera en pie, servía para seguir avanzando por territorio alemán.

Sobrevivir a un salto sin paracaídas

Saltar de un avión a gran altura sin paracaídas, o si éste no se abre durante el descenso, es garantía de una muerte cierta. Pero en la Segunda Guerra Mundial hubo varios casos en los que no fue así.

En la noche del 24 de marzo de 1944, el aviador británico Nicholas Alkemade, perteneciente 115.º Escuadrón Aéreo de la RAF, se dirigía a Berlín para llevar a cabo una misión de bombardeo. Cerca de la capital germana, su avión, un bombardero Lancaster, resultó alcanzado por el fuego de un Junkers Ju 88.

Con el aparato ya en llamas, la tripulación británica comenzó a saltar en paracaídas. Pero el paracaídas de Alkemade se había visto afectado por el fuego, por lo que no podía saltar. Aun así, como estaba a punto de quemarse vivo, instintivamente saltó al vacío. Casi al instante, perdió el conocimiento debido al cambio brusco de presión.

Cuando el aviador volvió a abrir los los ojos, se encontraba en un lecho de nieve blanda. Poco después comprendió que había caído sobre las copas de los altos y frondosos árboles que le rodeaban, y que la gruesa capa de nieve había acabado de amortiguar su caída. Tan sólo había sufrido una fuerte torcedura en su rodilla derecha que le impedía ponerse de pie, además de quemaduras por el incendio del avión y algunas rozaduras por el fuerte impacto con las ramas de los árboles.

Alkemade, sin poder caminar, hizo sonar su silbato para atraer la atención de los alemanes y fue capturado. El británico les dijo que había saltado de un avión pero, al no encontrar el paracaídas, no le creyeron y pensaron que era un espía. Una vez recuperado en un hospital, Alkemade fue trasladado a un campo de prisioneros cercano a Frankfurt. Sometido a interrogatorios, el británico insistió en su increíble versión. Acusado de espía, la amenaza de la pena de muerte pendía sobre él. Pero, para su suerte, fue hallado el fuselaje del Lancaster, y en la cabina de cola se encontraban los restos medio quemados de un paracaídas, demostrándose así que les había dicho la verdad. Cuando regresó a casa, en mayo de 1945, Alkemade pudo disfrutar del éxito que le proporcionó el reconocimiento de su insólita experiencia.

Tras la guerra, la muerte seguiría rondando a Alkemade, aunque sin lograr atraparle. Así, en una ocasión, una viga de acero de más de cien kilos de peso cayó sobre él, pero tan sólo sufrió una pequeña herida en la cabeza. Años después, sufrió quemaduras con ácido sulfúrico, de las que pudo restablecerse; en otra ocasión recibió una descarga eléctrica que le hizo caer en un depósito de cloro, en donde respiró sus gases tóxicos durante media hora, pero fue rescatado a tiempo. Finalmente, su hora no llegaría hasta 1987, cuando falleció a los 64 años por causas naturales.

Otro increíble caso de supervivencia fue el del aviador soviético Ivan Chisov. En enero de 1942, Chisov se lanzó desde su aparato, un bombardero Ilyushin Il-4, tras ser alcanzado por un caza alemán, cuando volaba a una altitud aproximada de 7.000 metros. Aunque llevaba paracaídas, perdió el conocimiento y no pudo abrirlo. Chisov cayó sobre una pendiente con nieve que amortiguó su caída. Al contrario que Alkemade, sufrió heridas graves que le tuvieron durante un mes en estado crítico, pero en tan sólo tres meses estaba ya en condiciones de volar; aun así, se decidió que no se reincorporase a las misiones de combate, siendo adscrito al adiestramiento de navegadores aéreos. Chisov murió también de causas naturales en 1986, cuando contaba 75 años.

Otro aviador que se sumaría a este exclusivo club de supervivientes sería el norteamericano Alan Magee. Cuando el 3 de enero de 1943 llevaba a cabo una misión de bombardeo en su fortaleza volante B-17 sobre la base de submarinos alemana del puerto francés de Saint Nazaire, su aparato fue alcanzado por un caza germano y entró en barrena a 6.700 metros de altura. Magee advirtió que su paracaídas había resultado dañado en el ataque y se arrojó al vacío, quedando enseguida inconsciente. El aviador cayó sobre el techo de cristal de la estación central de Saint Nazaire, lo que mitigó su posterior impacto en el suelo.

Tras su estrepitosa irrupción en la estación, Magee fue hecho prisionero de guerra y trasladado a un hospital, en donde se advirtió que tenía varios huesos rotos, además de 28 heridas de metralla, presentando heridas graves en la cara, un brazo, un pulmón y un riñón. Aun así, consiguió sobrevivir.

Cuando regresó a Estados Unidos, en mayo de 1945, Magee fue condecorado. Su mala experiencia en el aire no le arredró y obtuvo la licencia de piloto privado. Falleció en 2003, a los 84 años.

Operación Bola de Naftalina

El desembarco de Normandía recibió el nombre en clave de Operación Overlord ('jefe supremo'), pero estuvo a punto de recibir un nombre mucho más prosaico.

En 1943 se estaban realizando los primeros preparativos para la invasión, en el cuartel general que se estableció en Londres a tal propósito, con el general británico Frederick Morgan al frente. Tras varias semanas de intenso trabajo, se diseñó el borrador del plan y se preparó su presentación ante Churchill. Pero antes había que encontrar un nombre en clave para la operación. En esos momentos, la organización responsable de asignar nombres a las diversas operaciones, el Inter Services Security Bureau (ISSB), tan sólo tenía disponible uno: Mothball ('bola de naftalina').

Morgan, horrorizado, se vio incapaz de presentar un nombre como ése a Churchill, pero como era el único disponible no tuvo otro remedio que asignárselo a la operación. Cuando Morgan le comunicó el nombre, el primer ministro británico se subió por las paredes: «¿Quiere usted decir que ese atajo de ineptos pretenden que dentro de cincuenta años nuestros nietos llamen Mothballl a la operación que liberó Europa?», dijo Churchill a voz en grito.

No era la primera vez que el premier británico se quedaba perplejo ante las estrafalarias propuestas del ISSB. Por ejemplo, Churchill había prohibido que se utilizasen nombres tan grotescos como Calamity ('calamidad'), Icterus ('ictericia'), Aperitif ('aperitivo') o el más ridículo de todos, Bunnyhug ('abrazo de conejito'). Pero no siempre se saldría con la suya. El 26 de mayo de 1943, Churchill debía emprender el viaje de regreso a Gran Bretaña tras pasar dos semanas en Estados Unidos con Roosevelt; el nombre cifrado del vuelo en hidroavión se llamó inicialmente Watson, después Red Car ('coche rojo') y finalmente Student ('estudiante'). A Churchill no le gustó ninguno de esos nombres e insistió en que fuera cambiado por Neptune ('Neptuno'), que él consideraba más belicoso, pero no lo consiguió.

Sin embargo, con la operación de desembarco en Europa sí que estaba dispuesto a que recibiera un nombre apropiado: «Si no se les ocurre otro nombre para el desembarco mejor que ése, ¡yo mismo lo escogeré!», sentenció el premier británico.

Según relataría el general Morgan, Churchill frunció el entrecejo, apuntó su puro hacia el techo, se balanceó ligeramente hacia atrás y aseveró en voz alta: «Overlord, la llamaremos Operación Overlord».

Prisioneros, al zoo

Cuando las tropas británicas tomaron la ciudad belga de Amberes, hasta ese momento en poder de los alemanes, se encontraron con que no disponían de un lugar adecuado para mantener encerrados a los prisioneros. Tras buscar infructuosamente un cine o teatro que pudiera servir de cárcel, los británicos repararon en que el zoológico estaba vacío, ya que, según se decía, la población hambrienta había dado buena cuenta de la mayoría de animales.

Así, el zoo no tardó en llenarse con nuevos ocupantes. Los seis mil prisioneros que debían ser allí acomodados fueron distribuidos por categorías; al recinto de los leones fueron a parar los oficiales, los fascistas belgas y los ciudadanos que habían colaborado con los alemanes. A los prisioneros de otro tipo se les asignaron el foso de los osos, la jaula de los tigres o la casa de los monos. Según describiría un testigo, «los prisioneros permanecían sentado en montones de paja, mirando a través de los barrotes».

Premios a los francotiradores

Un mensaje del XV Grupo de Ejércitos al Cuartel General Supremo de las Fuerzas Aliadas del 11 de febrero de 1945 aseguraba que los francotiradores alemanes eran recompensados siguiendo una escala ascendente de premios:

- 10 muertos = 10 cigarrillos.
- 20 muertos = 20 días de permiso.
- 50 muertos = Cruz de Hierro de Primera Clase y un reloj de pulsera, obsequio del jefe de las SS, Heinrich Himmler.

Récord de evasiones

Si evadirse en tiempo de guerra fuera objeto de una competición, es probable que el candidato a alzarse con el primer puesto fuera el piloto norteamericano Grover P. Parker.

El teniente Parker pertenecía al 27.º Escuadrón de la Fuerza Aérea de Estados Unidos, 7.º Grupo de Reconocimiento Aéreo. Su récord es difícil de creer: fue derribado tres veces en suelo europeo y las tres veces logró escapar... y todo ello en tan sólo seis meses.

La primera vez ocurrió a primeros de septiembre de 1944, cuando su avión fue alcanzado por un caza de la Luftwaffe en el sur de Francia. Una vez en tierra, logró evitar todas las patrullas alemanas, caminando de noche por bosques y montañas, hasta que alcanzó a las tropas aliadas que habían desembarcado tres meses antes en Normandía y que se dirigían a buen ritmo hacia las fronteras del Reich. A los pocos días, Parker cruzaba de nuevo el canal de la Mancha y volvía a ocupar su puesto en la carlinga de un avión.

La segunda ocasión en que su avión cayó sobre suelo europeo no se hizo esperar. El 19 de ese mismo mes de septiembre, la artillería antiaérea germana disparó al P-38 Lightning de Parker cuando sobrevolaba Holanda, durante la Operación Market Garden. Las balas inutilizaron el tren de aterrizaje, lo que le obligó a tomar tierra arrastrando el fuselaje; afortunadamente, se trataba de una playa arenosa y Parker pudo sobrevivir a este aterrizaje de emergencia. Pero no tuvo tanta suerte como en Francia y unos soldados alemanes le apresaron de inmediato.

Trasladado a un campo de prisioneros, el piloto no estaba dispuesto a esperar allí la previsible victoria de los aliados. Observó que cada noche llegaban nuevos prisioneros al recinto, lo que provocaba unos minutos de confusión; Parker aprovechó uno de esos momentos para escalar unas alambradas y escapar a campo abierto.

Sin saber a dónde dirigirse, Parker pidió ayuda en una casa en la que habitaba una pareja de ancianos, que le escondieron durante diez días. Estos le pusieron en contacto con resistentes holandeses, que le trasladaron finalmente a las líneas aliadas.

De regreso a Gran Bretaña, se encontró con una disposición que le impedía volar hasta que hubiera pasado un tiempo prudencial desde su evasión, para poder descansar y recuperarse. Aun así, Parker consiguió eludir esta prohibición y poco después ya estaba de nuevo a los mandos de un avión de reconocimiento aéreo.

En febrero de 1945 se encontraba realizando una misión sobre Peenemünde, la base desde la que se lanzaban las bombas volantes

V-2 sobre Londres. En este caso fue un velocísimo avión a reacción Me-262 el que le derribó.

Una vez en tierra, la huida no fue demasiado complicada; no tuvo más que dirigirse hacia territorio polaco, en donde tomó contacto con las fuerzas rusas y desde allí pudo regresar a Gran Bretaña. De este modo, Parker se aseguraba pasar a la historia como el piloto más obstinado en sus intentos de fuga desde territorio europeo.

Trágica celebración

La caída de Berlín en manos del Ejército Rojo, el 2 de mayo de 1945, daría lugar a una trágica celebración en la ciudad polaca de Lodz. El gobernador militar soviético se emborrachó y mandó hacer sonar todas las sirenas de la ciudad para celebrar la toma de la capital germana.

La ocurrencia sembró el pánico entre civiles y militares. Los soldados adscritos a las unidades de artillería antiaérea, suponiendo que la ciudad estaba siendo bombardeada por la aviación alemana, comenzaron a disparar sus cañones y esto, a su vez, provocó la precipitada huida de los habitantes de la ciudad.

Por su parte, los soldados que servían en los controles de carreteras situados alrededor de Lodz vieron correr hacia ellos numerosos coches y ciudadanos, y dando por hecho que se trataba de un levantamiento, no dudaron en ponerse a disparar, con lo que mataron e hirieron a docenas de personas.

El gobernador causante de semejante pandemónium fue arrestado por la policía política del régimen, la temible NKVD.

Coca-Cola transparente para Zhukov

Tras la toma de Berlín y el final de la Segunda Guerra Mundial en Europa, en mayo de 1945, se estableció una corriente de simpatía entre el general Eisenhower y el mariscal soviético Gueorgui Zhukov. Fruto de ello, Zhukov le reconoció su gusto por la Coca-Cola, que acababa de probar por primera vez. No obstante, lamentaba no poder tomarla habitualmente, debido a las reticencias que sentía Stalin por todo aquello que recordaba la ayuda que los norteamericanos habían brindado a la Unión Soviética a lo largo de la contienda.

Así, Zhukov preguntó a Eisenhower si era posible obtener Coca-Cola transparente, con el mismo aspecto de una botella de Vodka.

Eisenhower llamó al entonces presidente norteamericano Harry S. Truman y éste dio permiso para satisfacer la insólita petición. Así, los químicos de Coca-Cola se pusieron a trabajar, obteniendo una bebida transparente con el mismo sabor que el refresco original. Además, se cambió la típica botella con curvas por una recta, y se añadió una chapa con una estrella roja en el centro.

Una vez fabricada esta partida especial, cincuenta cajas fueron enviadas al cuartel general de Zhukov en Berlín a través de Austria.

El extraordinario caso de los hermanos Windsor

La Segunda Guerra Mundial afectó a millones de familias, en su mayor parte causando terribles desgracias. Muchos padres vieron marchar a sus hijos a combatir, para no verlos regresar nunca más.

Sin embargo, se dio el extraordinario caso de que la familia que tuvo más hijos luchando en la guerra, nueve, vio cómo todos ellos regresaban a casa sanos y salvos. Los nueve hermanos Windsor vistieron el uniforme británico, sobreviviendo a la contienda: Albert, Jim, Harry, Bill, Arthur, Tom, Dick, Sid y Wally. Cuatro de ellos sirvieron en el Ejército, cuatro en la RAF y uno en la Royal Navy.

El prolífico matrimonio Windsor, formado por George y Martha, había tenido cuatro hijos varones más, y tres hijas. Curiosamente, el hermano mayor, Charles, que había participado en la Primera Guerra Mundial, no sobrevivió al conflicto, muriendo el 17 de mayo de 1917 en Arras, en donde fue enterrado. Otros dos hermanos, George y Alfred, no pudieron alistarse para combatir en la Segunda Guerra Mundial, pero también contribuyeron a la victoria aliada trabajando en la industria de armamento, fabricando munición. Por su parte, dos de las hermanas, Violet y May, participaron en el conflicto como enfermeras. Edward, el último hermano varón, fue el único que no intervino en ninguno de los conflictos, al fallecer en 1922 con siete años.

Si los Windsor fueron muy afortunados, lo contrario se puede decir de los Sullivan, de Waterloo, Iowa. Los cinco hijos del matrimonio murieron a bordo del barco de guerra USS *Juneau*, el 14 de noviembre de 1942, cuando el buque resultó hundido en la batalla de Guadalcanal, alcanzado por el torpedo de un submarino japonés. Otro caso similar sería el de los Borgstrom, de Thatcher, Utah. Cuatro de los siete hijos varones de esta familia murieron en combate en menos de seis meses, entre marzo y agosto de 1944.

XI
Los últimos

La guerra vuelve estúpido al vencedor y rencoroso al vencido.

Friedrich Nietzsche (1844-1900),
filósofo alemán

En la competitiva vida actual, nadie quiere ser el último. Si al que consigue el segundo puesto se le considera el primero de entre los perdedores, el último puesto parece reservado para los fracasados. Ser el último suele ser motivo de vergüenza y deshonra... pero en la guerra no tiene por qué ser así.

Se puede pasar a la historia por ser el último muerto de la Primera Guerra Mundial, como le sucedió al norteamericano Henry Gunther, que recibió un balazo cuando apenas faltaba un minuto para que entrase en vigor el armisticio que ponía fin a la contienda. No sabemos quién fue el último soldado en caer en la Segunda Guerra Mundial, pero sí conocemos, por ejemplo, quiénes fueron los últimos en rendirse.

Estos y otros hombres, cada uno por diferentes motivos, pasarían también a la historia por ser los últimos, un puesto que, en este caso, les distinguiría por fortuna o por desgracia de entre los millones de anónimos soldados que participaron en la contienda.

Ultima ejecución en la Torre de Londres

La última ejecución que tuvo lugar en la emblemática Torre de Londres fue el 14 de agosto de 1941. El reo era un espía alemán de 43 años, Josef Jakobs.

El espía que sería ejecutado en tan emblemático recinto había saltado en paracaídas sobre Gran Bretaña la noche del 31 de enero de 1941, pero se rompió un tobillo al caer. Sin poder moverse, permaneció en el mismo lugar hasta que, a la mañana siguiente, atrajo la atención de dos granjeros disparando su pistola al aire. Los granjeros avisaron a los miembros de la Home Guard, la defensa civil, que se hicieron cargo de él. Jakobs tenía en su poder, además de la pistola, 500 libras esterlinas, documentación falsa, un transmisor de radio y, curiosamente, una salchicha alemana.

El espía fue sometido a consejo de guerra en Londres el 4 de agosto, siendo encontrado culpable y sentenciado a muerte. De cumplir la máxima pena se encargaría un pelotón de ejecución de los Scots Guards formado por ocho hombres. Debido a la rotura de su tobillo, que le impedía permanecer de pie, Jakobs sería ejecutado sentado en una silla de estilo Windsor. Al espía se le colocó un blanco sobre el corazón, en el que se contaron cinco agujeros de bala. Una le dio en la cabeza.

Aunque los espías alemanes descubiertos en Gran Bretaña eran colgados, Jakob fue fusilado al considerar que había sido capturado en combate y no en una acción de la policía.

Tras su ejecución en la Torre de Londres, Jakobs fue enterrado en una tumba sin nombre junto a la iglesia católica de Saint Mary en Kensal Green, Londres. La silla en la que fue ejecutado se conserva en el Royal Armouries Museum de Leeds.

El último mariscal

El último general alemán en ser nombrado mariscal de campo por Hitler fue Ritter Von Greim en 1945. El primero había sido Werner Von Blomberg, en 1936. El más joven fue Erwin Rommel, que alcanzó ese honor con cincuenta años.

En total, Hitler ascendió a 25 generales al grado de mariscal. Aunque pueda parecer que esta cantidad es alta para un honor tan selecto, no hay que olvidar que la cifra absoluta de generales alemanes durante la contienda ascendió a 3.363. Por tanto, tan sólo uno de cada 135 fue premiado con el ansiado bastón de mariscal de campo.

Última misión sobre Gran Bretaña

El último vuelo de la Luftwaffe sobre territorio británico lo llevó a cabo un bombardero a reacción Arado Ar 234 *Blitz* el 10 de abril de

1945, a menos de un mes de la rendición germana. La misión consistió en un vuelo de reconocimiento sobre la costa escocesa, incluyendo la base naval de Scapa Flow. El vuelo partió del aeródromo de Sola, en Stavanger, Noruega.

Debido a los grandes avances tecnológicos que presentaba este aparato, al finalizar la guerra los norteamericanos se hicieron con cuatro de ellos en ese mismo aeródromo noruego y los trasladaron a Estados Unidos para ser probados y evaluados.

Ultimo bombardeo de la RAF sobre Alemania

La última misión de bombardeo de la RAF sobre territorio germano tuvo lugar el 3 de mayo de 1945, cuando un centenar de aviones, que incluía 37 Mosquitos, atacaron diversos aeródromos del norte del país, en Flensburg, Hohn, Sylt y Jägel. En la operación se utilizó napalm y bombas incendiarias.

Durante la acción, un Mosquito fue derribado y dos Halifax colisionaron en pleno vuelo, en lo que serían las últimas pérdidas que sufrió el Mando de Bombardeo británico durante la contienda.

El último bombardeo de la guerra

En 1985 se desclasificaron unos documentos secretos: el informe de la última acción armada de la Segunda Guerra Mundial, efectuada la noche del 14 de agosto de 1945. Se trataba del bombardeo de la refinería de petróleo japonesa en Tsuchizaki, próxima a la ciudad de Akita, situada en la costa noroeste de Japón. A pesar de su importancia militar, esta instalación no había sido atacada todavía por la aviación norteamericana, debido a la gran distancia que la separaba de la base norteamericana más próxima, casi seis mil kilómetros.

Los encargados de destruir la refinería serían 143 bombarderos B-29 con base en la isla de Guam, en las Marianas, pertenecientes al 315.ª Ala de Bombardeo. El mismo 14 de agosto, una hora antes de que despegasen los aviones, los japoneses emitieron por radio que en las próximas horas el emperador iba a hacer un importante anuncio, en el que presumiblemente iba a anunciar la rendición, por lo que esa operación se revelaba como innecesaria. Las tripulaciones, que supieron del mensaje, aguardaron hasta el último momento la orden de abortar la misión. No fue así, y a la hora convenida los bombarderos partieron rumbo a Akita.

Tras un vuelo de ocho horas, los aviones alcanzaron su objetivo a las diez y media de la noche y lanzaron más de diez mil bombas sobre la refinería y las zonas adyacentes. El bombardeo se prolongó hasta las tres y media de la madrugada. Las instalaciones de la refinería quedaron destruidas por completo. Pero lo peor fue que el fuego resultante alcanzó la ciudad de Akita, provocando 250 muertos y una cantidad similar de heridos graves. Mientras tanto, el emperador, en Tokio, estaba grabando su anuncio de rendición.

Cuando regresaron a su base en Guam, los aviadores pudieron escuchar en la radio la noticia de la rendición. Se desconoce qué era lo que los norteamericanos buscaban con esa última misión de bombardeo, lo que ha dado pie a variadas especulaciones, como que la intención era eliminar la capacidad de Japón para refinar petróleo durante la inminente posguerra, favoreciendo así su futura dependencia económica de Estados Unidos.

El último disparo

Un detalle en el que pocos han reparado es que, tanto en la Primera como en la Segunda Guerra Mundial, el último disparo fue efectuado por la misma persona, aunque, eso sí, no en sentido estricto. Entre los millones de combatientes que participaron en las dos guerras, parece un caprichoso guiño del destino el que correspondiese a un solo hombre poner simbólicamente punto final a ambas, lo que convierte a este hecho en el más insólito no sólo de ambas guerras, sino posiblemente de todo el siglo XX. Las probabilidades de que esta coincidencia se produjese eran infinitesimales, pero aun así ocurrió.

Las últimas salvas disparadas por cañones norteamericanos en 1918 fueron ordenadas por un capitán de artillería, al mando de una batería en Verdún, tan sólo quince minutos antes de que entrase en vigor el armisticio, curiosamente a las once de la mañana del día 11 del undécimo mes de 1918, el día en el que acabó la larga pesadilla de la Primera Guerra Mundial.

En 1945, el lanzamiento de la última bomba, en este caso atómica, que cayó sobre Japón, el 9 de agosto sobre la ciudad de Nagasaki, había sido ordenado por ese mismo capitán de artillería. Aunque, siendo precisos, ésta no fue la última acción armada de la guerra, sino la del referido bombardeo de Akita, no hay duda de que simbólicamente sí lo fue, pues forzó al gobierno nipón a aceptar la rendición.

Ese hombre elegido por el destino para poner punto y final a dos guerras mundiales era el trigésimo tercer presidente norteamericano, sucesor de Franklin D. Roosevelt en la Casa Blanca, Harry S. Truman.

Los últimos alemanes en rendirse

El 4 de septiembre de 1945, casi cuatro meses después de que Alemania fuera derrotada, se rindieron los últimos soldados germanos. La rendición se firmó a bordo de un barco noruego que se dedicaba a la pesca de focas en aguas del archipiélago de las Svalbard, situado en el océano Glacial Artico, a escasos diez grados del Polo Norte.

Esos soldados habían llegado a ese remoto lugar un año antes, con la misión de establecer una estación meteorológica, denominada Operación Haudegen ('estocada'). El encargado de dirigirla era el teniente Wilhelm Dege, un científico que ya había emprendido varias expediciones científicas a aquellas islas en los años treinta.

Las islas Svalbard habían quedado bajo soberanía noruega en 1920, y eran conocidas por los alemanes como Spitzbergen, por el nombre de la isla principal. Su situación geográfica las convertía en un excelente punto de observación meteorológica, ya que de la información ahí recogida se podían obtener prediciones fiables para el norte de Europa, de gran importancia para la Luftwaffe y la Kriegsmarine.

Los miembros de la expedición se habían ofrecido voluntarios para «una mision especial en una zona muy fría». Los sesenta voluntarios que respondieron al llamamiento recibieron entrenamiento en los Alpes, preparándose para las bajas temperaturas que deberían soportar en el Ártico. Se les adiestró para desplazarse por la nieve y construir iglús, pero también se les enseñó algunas habilidades necesarias para vivir largos períodos de aislamiento, como sacar una muela, curar heridas de bala o amputar extremidades congeladas. No se les comunicó a dónde iban a ser enviados, ya que se quería mantener el secreto de la misión. Así pues, les advirtieron de que, una vez llegados a su lugar de destino, no iban a poder ponerse en contacto con sus familias; la Kriegsmarine se encargaría de comunicar a sus familiares que se encontraban bien.

El 5 de agosto de 1944, la expedición, formada por Dege y los diez hombres que había escogido de entre los voluntarios, zarpó del puerto alemán de Sassnitz a bordo del carguero *Karl J. Busch*. Con ellos iba todo el material que iban a necesitar en su destino. Llevaban víveres para tres años y los instrumentos necesarios para llevar a cabo su labor científica, así como el armamento necesario para poder defenderse en caso de ataque aliado: seis ametralladoras, doce fusiles, diecinueve pistolas y trescientas granadas. Además, llevaban consigo cuatro rifles especiales para cazar osos.

El buque llegó al puerto noruego de Narvik el 16 de agosto, en donde se encontró con el submarino U-307, que sería el encargado de escoltarle hasta Spitzbergen, ayudándole a burlar el bloqueo de la marina británica. Las dos naves zarparon de Narvik el 10 de septiembre de 1944, llegando a su destino tras una travesía de tres días. Dege decidió establecer la estación meteorológica en un resguardado fiordo de la isla de Nordaustlandet, situada al nordeste de la isla de Spitzbergen.

Una vez en tierra, los expedicionarios instalaron la base, que constaba de varios barracones prefabricados, y pusieron a punto los globos meteorológicos y los instrumentos científicos, así como el equipo de radio. Cuando el campamento estuvo listo, el barco y el submarino emprendieron el viaje de regreso, para evitar quedar bloqueados por el hielo.

Los hombres de Dege comenzaron entonces a desarrollar su trabajo diario, que comenzaba a las siete de la mañana y les ocupaba hasta las seis de la tarde. Después de transmitir puntualmente los mensajes a Berlín a las ocho de la tarde, los miembros de la expedición cenaban y pasaban un rato de esparcimiento, ya fuera cantando, leyendo los libros de la biblioteca o estimulando la camaradería del grupo con algunas copas de licor, hasta las once de la noche, cuando debían retirarse a dormir.

A pesar de las duras condiciones de vida en la base, Dege supo mantener la disciplina y el buen ánimo en el grupo. A ello ayudó el que impartiese a sus hombres clases de literatura, geografía, ciencias o filosofía, lo que era muy bien acogido por ellos, ya que sus edades rondaban los veinte años y mostraban interés por aprender. De vez en cuando acontecían hechos que les sacaban de la rutina, como las ocasiones en las que tuvieron que defenderse de los osos, matando a cuatro. También tuvieron que cuidar de dos oseznos.

Durante el largo invierno ártico, los expedicionarios siguieron recogiendo datos meteorológicos y transmitiéndolos puntualmente a Berlín. Gracias a esas informaciones, Hitler pudo saber que contaría con varios días nubosos a partir del 16 de diciembre de 1944, lo que le permitió lanzar su gran ofensiva en las Ardenas, ya que la aviación aliada no podría operar.

El trabajo en la base continuó con normalidad hasta que el 2 de mayo de 1945 se les comunicó que Hitler había muerto. El 8 de mayo,

Dege recibió desde Noruega la información de que Alemania se había rendido, y se dispuso a entregar la base a los Aliados. Dege procedió a destruir los explosivos y a enterrar los documentos que consideró más importantes, como era su propio diario.

Comenzó entonces una tediosa espera, durante la cual siguieron recogiendo datos y emitiéndolos, aunque ya sin codificar. No sería hasta agosto cuando se les comunicó que un barco noruego, el *Blaasel*, acudiría a recogerlos. Su capitán, Ludwig Albertsen, sería el encargado de aceptar la rendición de Dege y sus hombres.

El buque noruego llegó el 3 de septiembre de 1945, un día después de que hubiera concluido oficialmente la Segunda Guerra Mundial con la firma de la rendición de Japón, y casi cuatro meses después de que Alemania hubiera abandonado la lucha.

Dege, que hablaba noruego, departió amigablemente con el hombre ante el que tendría que rendirse. Sin embargo, surgió un contratiempo: el capitán Albertsen, obviamente, desconocía los formalismos propios de este tipo de ceremonias. Dege improvisó, sacando su pistola y depositándola sobre la mesa, ante la sorprendida mirada del capitán noruego, que le preguntó si podía quedarse con ella como recuerdo. Luego, Dege redactó un documento, que ambos firmaron, que suponía la rendición de los últimos soldados del Tercer Reich.

Al día siguiente, el *Blaasel* zarpó rumbo al puerto noruego de Tromsø, a donde llegaron diez días después. Los once alemanes quedaron confinados en un campo de prisioneros, siendo liberados en los meses siguientes.

A su regreso a Alemania, Dege trabajó como profesor de geografía en Dortmund y publicó varias obras sobre las tierras polares, además de un libro sobre sus recuerdos de la Operación Haudegen[1]. El valor del trabajo científico llevado a cabo en la base de Nordaustlandet llegaría a ser reconocido por la UNESCO, y la experiencia vivida en aquella expedición resultaría de gran utilidad también para las bases árticas que se establecerían posteriormente.

Dege falleció en 1979, pero su historia tenía pendiente un emocionante epílogo. En 1985, su hijo viajó hasta la estación meteorológica para recuperar los documentos que su padre había enterrado cuidadosamente en un lugar secreto, que le desveló antes de morir. Esa documentación incluía el citado diario de la expedición.

---

[1] Para conocer los pormenores de la Operación Haudegen, relatados por el hombre que la dirigió, véase DEGE, Wilhelm, *War North of 80. The last german arctic weather station of World War II,* University Press of Colorado, Boulder, 2004.

Por otra parte, la estación meteorológica, aunque a lo largo de los años había servido de refugio para los que se aventuraban por esa isla deshabitada, se encontraba prácticamente intacta. Siete décadas después, la estación presenta ya un acusado deterioro por el paso del tiempo pero, sobre todo, por los cazadores de recuerdos, que no dudan en llevarse consigo un pedazo de historia. No obstante, los barracones de la estación meteorológica todavía permanecen en pie, como testimonio del último reducto de las fuerzas alemanas durante la Segunda Guerra Mundial.

El último soldado japonés en rendirse

El último soldado nipón que decidió entregar las armas y rendirse fue el teniente Hiroo Onoda (1922-2014). En diciembre de 1944 había sido enviado a la isla filipina de Lubang, con la misión de emprender una guerra de guerrillas contra los norteamericanos una vez que éstos acabasen de invadir la isla. Onoda cumplió al pie de la letra con la orden, y durante los años siguientes, junto a varios compañeros, llevó a cabo acciones de guerrilla y sabotaje. Con el paso del tiempo, sus compañeros fueron entregándose o muriendo, hasta que quedó él solo.

En 1974 fue localizado por un joven japonés, que trató de convencerle sin éxito de que la guerra había terminado. Onoda le dijo que sólo se entregaría si recibía una orden directa de su antiguo superior. Las autoridades niponas encontraron al que había sido su jefe, que entonces desempeñaba el tranquilo oficio de librero, y lo llevaron a la isla. Tras el encuentro entre ambos, Onoda se quedó convencido de que la guerra había terminado y decidió entregar las armas. A su regreso a Japón, fue aclamado como un héroe.

Aunque Onoda ostenta el honor de ser el último soldado nipón en rendirse, hubo otro soldado del Ejército japonés, en este caso de origen taiwanés, que se entregó más tarde: Teruo Nakamura, cuyo nombre nativo era Attun Palalin. Nakamura resistía en solitario en la isla indonesia de Morotai, a donde había llegado en 1944. El hecho de haber sido un soldado colonial y que ni siquiera hablase japonés hizo que no obtuviese el reconocimiento del que sí disfrutó Onoda.

El último fugitivo

La fuga más larga de la Segunda Guerra Mundial la protagonizó un soldado alemán, Georg Gärtner. Durante la contienda, Gärtner sirvió en el Afrika Korps a las órdenes del general Rommel. Tras ser capturado por los Aliados en Túnez en 1943, fue trasladado a Estados Unidos, quedando confinado en un campo de prisioneros de Nuevo México.

En septiembre de 1945 todavía había soldados germanos en los campos norteamericanos esperando el momento de ser enviados de vuelta a casa. Sin embargo, Gärtner no deseaba regresar; como procedía de la Baja Silesia, una región bajo control soviético, temía caer en manos de los rusos. Por tanto, decidió quedarse a vivir en Estados Unidos, a pesar de que sus captores no le concedían esa posibilidad.

Así pues, el 21 de septiembre de 1945, Gärtner se fugó saltando la valla del campo aprovechando un descuido de los vigilantes, y se adentró en el desierto, perdiéndose su pista. El FBI trató de localizarlo durante años, pero el fugitivo germano se había esfumado. Finalmente, en 1963, el FBI desistió y dejó de buscarlo.

Georg Gärtner no reapareció hasta 1985, cuando acudió a una cadena de televisión norteamericana para desvelar su auténtica identidad. Allí explicó que, después de vagabundear unos años por el país, se estableció en la ciudad de Boulder, Colorado, en donde se casó y desempeñó varios trabajos, todo ello con una nueva identidad, la de Dennis Whiles. Su fuga había durado cuarenta largos años.

Ante la complejidad legal del caso y el tiempo transcurrido desde su fuga, las autoridades norteamericanas decidieron retirar los cargos contra él. En 1989 le concedieron un permiso de residencia y diez años después la nacionalidad estadounidense. Gärtner falleció en 2013 a los 92 años.

La última víctima de los U-Boote

Durante la Segunda Guerra Mundial, los temibles submarinos alemanes consiguieron aterrorizar a todos los barcos que pretendían atravesar el océano Atlántico. Aunque su amenaza se diluyó a partir de 1943 y se evaporó una vez acabada la guerra, parece ser que aún permanece latente.

El 14 de marzo de 1991, cinco décadas después de que se desatase esa virulenta campaña que a punto estuvo de cortar las líneas de suministro de las islas británicas, un barco pesquero de arrastre de setenta toneladas, el *Shinecock I*, sufriría con efectos retardados las consecuencias de la batalla del Atlántico.

Mientras el barco llevaba a cabo su labor pesquera cerca de la costa norteamericana, se encontró una desagradable sorpresa cuando izó las redes a bordo. Al vaciarlas sobre la cubierta, un pesado ruido metálico llamó la atención de la tripulación. Se trataba de un torpedo.

Nadie quiso correr el riesgo de levantar el artefacto y arrojarlo de nuevo al mar, por lo que advirtieron de inmediato a las autoridades navales. El barco fue arrastrado con cuidado hacia la costa y allí un grupo de especialistas de la Armada intentó desactivar el torpedo o, al menos, sacarlo del pesquero. Al comprobar que ambas operaciones eran muy arriesgadas, se decidió barrenar el *Shinecock I*, haciendo explosión también el torpedo.

De este modo, el pesquero pasaba a engrosar la larga lista de barcos hundidos por los U-Boote.

El último prisionero

En el año 2000 regresó a su país el que puede considerarse el último prisionero de la Segunda Guerra Mundial en ser repatriado, Andras Tamas, que luchó en el Ejército húngaro, aliado de los alemanes.

Tamas fue capturado por los soviéticos el 11 de enero de 1945 y fue trasladado al campo de prisioneros de Boksitogorsk, cerca de Leningrado. El soldado cayó enfermo, y fue enviado al hospital de otro campo situado mil kilómetros más al este, el de Bistrjag. Al parecer, el cautiverio afectó a la salud mental de Tamas, por lo que en 1947 fue ingresado en un hospital psiquiátrico en Kolnetich, a unos quinientos kilómetros al noreste de Moscú, con un diagnóstico de neurosis psicótica. Además, Tamas estaba aquejado de una amnesia casi total.

A partir de entonces, su nombre fue borrado de las listas de prisioneros de guerra, por lo que dejó de constar para las autoridades húngaras cuando tramitaron el regreso de sus compatriotas. A consecuencia de ello, el desaparecido Tamas fue declarado oficialmente muerto en 1954.

Nadie en el hospital hablaba húngaro y Tamas nunca llegó a aprender ruso, ni tan siquiera a comprender el alfabeto cirílico. Además, en el formulario de ingreso en el centro hospitalario no figuraba ningún dato del paciente, excepto su nombre y su condición de prisionero de guerra, por lo que no sabían ni que era húngaro. Por tanto, el soldado quedó sumido en un aislamiento que duraría medio siglo.

En 1990 los responsables del hospital descubrieron su procedencia cuando un médico eslovaco reconoció que había pronunciado alguna palabra en húngaro, idioma que él conocía. Aun así, no se tomó ninguna iniciativa para investigar sus circunstancias personales.

Tamas volvió a quedar olvidado para todos hasta que en 1998 su historia apareció en un periódico y de ahí saltó a un documental ruso, que a su vez motivó un reportaje en la prensa húngara. Las autoridades magiares se movilizaron para repatriar al soldado olvidado, que había sufrido la amputación de una pierna debido a una arterioesclerosis. El hospital puso todas las facilidades para su repatriación ya que, al no contar con una pensión, la institución debía hacerse cargo de todos los gastos.

Tamas llegó a Budapest el 11 de agosto de 2000, siendo recibido por las más altas autoridades húngaras y reencontrándose con su familia. El último prisionero de la Segunda Guerra Mundial volvía por fin a casa. Tamas, que se fue a vivir con una hermana suya, falleció el 30 de marzo de 2004.

El último soldado en regresar a casa

Ishinosuke Uwano fue reclutado por el Ejército nipón en 1943, cuando tenía 19 años, y destinado a la isla de Sajalín, al norte del Japón. Esta isla estaba dividida entre la Unión Soviética, a la que pertenecía la mitad norte, y Japón, que poseía la mitad sur. El 11 de agosto de 1945, el Ejército Rojo se lanzó a la conquista de la mitad japonesa, encontrándose con una feroz resistencia por parte de sus 20.000 defensores, entre los que se encontraba Uwano. Los soviéticos triplicaban a los nipones en número, pero fue necesario llevar a cabo un desembarco en la costa occidental de la isla para romper la línea de defensa. El 23 de agosto, las fuerzas japonesas se vieron obligadas a pedir un armisticio.

Con el final de la Segunda Guerra Mundial, la Unión Soviética se apoderaría de toda la isla. Los 300.000 habitantes japoneses que no habían sido evacuados y seguían viviendo en Sajalín permanecerían allí durante más de cinco años, trabajando en labores de reconstrucción, siendo progresivamente deportados a Japón.

Uwano debió formar parte de ese contingente de trabajadores forzados pero, al contrario que la mayoría de sus compatriotas, no regresó a casa, y tampoco volvió a ponerse en contacto con sus familiares. Nada se supo de Uwano hasta 1958, cuando a oídos de la familia llegó un testimonio que aseguraba haberlo visto en Sajalín, aunque no se pudo comprobar su veracidad, por lo que persistieron las dudas sobre su supervivencia en la contienda. Finalmente, y ante la larga ausencia de noticias, en el año 2000, la familia de Uwano aceptó que fuera registrado como muerto en la guerra.

Cinco años después de que Uwano fuera dado por muerto, la familia recibió una sorprendente comunicación del Gobierno japonés en la que se le informaba que había sido localizado en Ucrania un hombre que había servido en las filas del ejército nipón en la Segunda Guerra Mundial, cuya identidad podía corresponder a la de Uwano. La familia pudo reconocerle en las fotografías que miembros de la embajada nipona en Kiev le habían tomado en Zhitomir, la localidad en la que residía junto a su familia ucraniana.

En agosto de 1945, Uwano había caído prisionero en manos del Ejército soviético. Al parecer, el antiguo soldado imperial había continuado residiendo en la isla hasta que se trasladó a Ucrania en 1965, en donde se instaló definitivamente. Allí, Uwano se casó y tuvo tres hijos.

En abril de 2006, el soldado perdido regresó a Japón acompañado de un hijo, reencontrándose con su familia 63 años después de que la guerra les separase. Uwano, que apenas hablaba ya japonés, se fundió en un abrazo con sus tres hermanos, un hombre y dos mujeres, todos ellos menores que él. Uwano y su familia pudieron decir entonces que, para ellos, la Segunda Guerra Mundial también había terminado.

APÉNDICE
CUESTIONARIOS

La Segunda Guerra Mundial en 50 preguntas

CUESTIONARIO 1

1. ¿Cómo se llamaba el avión privado, un C-87, del presidente norteamericano Franklin D. Roosevelt?
   a. *Alas de la Libertad*
   b. *La Vaca Sagrada*
   c. *Air Force 1*

2. ¿Cómo se llamaba el tren privado de Hitler?
   a. *Amerika*
   b. *Europa*
   c. *Germania*

3. ¿Cómo se llamaba el tren privado del jefe de la Luftwaffe, Hermann Göring?
   a. *Afrika*
   b. *Asia*
   c. *Adler*

4. ¿Cómo se llamaba el caballo blanco de Benito Mussolini?
   a. *Lombardo*
   b. *Atlántico*
   c. *Itálico*

5. ¿Cuál era el objetivo de la Operación Drácula?
   a. La captura de la capital de Birmania, Rangún
   b. El bombardeo de los pozos de petróleo rumanos
   c. El secuestro de Franklin D. Roosevelt

6. ¿Quién era la actriz favorita de Hitler?
   a. Marlene Dietrich
   b. Bette Davis
   c. Greta Garbo

7. ¿Qué apodo recibió el general Charles de Gaulle?
   a. Deux Mètres
   b. L'Enfant Terrible
   c. Petit Napoleon

8. ¿Quién fue el primer actor de Hollywood llamado a filas?
   a. Ronald Reagan
   b. Sterling Holloway
   c. James Stewart

9. El presidente Roosevelt utilizó el vehículo blindado de…
   a. Lucky Luciano
   b. John Dillinger
   c. Al Capone

10. ¿Cuáles fueron los dos únicos países latinoamericanos que participaron en la guerra enviando tropas?
    a. Argentina y Panamá
    b. Chile y Venezuela
    c. México y Brasil

CUESTIONARIO 2

1. ¿Cuál fue el cantante votado como más popular por las tropas norteamericanas?
   a. Frank Sinatra
   b. Roy Acuff
   c. Bing Crosby

2. ¿Qué rey se exilió cuando su país fue invadido por los nazis, se alistó en la RAF, trabajó como relaciones públicas en Nueva York y es el único monarca europeo que está enterrado en Estados Unidos?
   a. Pedro II de Yugoslavia
   b. Jorge II de Grecia
   c. Haakon VII de Noruega

3. ¿Qué tres países enviaron tropas a todos los escenarios de la Segunda Guerra Mundial?
   a. Estados Unidos, Francia y República Sudafricana
   b. Gran Bretaña, Canadá y Australia
   c. Estados Unidos, Gran Bretaña y Nueva Zelanda

4. ¿Qué ciudad sufrió el impacto de más bombas volantes V-1?
   a. Londres
   b. Amberes
   c. Coventry

5. ¿Qué tres alimentos fueron los primeros en racionarse en Gran Bretaña?
   a. Huevos, harina y aceite
   b. Tocino, mantequilla y azúcar
   c. Leche, café y mermelada

6. ¿Qué porcentaje del presupuesto dedicaron los japoneses a su Ejército en 1940?
   a. Un tercio
   b. Una cuarta parte
   c. Casi la totalidad

7. Según el FBI, ¿qué artículo fue objeto de más contrabando en Estados Unidos durante la guerra?
   a. Licor
   b. Zapatos
   c. Tabaco

8. ¿Cómo consiguieron los japoneses fotografías de la base de Pearl Harbor?
   a. Infiltrando un espía
   b. Enviando un avión de reconocimiento
   c. Comprando postales en Honolulu

9. ¿Cuál de los siguientes actores se alistó en el Cuerpo de Marines?
   a. Glenn Ford
   b. John Wayne
   c. Henry Fonda

10. ¿Qué película estaba viendo Winston Churchill cuando le informaron de la captura de Rudolf Hess?
    a. *Alas para la victoria*
    b. *Ser o no ser*
    c. *Los hermanos Marx en el Oeste*

CUESTIONARIO 3

1. ¿Qué ciudad europea fue la que sufrió más daños durante la guerra?
   a. Dresde
   b. Coventry
   c. Varsovia

2. ¿Cuántos muertos causaron los japoneses en el continente norteamericano?
   a. Ninguno
   b. 6
   c. 43

3. ¿Qué país fue el único al que Alemania declaró formalmente la guerra?
   a. Brasil
   b. Estados Unidos
   c. Polonia

4. ¿Qué gesto de solidaridad con los soldados derrotados en Stalingrado se tomó en el cuartel general de Hitler?
   a. Enviar una carta de apoyo a sus familias, firmada por el Führer
   b. Condecorar a cada uno de los soldados con la Cruz de Hierro de 1.ª clase
   c. Renunciar a tomar coñac en los postres

5. ¿Cómo se llamaba el tren presidencial de Franklin D. Roosevelt?
   a. *Liberty*
   b. *Abraham Lincoln*
   c. *Ferdinand Magellan*

6. ¿Qué general aliado tenía un perro llamado *Hitler* y otro *Rommel*?
   a. Bernard Montgomery
   b. George Patton
   c. Dwight Eisenhower

7. ¿Quién solía viajar de incógnito con el nombre de «coronel Kent» o «comodoro del aire Spencer»?
   a. Winston Churchill
   b. Franklin D. Roosevelt
   c. Lord Mounbatten

8. ¿Qué general aliado podía llegar a fumarse veinte puros al día?
   a. Omar Bradley
   b. Douglas McArthur
   c. George Patton

9. ¿Quién fue el general norteamericano más joven durante la Segunda Guerra Mundial?
   a. Mark W. Clark
   b. Ira C. Eaker
   c. James M. Gavin

10. ¿Qué amuleto de la suerte llevaba siempre consigo el general Eisenhower?
   a. Una pata de conejo
   b. Siete monedas
   c. Una bala de plata

CUESTIONARIO 4

1. ¿Cómo se llamaba el perro del general Eisenhower, un scottish terrier?
   a. *Ike*
   b. *Telek*
   c. *Bobby*

2. ¿Cuál era la marca de champaña favorita de Churchill?
   a. G. H. Mumm
   b. Paul Roger
   c. Moët Chandon

3. ¿Qué prefería fumar Stalin?
   a. Tabaco inglés de pipa
   b. Puros habanos
   c. Cigarrillos rusos Belomorkanal

4. Aunque Hitler no solía beber alcohol, a veces se tomaba una copa de…
   a. Jägermeister
   b. Kirsch
   c. Fernet Branca

5. ¿Cuál de estos dirigentes no estaba dispuesto a renunciar a su siesta diaria?
   a. Mussolini
   b. Churchill
   c. Stalin

6. ¿Cómo llamó a su perro, un bull terrier, el general Patton?
   a. *Alexander,* por Alejandro Magno
   b. *Willie,* por Guillermo el Conquistador
   c. *Caesar,* por Julio César

7. ¿Quién era el actor favorito de Hitler?
   a. Erich Von Stroheim
   b. Clark Gable
   c. Spencer Tracy

8. ¿A qué dos figuras destacadas de la Segunda Guerra Mundial les gustaban las novelas del oeste?
   a. Patton y MacArthur
   b. Churchill y Goebbels
   c. Eisenhower y Hitler

9. ¿La figura de qué animal aparece junto a la del presidente Roosevelt en su Memorial de Washington?
   a. Un águila
   b. Una paloma
   c. Un perro

10. ¿Qué actor norteamericano jugaba al ajedrez por correspondencia con los soldados?
    a. Bob Hope
    b. Humphrey Bogart
    c. Spencer Tracy

CUESTIONARIO 5

1. Para Rommel, ¿quiénes fueron los mejores soldados a los que enfrentó en el norte de África?
   a. Los *gurkhas* nepalíes
   b. Los neozelandeses
   c. Los sudafricanos

2. ¿Qué escritor fletó un barco para tratar de capturar submarinos alemanes?
   a. John Steinbeck
   b. John Dos Passos
   c. Ernest Hemingway

3. ¿Qué general norteamericano adoraba comer ostras?
   a. Eisenhower
   b. Patton
   c. MacArthur

4. ¿Qué ejército lanzó la última carga de caballería de la guerra?
   a. Los soviéticos, en la Operación Urano
   b. Los italianos, en el río Don
   c. Los húngaros, en el lago Balatón

5. ¿Cuál fue la bomba más pesada de las utilizadas en la guerra?
   a. La británica *Grand Slam*
   b. La norteamericana *Little Boy*
   c. La alemana *Schwere Gustav*

6. ¿Cuál era el cóctel favorito de Stalin?
   a. Caipiroska
   b. Black Russian
   c. Dry Martini

7. ¿Qué dos actores participaron en misiones de bombardeo sobre Alemania?
   a. Lee Marvin y Spencer Tracy
   b. James Stewart y Clark Gable
   c. Edward G. Robinson y Cary Grant

8. ¿Cómo se llamaban los dos scottish terrier de Eva Braun?
   a. *Negus* y *Stasi*
   b. *Tristan* e *Isolda*
   c. *Adi* y *Gretl*

9. ¿Cuál fue la última comida de Hitler?
   a. Verduras salteadas
   b. Sopa de cebolla
   c. Pasta con salsa de tomate

10. ¿Qué día hizo explosión la primera bomba atómica de la historia?
    a. 6 de agosto de 1945
    b. 16 de julio de 1945
    c. 9 de agosto de 1945

Respuestas

Cuestionario 1

1. b. *La Vaca Sagrada* (*Sacred Cow*)
2. a. *Amerika*
3. b. *Asia*
4. b. *Atlántico*
5. a. La captura de la capital de Birmania, Rangún
6. c. Greta Garbo
7. a. Deux Mètres, por su altura
8. b. Sterling Holloway
9. c. Al Capone
10. c. México y Brasil

Cuestionario 2

1. b. Roy Acuff (1903-1992), una estrella del *country*. El segundo fue Sinatra
2. a. Pedro II de Yugoslavia
3. c. Estados Unidos, Gran Bretaña y Nueva Zelanda
4. b. Amberes, con 3.700, mientras que en Londres cayeron 2.963
5. b. Tocino, mantequilla y azúcar
6. c. Casi la totalidad
7. b. Zapatos. Tan sólo se permitía comprar un par al año
8. c. Comprando postales en Honolulu
9. a. Glenn Ford
10. c. *Los hermanos Marx en el Oeste*

Cuestionario 3

1. c. Varsovia
2. b. El 5 de mayo de 1945, al hacer explosión una bomba transportada por un globo
3. b. Estados Unidos
4. c. Renunciar a tomar coñac en los postres
5. c. *Ferdinand Magellan*
6. a. Bernard Montgomery. *Hitler* era un fox terrier y *Rommel* un cocker spaniel
7. a. Winston Churchill
8. c. George Patton
9. c. James M. Gavin, nombrado general con 37 años
10. b. Siete monedas

Cuestionario 4

1. b. *Telek*
2. b Paul Roger
3. a Tabaco inglés de pipa de la marca Dunhill
4. c. Fernet Branca
5. b. Churchill
6. b. *Willie,* por Guillermo el Conquistador
7. b. Clark Gable. Ofreció una recompensa para el que lo capturase vivo
8. c. Eisenhower y Hitler
9. c. Su perra, *Fala*
10. b. Humphrey Bogart

Cuestionario 5

1. b. Los neozelandeses
2. c. Ernest Hemingway
3. a. Dwight Eisenhower
4. b. Los italianos, en el río Don, el 24 de agosto de 1942
5. a. La británica *Grand Slam,* de 10 toneladas
6. c. Dry Martini
7. b. James Stewart y Clark Gable
8. a. *Negus* y *Stasi*
9. c. Pasta con salsa de tomate
10. b. El 16 de julio de 1945, en Alamo Gordo (Nuevo México)

BIBLIOGRAFÍA

ARNOLD-FOSTER, Mark, *El mundo en guerra,* Plaza & Janés, Barcelona, 1975.

ATKINSON, Rick, *El día de la batalla,* Crítica, Barcelona, 2014.

— *Los cañones del atardecer,* Crítica, Barcelona, 2014.

— *Un ejército al amanecer,* Crítica, Barcelona, 2004.

BEEVOR, Antony, *La Segunda Guerra Mundial*, Pasado & Presente, Barcelona, 2012.

BENDFORD, Timothy, *The World War II Quiz & Fact Book,* Gramercy Books, Nueva York, 1999.

BREUER, William, *Bizarre tales of World War II,* John Wiley & Sons, Nueva York, 2003.

— *Secret weapons of World War II,* John Wiley & Sons, Nueva York, 2000.

— *Undercover tales of Wolrd War II*, John Wiley & Sons, Nueva York, 1999.

BROOKS, Evan, *Military History´s Top 10 Lists,* Nueva York, 2003.

CRAIG, William, *La caída del Japón*, Luis de Caralt, Barcelona, 1974.

DOWSWELL, Paul, *True stories of the Second World War,* Usborne Publishing, Londres, 2003.

DUNNIGAN, James, *Dirty little secrets of World War II,* Morrow, Nueva York, 1994.

— *Victory and deceit, Dirty tricks at war,* Morrow, Nueva York, 1995.

FLAGEL, Thomas, *The History Buff´s Guide to World War II,* Cumberland House, Nashville, 2005.

HAYWARD, James, *Mitos y leyendas de la Segunda Guerra Mundial,* Inédita Editores, Barcelona, 2004.

HASTINGS, Max, *Armagedón. La derrota de Alemania, 1944-1945*, Crítica, Barcelona, 2005.

— ed., *Military anecdotes,* Oxford University Press, Oxford, 1985.

— *Se desataron todos los infiernos. Historia de la Segunda Guerra Mundial,* Crítica, Barcelona, 2011.

HOLMES, Richard, *Un mundo en guerra. Historia oral de la Segunda Guerra Mundial*, Crítica, Barcelona, 2008.
HOLT, Thaddeus, *The Deceivers: Allied Military Deception in the Second World War,* Skyhorse, 2010.
JACKSON, Robert, *Unexplained Mysteries of World War II,* Eagle Editions, Londres, 2003.
— *Commanders and Heroes of World War II,* Airlife Publishing, Londres, 2004.
KELLY, Brian C., *Best little stories from World War II,* Cumberland House, Nashville, 1998.
LEWIS, Jon, ed., *The Mammoth Book of True War Stories,* Robinson, Londres, 2005.
MALONE, John, *The World War II Quiz Book,* Quill, Nueva York, 1991.
MCCOMBS, Don y WORTH, Fred.,*World War II. 4,139 strange and fascinating facts,* Wings Books, Nueva York, 1996.
O'DONNEL, Patrick, *Operatives, spies, and saboteurs: The unknown story of World War II's OSS,* Citadel, 2006.
OVERY, Richard, *Por qué ganaron los Aliados*, Tusquets, Barcelona, 2005.
PIEKALKIEWICZ, Janusz, *Espías, agentes y soldados,* Círculo de Lectores, 1972.
POPE, Stephen, *Dictionary of the Second World War,* Pen and Sword Books, Barnsley, 2003.
REGAN, Geoffrey, *Military anecdotes,* André Deutsch, Londres, 2002.
ROEBLING, Karl, *Great myths of World War II,* Paragon Press, Fern Park, 1985.
TOLAND, John, *Los últimos 100 días,* Bruguera, Barcelona, 1970.
TUNNEY, Christopher, *Biographical Dictionary of World War II,* St. Martin Press, Nueva York, 1972.
VANDIVER, Frank, *1001 things everyone should know about World War II,* Broadway Books, Nueva York, 2002.
VV. AA. *Dictionary Hutchinson of World War II,* Brockhampton Press, Londres, 1997.
WILLIAMS, Andrew, *La batalla del Atlántico,* Crítica, Barcelona, 2004.

El autor agradecerá que se le haga llegar cualquier comentario, crítica o sugerencia a las siguientes direcciones de correo electrónico:

jhermar@hotmail.com
jesus.hernandez.martinez@gmail.com